APREENSÃO DE BENS EM PROCESSO EXECUTIVO E OPOSIÇÃO DE TERCEIRO

LUÍS MIGUEL DE ANDRADE MESQUITA
Assistente da Faculdade de Direito da Universidade de Coimbra

APREENSÃO DE BENS EM PROCESSO EXECUTIVO E OPOSIÇÃO DE TERCEIRO

2.ª edição, revista e aumentada

ALMEDINA

COIMBRA – 2001

TÍTULO:	APREENSÃO DE BENS EM PROCESSO EXECUTIVO E OPOSIÇÃO DE TERCEIRO
AUTOR:	LUÍS MIGUEL DE ANDRADE MESQUITA
EDITOR:	LIVRARIA ALMEDINA – COIMBRA www.almedina.net
DISTRIBUIDORES:	LIVRARIA ALMEDINA ARCO DE ALMEDINA, 15 TELEF. 239 851900 FAX 239 851901 3004-509 COIMBRA – PORTUGAL LIVRARIA ALMEDINA – PORTO RUA DE CEUTA, 79 TELEF. 22 2059773 FAX 22 2039497 4050-191 PORTO – PORTUGAL EDIÇÕES GLOBO, LDA. RUA S. FILIPE NERY, 37-A (AO RATO) TELEF. 21 3857619 FAX 21 3844661 1250-225 LISBOA – PORTUGAL LIVRARIA ALMEDINA ATRIUM SALDANHA LOJA 31 PRAÇA DUQUE DE SALDANHA, 1 TELEF. 21 3712690 atrium@almedina.net
EXECUÇÃO GRÁFICA:	G.C. – GRÁFICA DE COIMBRA, LDA. PALHEIRA – ASSAFARGE 3001-453 COIMBRA Email: producao@graficadecoimbra.pt MAIO, 2001
DEPÓSITO LEGAL:	164667/01

Toda a reprodução desta obra, por fotocópia ou outro qualquer processo, sem prévia autorização escrita do Editor, é ilícita e passível de procedimento judicial contra o infractor.

*Em memória
de José Silvério de C.H. Salgado de Andrade
e de António José Mesquita,
meus Avós*

NOTA PRÉVIA À 2.ª EDIÇÃO

Com o decurso do tempo, este livro ficou pontualmente desactualizado (fatalidade que o acompanha desde a primeira hora) e a necessitar, em virtude de inovações legislativas e de novos dados doutrinais e jurisprudenciais, que certas páginas fossem reescritas ou acrescentadas.

Afigurou-se-nos essencial, por outro lado, tratar problemas que não foram versados na 1.ª edição, como, por exemplo, o problema da apreensão de bens e da tutela dos terceiros no domínio do processo especial de falência.

Rejeitámos, por estas razões, que se fizesse uma reimpressão pura e simples e optámos por publicar uma nova edição, a fim de não deixar envelhecer precocemente um livro ainda novo.

Coimbra, Maio de 2001

MIGUEL MESQUITA

NOTA PRÉVIA À 1.ª EDIÇÃO

A primeira versão deste livro foi escrita entre Janeiro de 1994 e Agosto de 1995. Com base nesta versão, candidatei-me, em Outubro de 1995, ao exame de mestrado na Faculdade de Direito de Coimbra.

As provas realizaram-se no dia 25 de Janeiro de 1997, perante um Júri constituído pelos Professores Doutores Calvão da Silva, Lebre de Freitas e Capelo de Sousa, aos quais quero aqui expressar o meu profundo agradecimento.

No dia 1 de Janeiro de 1997, poucos dias antes da prestação das provas, entrou em vigor, envolvida em grande polémica, a Reforma do Código de Processo Civil, com muitas alterações nas matérias que eu escolhera para objecto da dissertação de mestrado.

Tomada a resolução de publicar o trabalho, uma dúvida surgiu, naturalmente, no meu espírito: deveria a dissertação ser publicada na sua versão original ou deveria ser revista de acordo com as novas disposições do Código de Processo Civil?

Optei pela solução, para mim, menos cómoda: a de, sem alterar a sua essência, adaptar o trabalho, com alguns aditamentos, à Reforma de 1995-96.

E como, num curto espaço de tempo, apareceram novas obras e artigos doutrinais, edições mais recentes de livros citados, para além de uma vasta série de decisões jurisprudenciais, vi-me obrigado, na medida do possível, a acompanhar, no livro que agora se publica, esta evolução.

Coimbra, Setembro de 1998

MIGUEL MESQUITA

ABREVIATURAS

Ac. — *Acórdão*
A.c.P. — *Archiv für die civilistische Praxis*
BGB — *Bürgerliches Gesetzbuch*
B.M.J. — *Boletim do Ministério da Justiça*
C.C. — *Código Civil*
C.C.I. — *Código Civil italiano*
C.J. — *Colectânea de Jurisprudência*
C.N. — *Código do Notariado*
C.P.C.I. — *Código de Processo Civil italiano*
C.P.E.R.E.F. — *Código dos Processos Especiais de Recuperação da Empresa e de Falência*
C.P.I. — *Código da Propriedade Industrial*
C.R.P. — *Código do Registo Predial*
C.S.C. — *Código das Sociedades Comerciais*
E.D. — *Enciclopedia del Diritto*
E.P. — *Enciclopédia Pólis*
F.I. — *Il Foro Italiano*
F.P. — *Il Foro Padano*
G.C. — *Giustizia Civile*
G.I. — *Giurisprudenza Italiana*
N.D.I. — *Novissimo Digesto Italiano*
N.J.W. — *Neue Juristische Wochenschrift*
R.A.U. — *Regime do Arrendamento Urbano*
R.D.C. — *Rivista di Diritto Civile*
R.D. Comm. — *Rivista del Diritto Commerciale*
R.D.E.S. — *Revista de Direito e de Estudos Sociais*
R.D.P. — *Rivista di Diritto Processuale*
R.D.P.C. — *Rivista di Diritto Processuale Civile*

R.L.J. — *Revista de Legislação e de Jurisprudência*
R.O.A. — *Revista da Ordem dos Advogados*
R.T. — *Revista dos Tribunais*
R.T.D.P.C. — *Rivista Trimestrale di Diritto e Procedura Civile*
S.T.J. — *Supremo Tribunal de Justiça*
ZPO — *Zivilprozeßordnung*
ZZP — *Zeitschrift für Zivilprozeß*

INTRODUÇÃO

SUMÁRIO: 1 — Sanção executiva e direito de execução. 2 — Apreensão judicial no âmbito dos processos executivos para pagamento de quantia certa e para entrega de coisa certa. 3 — Delimitação do problema: invasão judicial de uma esfera possessória alheia.

1. Sanção executiva e direito de execução

Sempre que uma pessoa não cumpra espontaneamente uma obrigação a que esteja adstrita, a ordem jurídica possibilita ao credor a *reparação efectiva* do direito violado. ★

★ É com a mesma formulação que AUGUSTA FERREIRA PALMA inicia o Capítulo II do seu trabalho, recentemente publicado, sobre "Embargos de terceiro" (Livr. Almedina, 2001).

Causou-nos enorme surpresa o facto de a Autora, numa longa série de páginas (a título de mero exemplo, *vide* as pp. 16, 22, 46, 48, confrontando-as, respectivamente, com as pp. 10 e 12, 18, 44 e 45, 46 da presente edição do nosso livro, que, nestes pontos, coincide com a anterior), ter reproduzido, sem nos citar, frases da nossa e exclusiva autoria.

Maior surpresa nos causou a verificação de que a Autora reproduz, como se também fossem suas, ideias que encontrou no nosso livro. Assim, por exemplo, o conteúdo da nota 45 (na p. 27) e do primeiro parágrafo da p. 31 é decalcado do nosso trabalho (ver p. 23, nota 43).

No Cap. IV é ainda mais notória a reprodução de frases e ideias alheias.

As duas primeiras questões que coloca na p. 94 são questões por nós levantadas e nos mesmos termos por nós usados (ver p. 157 e ss. da nossa dissertação). E as respostas que dá são aquelas que por nós foram avançadas.

Para tal efeito, exige-se que o titular do crédito esteja munido de um *título executivo* e, portanto, de um instrumento idóneo para fazer actuar a denominada *sanção executiva*. Esta concretiza-se na aplicação, pelos tribunais, de determinadas providências coercivas ([1]), com o fim de se alcançar, em benefício do credor, um resultado igual (execução específica) ou equivalente (execução por equivalente) àquele que teria advindo do cumprimento voluntário da obrigação ([2]).

A possibilidade de fazer actuar tal sanção está prevista, em termos gerais, no Código Civil português ([3]).

Assim, desde logo, dispõe o artigo 817.º que, "não sendo a obrigação voluntariamente cumprida, tem o credor o direito de exigir judicialmente o seu cumprimento ([4]) e de executar o património do devedor (...)" ([5]).

Traduzindo-se o crédito insatisfeito no direito à *entrega de uma coisa*, estabelece o artigo 827.º que o "o credor tem a faculdade

---

Há, inclusivamente, notas (*v.g.*, as notas 201 e 207) que são reproduções de notas constantes da nossa tese (respectivamente, das notas 314 e 320).

Tudo isto não se compreende, até porque a Autora foi cuidadosa noutros pontos do seu trabalho (ver, por exemplo, p. 72, nota 151) e foi mesmo extremamente escrupulosa quando, em longas notas, nos criticou.

O "tribunal da opinião pública", a que a Autora, na nota de abertura, submete o seu trabalho, julgará os factos que acabamos de referir, frontalmente violadores das regras basilares a que a produção de uma obra intelectual sempre deve obedecer.

([1]) Providências que integram o elemento *garantia* da relação jurídica.
Vide, sobre este ponto, MANUEL DE ANDRADE, *Teoria geral das obrigações*, p. 21 e ss., e *Teoria geral da relação jurídica*, vol. I, p. 22 e ss.
Sobre o sentido da sanção jurídica, *vide* CASTANHEIRA NEVES, *Curso de introdução ao estudo do direito (O sentido do direito)*, p. 22 e ss., e BAPTISTA MACHADO, *Introdução ao direito e ao discurso legitimador*, p. 31 e ss.

([2]) *Vide*, quanto a este ponto, ANTUNES VARELA, *Das obrigações em geral*, vol. II, p. 152, e ALMEIDA COSTA, *Direito das obrigações*, p. 134 e s.

([3]) Designado, doravante, por C.C.

([4]) Através de uma acção declarativa condenatória.

([5]) Nos termos do artigo 601.º, "pelo cumprimento da obrigação respondem todos os bens do devedor susceptíveis de penhora."

de requerer, em execução, que a entrega lhe seja feita judicialmente."

Quando esteja em causa o direito à *prestação de um facto fungível*, o credor pode "requerer (...) que o facto seja prestado por outrem à custa do devedor" (art. 828.º) (⁶).

Relativamente, por último, às obrigações de *prestação de facto negativo*, estatui o artigo 829.º, no seu n.º 1, que "se o devedor estiver obrigado a não praticar algum acto e vier a praticá-lo, tem o credor o direito de exigir que a obra, se obra feita houver, seja demolida à custa do que se obrigou a não a fazer."

Como se faz actuar a sanção executiva?

Através do exercício do *direito de execução*.

Enquanto o exercício do *direito de acção declarativa* se destina, por um lado, a reconhecer a existência, no caso em que esteja em causa o cumprimento de uma obrigação, do direito invocado pelo credor e, por outro lado, a condenar o devedor no cumprimento da prestação devida (⁷), o exercício do *direito de execução* permite a realização *efectiva* do próprio direito de crédito ou, como expressamente refere a lei, a "reparação efectiva do direito violado" (art. 4.º, n.º 3, do Código de Processo Civil) (⁸)(⁹)(¹⁰).

(⁶) Sendo a obrigação infungível, o credor apenas terá direito a uma indemnização (art. 933.º).

(⁷) No entanto, como explica L. MONTESANO, *Condanna civile e tutela esecutiva*, p. 21, " a condenação civil tem uma função não apenas de declaração do direito substancial do autor, mas também de preparação da tutela processual executiva do próprio direito."

Sobre a função da sentença condenatória, *vide* E. LIEBMAN, *Execução e acção executiva*, p. 18 e ss.

(⁸) As disposições doravante citadas, sem menção do diploma a que pertencem, são do Código de Processo Civil.

(⁹) No processo declarativo é declarado o direito que se faz valer (*wird das durchzusetzende Recht festgestellt*); no processo executivo o direito é efectivado ou realizado (*soll es durchgesetzt werden*). Cfr. A. BLOMEYER, *Zivilprozeßrecht (Vollstreckungsverfahren)*, p. 1. Sobre a relação processual (*Vollstreckungsverhältnis*) que nasce com a apresentação do requerimento do credor, *vide* p. 68 e ss.

No concernente à distinção entre o processo declarativo e o processo executivo, veja-se, na doutrina italiana, F. CARNELUTTI, *Lezioni di diritto processuale civile*, vol. II, p. 74 e ss.

O mecanismo da execução é, em termos gerais, bastante simples: o Estado, por intermédio dos tribunais, sub-roga-se ao devedor faltoso (titular da denominada responsabilidade executiva), adoptando certas providências que visam a satisfação do direito violado ([11])([12]).

2. Apreensão judicial no âmbito dos processos executivos para pagamento de quantia certa e para entrega de coisa certa

No presente trabalho será analisada, em especial, a providência da *apreensão de bens*, no âmbito de dois tipos de acções executivas:

([10]) Ao direito de crédito, que no plano material se traduz no direito de exigir de outrem determinada prestação, correspondem, no plano adjectivo, direitos de natureza processual que se exercem contra o Estado.
Não deve confundir-se, é hoje ponto assente, a acção e o direito material. *Vide*, sobre este ponto, ALBERTO DOS REIS, *Processo de execução*, vol. I, p. 11 e s., e ANTUNES VARELA, *O direito de acção e a sua natureza jurídica*, R.L.J., ano 125.º, p. 330 e s.

([11]) Sobre o conceito de responsabilidade executiva, *vide* ALBERTO DOS REIS, ob. cit., p. 115 e s., e E. LIEBMAN, *Processo de execução*, p. 138 e s.. Trata--se, segundo LIEBMAN, "da situação de sujeição à actuação da sanção, a situação em que se encontra o vencido de não poder impedir que a sanção seja realizada em seu prejuízo."

([12]) Meios de sub-rogação, segundo ALBERTO DOS REIS, ob. cit., p. 24, "são meios pelos quais os órgãos do Estado, substituindo-se ao devedor, procuram, sem ou contra a vontade deste, dar satisfação ao credor, isto é, conseguir-lhe o benefício que para ele representaria o cumprimento da obrigação, ou um benefício equivalente."
Os meios de sub-rogação distinguem-se dos *meios de coerção*, meios que visam pressionar o devedor a cumprir a obrigação em falta e que não podem considerar-se executivos — é o caso da sanção pecuniária compulsória, regulada no artigo 829.º-A do C.C.
A importância desta sanção está no facto de possibilitar — através de uma pressão exercida sobre a vontade do devedor — o cumprimento de obrigações insusceptíveis de uma execução *in natura*. Cfr. CALVÃO DA SILVA, *Cumprimento e sanção pecuniária compulsória*, p. 356. Para uma distinção entre a sanção pecuniária compulsória e os meios de sub-rogação, *vide* o mesmo Autor, ob. cit., p. 403 e ss.

Introdução 13

a execução para pagamento de quantia certa e a execução para entrega de coisa certa ([13]), reguladas, respectivamente, nos artigos 811.º e ss. e 928.º e ss.

Na primeira, caracterizada habitualmente como *execução indirecta*, o tribunal *apreende* os bens do devedor para os converter, numa fase posterior, em dinheiro ([14])([15]).

Já na segunda, em princípio, com a mera apreensão alcança-se, directamente, a coisa devida ([16])([17])([18]), havendo coincidência entre o objecto do processo executivo e o objecto da relação jurídica material ([19]).

([13]) Faremos também referência ao regime especial do despejo.

([14]) A demanda, a penhora, a venda coactiva e o pagamento ao credor são os quatro momentos fundamentais desta execução. Cfr. CASTRO MENDES, *Direito processual civil*, vol. III, p. 311 e s.

([15]) Os bens apreendidos são sugestivamente designados pela doutrina italiana, no âmbito da *azione espropriativa* (arts. 2910 do C.C.I. e 483 e ss. do C.P.C.I.), como *beni-strumento*. Na execução para entrega de coisa certa (*esecuzione per consegna o rilascio* — arts. 2930 do C.C.I. e 605 e ss. do C.P.C.I.) o *bene dovuto* é já considerado um *bene-fine*. Vide G. TARZIA, *L'oggetto del processo di espropriazione*, p. 71 e ss., e C. PUNZI, *La tutela del terzo nel processo esecutivo*, p. 3 e ss.

([16]) Sobre a distinção entre execução indirecta e execução directa ou em forma específica, *vide* E. FAZZALARI, *Lezioni di diritto processuale civile*, vol. II, p. 2 e ss.

([17]) Através desta execução — como haverá oportunidade de explicar — o exequente faz valer um direito de crédito que tanto pode ter origem numa relação de natureza real, como numa relação obrigacional.

([18]) Por isso se trata de uma execução directa. "O órgão executivo — explica ALBERTO DOS REIS, *Processo de execução*, vol. I, p. 47 — faz o que o executado devia fazer: toma a coisa e dá-a ao exequente." Já na execução para pagamento de quantia certa o tribunal, por via de regra, "actua sobre bens diferentes daqueles que constituíam o objecto da obrigação."

([19]) Cfr. E. ALLORIO/V. COLESANTI, *Esecuzione forzata (diritto processuale civile)*, N.D.I., vol. VI, p. 738.

3. Delimitação do problema: invasão judicial de uma esfera possessória alheia

Ocorre frequentemente que o acto de apreensão judicial afecta a posse ([20]) que terceiros — estranhos ao processo executivo — exercem sobre a coisa que se torna objecto da execução ([21]).

E uma vez que o tribunal pode apreender os bens, recorrendo, como veremos, ao emprego da força física, a lesão possessória assenta, em certos casos, numa autêntica coacção física judicial ([22]).

Esta invasão de uma esfera possessória alheia, contra a vontade do possuidor, pode, como veremos, ser *lícita*. Mas pode, em certos casos, ser *ilícita* e traduzir-se num autêntico *esbulho judicial* ([23]).

Antes de analisar os *meios de tutela* que existem, ao dispor dos terceiros, no sistema português, e as situações em que o recurso a esses meios se deve considerar fundado ([24]), importa delimitar o *conceito de terceiro*; fixar, nas suas linhas gerais, a noção de posse; e, ainda, dedicar uma parte do trabalho à *providência judicial da apreensão de bens*.

Só o entendimento da forma como se processa a apreensão permitirá compreender este fenómeno aparentemente estranho e contraditório: a prática, pelo tribunal — órgão, por excelência, de tutela de direitos —, agindo em plena conformidade com a lei, de um acto *ilícito* (concretamente, de um *esbulho*).

([20]) Não só a posse, como igualmente a detenção.

([21]) Constitui objecto da execução aquilo que por ela é atingido. Cfr. A. Blomeyer, *Zivilprozeßrecht (Vollstreckungsverfahren)*, p. 81.

([22]) Acerca do nexo existente entre sanção e coacção, *vide* Castanheira Neves, *Curso de introdução ao estudo do direito (O sentido do direito)*, p. 28 e ss.

([23]) "Spogliare — escreve R. Sacco, *Il possesso*, p. 65 — significa privare altri del potere di fatto sulla cosa." Sobre o conceito de esbulho há-de recair, mais adiante, a nossa atenção.

([24]) A análise incidirá, portanto, numa zona de confluência entre o direito processual (meios de tutela) e o direito substantivo (fundamento da oposição).

Sobre a estreita relação entre o direito processual (domínio executivo) e o direito material, *vide* A. Blomeyer, ob. cit., p. 3 e ss.

PARTE I

CAPÍTULO I

TERCEIROS-PARTES NO PROCESSO EXECUTIVO E TERCEIROS ESTRANHOS AO PROCESSO EXECUTIVO

SUMÁRIO: 4 — Conceito formal de partes no processo executivo. 5 — Critério para a determinação da legitimidade passiva. 6 — Desvios ao critério e execução *ultra titulum*. 7 — Terceiros-partes e terceiros estranhos ao processo executivo. 8 — Conceito material de executado?

4. Conceito formal de partes no processo executivo

Partes, num processo executivo, são, de acordo com um *conceito formal*, os sujeitos que, no *requerimento inicial*, aparecem indicados como exequente e como executado ([25]).

([25]) Sobre este conceito estritamente formal de parte, *vide* ANSELMO DE CASTRO, *A acção executiva singular, comum e especial*, p. 77, nota 1, V. DENTI, *L'esecuzione forzata in forma specifica*, p. 131, e ROSENBERG/SCHWAB/GOTTWALD, *Zivilprozeßrecht*, p. 200. Relativamente ao conceito formal de parte, em geral, *vide*, ainda, O. JAUERNIG, *Zivilprozeßrecht*, p. 46 e s.

5. Critério para a determinação da legitimidade passiva

Saber se as partes, que deste modo se apresentam, têm *legitimidade* (activa e passiva) para estar em juízo, implica a análise do título executivo que acompanha aquele requerimento ([26]). O artigo 55.º, n.º 1, é bem claro ao afirmar que "a execução tem de ser promovida pela pessoa que no título executivo figure como credor e deve ser instaurada contra a pessoa que no título tenha a posição de devedor."

Assim, em princípio, para se poder afirmar que as partes são legítimas, terá de existir uma *relação de coincidência* entre as pessoas que figuram no requerimento inicial e aquelas que são mencionadas no título executivo ([27]).

O sentido desta relação de coincidência, pelo que respeita ao lado passivo da instância — aquele que nos interessa analisar —, é o de que a pessoa mencionada no título como devedora está sujeita à denominada *responsabilidade executiva* e tem, por conseguinte, o seu património afectado aos fins da execução.

6. Desvios ao critério e execução *ultra titulum*

Há, no entanto, casos em que a *legitimidade passiva* pertence a pessoas que não aparecem designadas na letra do título executivo, mas, tão-só, no requerimento inicial da acção.

([26]) "A legitimidade — escreve ALBERTO DOS REIS, *Código de Processo Civil anotado*, vol. I, p. 180 — deriva, em princípio, da posição que as pessoas têm no título executivo. A inspecção deste deve, em regra, habilitar a resolver o problema da legitimidade." Sobre o pressuposto da legitimidade no domínio do processo executivo, vide REMÉDIO MARQUES, *Curso de processo executivo comum à face do Código revisto*, pp. 109-128.

([27]) Como explica LIEBMAN, *Il titolo esecutivo riguardo ai terzi*, R.D.P.C., 1934, p. 141, o ponto de partida na determinação da legitimidade das partes nas acções executivas afigura-se simples. Na verdade, escreve o Autor, "os destinatários naturais dos efeitos activos e passivos do título executivo são as pessoas que aparecem no próprio título, o qual identifica nominalmente aqueles em benefício de quem e contra quem a execução pode ser deduzida — respectivamente, o titular da acção executiva e o sujeito da responsabilidade executiva."

Diz-se, relativamente a estas hipóteses subtraídas à regra da coincidência, que a eficácia executiva se estende *ultra partes tituli ou ultra titulum* (²⁸) e que o processo segue contra terceiros-partes.

Mas em que casos pode um terceiro, que não figura no título executivo, ser parte (passiva) legítima? Que desvios à assinalada regra da coincidência consagra, afinal, o nosso sistema?

Na epígrafe do artigo 56.º o legislador refere-se aos "*desvios à regra geral da determinação da legitimidade.*"

"Tendo havido sucessão no direito ou na obrigação — estabelece o n.º 1 do preceito —, deve a execução correr entre os sucessores das pessoas que no título figuram como credor ou devedor da obrigação exequenda." Não só nas hipóteses de *sucessão por morte* (²⁹), mas também, como se tem entendido (³⁰), nos casos em que ocorre uma *sucessão em vida* (³¹)(³²), devem tornar-se partes no processo pessoas que não figuram expressamente no título executivo (³³).

(²⁸) "L'esecuzione *ultra partes* (...) — escreve F. P. Luiso, *L'esecuzione ultra partes*, p. 2 — caracteriza-se pelo facto de se referir a um sujeito não indicado nominativamente no título executivo; (...) com base neste produzem-se *secundum ius* os mesmos efeitos que normalmente se produzem em relação a quem é indicado no título executivo como credor e devedor."

(²⁹) A possibilidade de a execução seguir contra os herdeiros do obrigado é expressamente regulada no artigo 477 do C.P.C.I.

(³⁰) Escreve Alberto dos Reis, *Código de Processo Civil anotado*, vol. I, p. 182: "o caso do art. 56.º é o de ter havido *sucessão* no direito ou na obrigação. A palavra sucessão está empregada aqui em sentido genérico, para designar qualquer espécie de transmissão e não unicamente a transmissão por morte."

No mesmo sentido, Lopes Cardoso, *Manual da acção executiva*, p. 92.

(³¹) Sobre a distinção entre sucessão em vida e sucessão por morte, *vide*, por todos, Pereira Coelho, *Direito das sucessões*, p. 25 e ss.

(³²) No artigo 475, par. 2.º, do C.P.C.I. prevê-se a aposição no título da fórmula executiva em benefício ou contra os sucessores das partes primitivas.

A doutrina tem largamente feito notar que o legislador, ao referir-se, em termos genéricos, aos sucessores, não quis distinguir entre sucessores a título universal e sucessores a título particular. Cfr. C. Mandrioli, *Legittimazione ad agire in executivis e successione nel credito*, R.T.D.P.C., 1957, p. 1361.

Sobre o artigo citado *vide*, ainda, S. Satta, *Commentario al codice di procedura civile*, vol. III, p. 96, e F. P. Luiso, *L'esecuzione ultra partes*, p. 33 e ss.

(³³) O n.º 1 do artigo 56.º abrange tanto os casos de legitimidade activa como os de legitimidade passiva. Mas só estes últimos interessam para

O sucessor apresenta-se no lugar daquele que resulta do título como credor ou como obrigado, assumindo a mesma posição ([34])([35]). Ocorrendo a sucessão *antes* de se ter iniciado o processo, o exequente tem, no requerimento inicial, de alegar os factos constitutivos de tal sucessão (art. 56.º, n.º 1), podendo o executado, se entender que esta não ocorreu ou que não ocorreu nos termos alegados pelo exequente, deduzir embargos fundados em ilegitimidade (art. 813.º, al. c)) ([36]). Os embargos, acrescente-se, apenas suspendem a acção executiva no caso de o embargante prestar caução, de acordo com o n.º 1 do artigo 818.º ([37]).

o problema que nos propusemos tratar — isto é, para o problema de saber que meios de defesa pode usar um terceiro que não é parte na acção executiva, quando nesta se apreendam bens de que ele seja possuidor.

([34]) *Vide*, a propósito, F. CARNELUTTI, *Lezioni di diritto processuale civile*, vol. IV, p. 162, e E. LIEBMAN, *Il titolo esecutivo riguardo ai terzi*, R.D.P.C., 1934, p. 145.

([35]) Como explica PEREIRA COELHO, ob. cit., p. 9, "há um fenómeno de sucessão sempre que uma pessoa assuma, numa relação jurídica que se mantém idêntica, a mesma posição que era ocupada anteriormente por outra pessoa."

No concernente à distinção entre sucessão e aquisição derivada translativa, *vide* CAPELO DE SOUSA, *Lições de direito das sucessões*, vol. I, p. 19 e ss.

([36]) Os embargos podem igualmente ser deduzidos nos casos em que, tendo havido sucessão, o processo executivo foi instaurado como se esta não tivesse ocorrido. Exemplo: o executado alega a ilegitimidade do exequente, fundando-se na existência de uma cessão de créditos em benefício de um terceiro (cessionário, adquirente ou *avente causa*). *Vide*, sobre este ponto, C. MANDRIOLI, *Legittimazione ad agire in executivis e successione nel credito*, R.T.D.P.C., 1957, pp. 1350, 1359 e 1360.

([37]) Era diferente o regime consagrado no Código de Processo Civil de 1939. Se, antes da propositura da acção, tivesse havido sucessão no crédito ou na dívida, o exequente tinha de deduzir a sua habilitação ou a do executado (art. 56.º do Código de 1939). No caso de esta ser contestada e até à sentença final, ficavam suspensos os termos da execução. Tratava-se de uma habilitação preliminar ou inicial.

Sobre os trâmites deste meio destinado a fixar a legitimidade das partes, *vide* a minuciosa exposição de ALBERTO DOS REIS, *Código de Processo Civil anotado*, vol. I, p. 182 e ss.

Para o confronto entre o regime do Código de 1939 e o actual, *vide*, ainda, LOPES CARDOSO, *Manual da acção executiva*, p. 100, e ANSELMO DE CASTRO, *A acção executiva singular, comum e especial*, p. 78 e ss.

Se porventura a sucessão ocorrer na *pendência* do processo executivo, terá de promover-se o incidente da habilitação, regulado nos artigos 371.° e ss ([38]).

No n.° 2 do artigo 56.° consagra o legislador outro desvio à enunciada regra da coincidência.

Aí se dispõe que "a execução por dívida provida de garantia real sobre bens de terceiro seguirá directamente contra este, se o exequente pretender fazer valer a garantia, sem prejuízo de poder desde logo ser também demandado o devedor."

Regula-se, nesta norma, a *legitimidade passiva* nos casos em que exista uma garantia (*v.g.*, uma hipoteca) em benefício do credor exequente, pertencendo a coisa, objecto da garantia, a um terceiro.

([38]) Vejamos, para exemplificar, o caso tratado no Ac. da Relação de Évora de 3 de Nov. de 1994, C. J., 1994, t. V, p. 278 e s.

Instaurada execução hipotecária contra certas pessoas, veio o exequente requerer, com o intuito de fazer valer a garantia real, a habilitação de um terceiro que, após a propositura da acção executiva, mas antes de realizada a penhora, havia comprado aos executados o prédio hipotecado.

Sendo a Relação de Évora chamada a pronunciar-se sobre a admissibilidade de tal requerimento, entendeu — e bem, como veremos — que, visando excutir a coisa hipotecada, a execução tinha necessariamente de correr contra o terceiro proprietário.

"Não estando o terceiro na execução e querendo o exequente continuar a usar a garantia real — escreve-se no aresto — (...) há que fazê-lo intervir na execução."

Discutido o problema da admissibilidade, no caso, do incidente da habilitação (art. 371.° e ss.), no Ac., acertadamente, entendeu-se que "o exequente tem interesse, face ao regime legal, e consequente legitimidade para fazer intervir o terceiro adquirente, sendo, por isso, de aceitar um desvio à regra geral da legitimidade na habilitação do adquirente, segundo a qual só este e o transmitente (e não também as outras partes na acção) podem promover a habilitação (ver art. 376.°, n.° 2, do CPC)(...)."

Esta interpretação foi consagrada pela Reforma de 1995-96, admitindo-se hoje, expressamente, que "a habilitação pode ser promovida pelo transmitente, pelo adquirente ou cessionário, ou pela parte contrária (...)" (art. 376.°, n.° 2).

Vide, sobre o problema, LEBRE DE FREITAS, *A acção executiva*, p. 106, nota 8.

Ora, a verdade é que a eficácia executiva do título pode estender-se a terceiros titulares do direito real de propriedade.

Isto pode acontecer não só nos casos em que o *terceiro, não devedor, onerou uma coisa de que é proprietário para garantir o pagamento de uma dívida alheia*, mas também nas hipóteses em que o *terceiro adquiriu a propriedade já onerada com uma garantia em benefício de outrem* [39].

Trata-se de hipóteses em que o terceiro proprietário não é, pessoalmente, sujeito da obrigação exequenda.

Como esclarece F. P. Luiso, o terceiro é "limitadamente responsável por uma dívida alheia, ou, talvez mais correctamente, alguns dos seus bens são penhoráveis por causa de uma dívida alheia" [40].

Suponhamos que um terceiro, proprietário de certo prédio, constitui, *em benefício alheio*, uma hipoteca sobre esse imóvel. Terá de demandar-se este proprietário numa execução para pagamento da dívida garantida?

O artigo 818.º do C.C. dispõe que "o direito de execução pode incidir sobre bens de terceiro, quando estejam vinculados à garantia do crédito (...)" [41] e, portanto, pode a execução vir a ser

---

[39] "Sobre bens determinados pertencentes a pessoas diversas do devedor — escreve E. Liebman, *Il titolo esecutivo riguardo ai terzi*, R.D.P.C., 1934, p. 146 — pode existir um vínculo em virtude do qual esses bens podem tornar-se objecto da execução que se instaura por causa da obrigação do devedor." Na página seguinte distingue o Autor entre o "terzo datore di ipoteca" e o "terzo acquirente di un immobile ipotecato", afirmando que, nestes casos, os bens do terceiro "si trovano agli effetti dell'esecuzione assimilati al patrimonio del debitore."

[40] *L'esecuzione ultra partes*, p. 65.

[41] Disposição análoga existe no C.C.I. Estabelece-se no artigo 2910 deste diploma que "o credor, para obter aquilo que lhe é devido, pode executar os bens do devedor, segundo as regras estabelecidas no Código de Processo Civil." E acrescenta-se que "podem ser executados também os bens de terceiro quando estejam vinculados à garantia do crédito ou quando são objecto de um acto que foi revogado porque praticado em prejuízo do credor."

suportada por alguém que não figura expressamente no título executivo como devedor ([42]).

No entanto, para a prossecução de actos executivos no património do terceiro proprietário — como resulta hoje inequivocamente do citado art. 56.º, n.º 2 — é imprescindível a demanda deste no respectivo processo ([43])([44]). Mas tal demanda — e a

---

Sobre a interpretação desta norma e sobre as categorias de terceiros com legitimidade passiva para uma "espropriazione forzata", *vide* G. TARZIA, *Espropriazione contro il terzo proprietario,* N.D.I., vol. VI, p. 966 e ss.

([42]) Como explica F. P. LUISO, ob. cit., p. 64, "o título contempla necessariamente a relação garantida, mas não o outro elemento — o vínculo da garantia que integra a *fattispecie* da qual deriva a sujeição do terceiro à acção executiva."

([43]) Decorre do exposto que a proposição de uma acção executiva para pagamento de quantia certa implica a prévia resolução de duas questões.

Em primeiro lugar, importa saber quem, segundo o título, está obrigado a realizar a prestação; em segundo lugar, tem de averiguar-se quem é que vai suportar, patrimonialmente, como proprietário, a execução.

Em princípio, a execução dirige-se contra o património do devedor. Excepcionalmente, contudo, pode ser suportada por um terceiro proprietário não devedor. Neste caso, a acção executiva deve dirigir-se, sob pena de ilegitimidade, contra este terceiro.

Que razões permitem justificar este entendimento?

Refira-se, antes de mais, que só a demanda e a subsequente citação do proprietário (não devedor) permitem que este deduza, em sua defesa, embargos do executado, regulados no artigo 813.º e ss. Aspecto de primordial importância, pois, como explica ALBERTO DOS REIS, *Processo de execução*, vol. I, p. 400 e s., "o facto de o titular do património penhorado estar sujeito à responsabilidade executiva ou à eficácia do título que serve de base à execução, não importa, como consequência iniludível, que ele haja necessariamente de sofrer a penhora dos seus bens: pode muito bem suceder que, posteriormente à formação do título, se tenha verificado a extinção da obrigação, e pode até dar-se o caso, tratando-se de título negocial, que o acto jurídico esteja inquinado de um vício do consentimento."

Sinteticamente, pode, pois, dizer-se que o *princípio do contraditório* exige a proposição da execução contra o proprietário que, por esta, vai ser atingido. Cfr. G. TARZIA, *Il contraddittorio nel processo esecutivo*, R.D.P., 1978, p. 214.

(*Vide*, quanto à defesa do terceiro, dono da coisa ou titular do direito hipotecado, o art. 698.º do C.C.).

Refira-se, por outro lado, que só a posição formal de executado permite ao terceiro — na fase da venda executiva — a salvaguarda de determinados interesses relativos à coisa de que é proprietário. Pense-se, por exemplo, na intervenção para a escolha da modalidade da venda e do valor de base dos bens (arts. 886.°-A) ou na intervenção relativa à apreciação das propostas de compra (art. 894.°).

Inteira razão assiste — para concluir — a LEBRE DE FREITAS, *A acção executiva*, p. 237, quando afirma que "*à penhora só estão sujeitos bens do executado*, seja este o próprio devedor, seja um terceiro (relativamente à obrigação exequenda), este nos casos excepcionais em que a lei substantiva admite a penhora de bens de pessoa diversa do devedor."

"*Os bens de terceiro (relativamente à execução)* — explica ainda o Autor — (...) *não são penhoráveis*, regra esta que permanece válida quanto às pessoas obrigadas no título conjuntamente com o executado, mas contra as quais não tenha sido proposta a execução."

Quanto ao problema da proposição da acção executiva contra o proprietário, *vide*, ainda, ARMINDO MENDES/LEBRE DE FREITAS, *Parecer da Comissão de Legislação da Ordem dos Advogados sobre o Anteprojecto do Código de Processo Civil*, R.O.A., 1989, p. 636.

No domínio do direito alemão, e no sentido de que o processo executivo tem de dirigir-se contra o proprietário que, no seu património, vai sofrer a execução, *vide* L. ROSENBERG, *Tratado de derecho procesal civil*, vol. III, p. 67 e s. Segundo o Autor, o processo tem de seguir contra aquele que, no registo da propriedade, se encontra inscrito como proprietário.

(44) O C.P.C.I. de 1940 veio afastar as dúvidas que existiam no período de vigência do Código de 1865 acerca, precisamente, do problema que agora tratamos, ao regular em três disposições (arts. 602 a 604) a "espropriazione contro il terzo proprietario."

O título executivo e o *precetto* (acto através do qual se intima alguém a cumprir uma obrigação) são notificados também ao terceiro proprietário (não devedor) e a penhora e os actos executivos, como escrevem S. SATTA/ /C. PUNZI, *Diritto processuale civile*, p. 769, "processam-se perante o terceiro."

Trata-se — já o sabemos — de um caso de execução *ultra partes,* uma vez que não é necessária a existência de um título executivo que contemple o terceiro proprietário. Cfr. F. P. LUISO, ob. cit., p. 58 e s.

Este regime visa — como explica S. SATTA, *Commentario al codice di procedura civile,* vol. III, p. 428 — a protecção de eventuais interesses do terceiro proprietário.

Para uma análise das consequências que derivam da violação deste regime, *vide* V. ANDRIOLI, *Opposizione del terzo acquirente d'immobile ipotecato all'esecuzione,* R.D.P., 1964, p. 465 e ss.

Note-se, ainda, que na expressão contida no artigo 602 — "espropriazione del bene gravato da pegno o da ipoteca per un debito altrui" — tanto se

consequente penhora da coisa onerada — depende exclusivamente da vontade do credor exequente.

Se a acção for proposta apenas contra o devedor, este não pode exigir que a penhora venha a incidir sobre a coisa onerada pertencente ao terceiro.

O fundamento para este entendimento radica numa interpretação *a contrario* do artigo 697.º do C. C., onde se estabelece que "o devedor que for dono da coisa hipotecada tem o direito de se opor (...) a que outros bens sejam penhorados na execução enquanto se não reconhecer a insuficiência da garantia (...)."

Tal interpretação permite concluir que, não pertencendo ao devedor executado a propriedade da coisa dada em garantia, está-lhe vedada a possibilidade de exigir que a penhora, antes de começar pelos seus bens, incida sobre o objecto da garantia real ([45])([46]).

---

compreende a hipótese em que um terceiro constitui, em benefício de outrem, um penhor ou uma hipoteca, como aquela em que um terceiro adquire uma coisa já onerada. Neste sentido, S. SATTA/C. PUNZI, ob. cit., p. 771, e G. TARZIA, *Espropriazione contro il terzo proprietario*, N.D.I., vol. VI, p. 967.

Para uma análise do problema, ainda sob a vigência do C.P.C.I. de 1865, podem ver-se os estudos de E. GARBAGNATI, *L'esecuzione forzata immobiliare contro il terzo possessore e il suo soggetto passivo*, R.D.P.C., 1936, p. 117 e ss., e de L. CALIENDO, *Il terzo possessore e il terzo datore d'ipoteca nel processo esecutivo*, G.I., 1937, p. 429 e ss.

([45]) "Estando constituída uma garantia real por terceiro — escrevem PIRES DE LIMA/ANTUNES VARELA, *Código Civil anotado*, vol. II, p. 92 —, o credor pode, indiferentemente, executar o património do devedor ou os bens onerados.

O devedor não tem, nesse caso, o direito de exigir que a execução comece pelos bens onerados. Tal direito só lhe é conferido quando seja *dono* deles (cfr. art. 697.º e respectiva anotação). Neste sentido se deve interpretar o artigo 835.º do Código de Processo Civil."

([46]) Não pretendendo fazer valer a garantia real, o credor "poderá mover a acção executiva apenas contra o devedor e nela penhorar os seus bens, sem que ele lhe possa opor a necessidade de previamente se reconhecer, nos termos do art. 835, a insuficiência dos bens dados em garantia para o fim da execução." Cfr. LEBRE DE FREITAS, ob. cit., p. 107.

A questão não se coloca, claro está, nos casos em que o credor instaura directamente a execução contra o terceiro, pois nestas hipóteses a penhora incidirá, à partida, sobre o objecto da garantia. Revelando-se a garantia insuficiente, e na eventualidade de a execução ter sido instaurada apenas contra o terceiro, "pode o exequente requerer, no mesmo processo, o prosseguimento da acção executiva contra o devedor, que será citado para completa satisfação do crédito exequendo" (art. 56.º, n.º 3) [47].

Conclusão deste ponto: o credor, sempre que queira beneficiar de uma garantia real constituída em seu benefício por um terceiro (não devedor), tem de propor a acção executiva contra este.

---

[47] O processo executivo pode ser proposto, *ab initio*, simultaneamente contra o devedor e contra o terceiro proprietário da coisa onerada. Mas o artigo 56.º, n.º 2, consagra apenas a possibilidade e não a necessidade de se demandar o devedor. A solução é discutível.

ANTUNES VARELA, R.L.J., ano 124.º, p. 166, nota 1, afirma que este sistema despreza "a vantagem que há sempre em dar ao devedor-executado, com a citação para que ele pague ou nomeie bens à penhora (...), uma última *chance a pagar* (voluntariamente) a dívida exequenda."

Também nós pensamos que a melhor solução se traduziria na necessidade da demanda simultânea do próprio devedor, na medida em que este é o titular passivo da relação obrigacional e, mais concretamente, titular da obrigação cujo cumprimento se pretende obter coercivamente através da execução.

Como explica F. P. LUISO, ob. cit., p. 63, "a possibilidade de submeter o terceiro proprietário à execução advém de uma *fattispecie* composta por dois elementos: a relação obrigacional (*credito-debito*) e o vínculo de garantia existente sobre o bem e relativo ao crédito." "A existência do crédito garantido — acrescenta — é, por conseguinte, prejudicial relativamente à concreta execução do terceiro (...)." *Vide*, também, p. 197.

O direito de crédito que se faz valer numa acção executiva — como afirmou E. GARBAGNATI, est. cit., p. 126 — é um crédito "verso il debitore" e não "verso il terzo possessore", sendo este último um "responsabile senza debito."

Em defesa desta posição, escreve MARIA JOSÉ CAPELO, *Breves considerações sobre a legitimidade do terceiro garante e do possuidor de bens onerados pertencentes ao devedor (art. 56.º do CPC)*, Revista Jurídica da Universidade Moderna, ano I (1998), p. 297, que "o exequente deveria promover sempre a demanda do devedor, para que este fosse citado para pagar ou nomear bens, ou mesmo deduzir oposição."

Nesta hipótese, a execução segue contra alguém que, não resultando do título como devedor, se torna parte passiva legítima na acção (⁴⁸).

Recai, igualmente, a responsabilidade executiva sobre um terceiro proprietário, como dissemos, nos casos em que este adquira uma coisa onerada com uma garantia (⁴⁹).

Suponhamos que *A* constitui, em benefício de *B*, uma hipoteca sobre um prédio rústico de que é proprietário e que, posteriormente, vende o prédio a *C*, entrando este na posse do imóvel (⁵⁰).

Se *B*, credor de *A*, pretender instaurar uma acção executiva, valendo-se simultaneamente da garantia prestada, contra quem deve a acção ser proposta (⁵¹)?

Se é certo, por um lado, que a venda do bem hipotecado, pelo devedor, é uma venda plenamente eficaz, passando a coisa, por efeito do contrato, a pertencer ao património de um terceiro, também não deixa de ser verdade, por outro lado, que à custa da coisa onerada continua o credor a poder realizar o seu direito de

---

(⁴⁸) "A singularidade da posição destes sujeitos — escreve C. MANDRIOLI, *Il terzo nel procedimento esecutivo,* R.D.P., 1954, p. 188 — consiste não no facto de eles, mas os seus bens, se encontrarem vinculados a uma dívida alheia, ou seja, vinculados a uma responsabilidade executiva de outrem; e, por isso, (...)(...) no momento em que se submete o património do terceiro à satisfação da dívida alheia, o terceiro, que não era parte, assume tal qualidade, ou seja, é em tudo equiparado à parte."

(⁴⁹) Enquanto na hipótese anterior uma pessoa vincula os seus bens em benefício de uma dívida alheia, na hipótese agora em análise uma pessoa adquire um bem onerado com uma garantia constituída pelo alienante a favor de um terceiro.

Como explica E. LIEBMAN, *Il titolo esecutivo riguardo ai terzi,* R.D.P.C., 1934, p. 147, "estes bens encontram-se, para efeitos da execução, equiparados ao património do devedor."

(⁵⁰) Trata-se de uma transmissão com encargo de hipoteca.

(⁵¹) Veja-se o julgamento de um caso similar no Ac. do S.T.J. de 27 de Mar. de 1984, B.M.J, n.º 335, p. 259, e no Ac., já citado, da Relação de Évora de 3 de Nov. de 1994, C.J., 1994, t. V, p. 278 e ss.

crédito, pois a prévia constituição da garantia fez nascer sobre o imóvel um vínculo de natureza real oponível *erga omnes* ([52]).

Ao dirigir-se ao património do terceiro, o credor não faz mais do que exercer uma faculdade que caracteriza o seu direito real: a *sequela* ([53]).

O exercício desta faculdade implica, porém, processualmente, a demanda — na acção executiva — do terceiro proprietário (*vide* o art. 56.º, n.º 2).

Na eventualidade de a acção vir a ser proposta *apenas* contra o devedor, este não tem o direito de exigir, nos termos do artigo 697.º do C.C., que a penhora incida, desde logo, sobre a coisa onerada e que, por consequência, o processo siga também contra o actual titular do direito de propriedade ([54]).

([52]) Pode dizer-se, com C. PUNZI, *La tutela del terzo nel processo esecutivo*, p. 18, que, nestas hipóteses, "os bens constituem, *ab initio, beni-strumento* (...) da responsabilidade do devedor e a esta estão ligados por um vínculo que é insensível a eventuais actos de disposição e, portanto, também à transmissão do direito de propriedade, cuja titularidade se torna, para este fim, irrelevante."

Sobre este ponto *vide*, ainda, R. VIGOTTI, *Espropriazione immobiliare contro il terzo (futuro) proprietario,* R.D.P., 1962, p. 87.

([53]) "O titular de qualquer *ius in re* — escreve HENRIQUE MESQUITA, *Obrigações reais e ónus reais,* p. 79 e ss. —, sempre que a coisa que constitui o respectivo objecto se encontre sob o domínio de um terceiro, pode actuar sobre ela — pode segui-la — na medida necessária ao exercício do seu direito."

No que respeita aos direitos reais limitados, o direito de sequela pode "destinar-se a possibilitar o exercício do direito em caso de transmissão, pelo titular do *ius disponendi,* da coisa sobre que o direito incide." E acrescenta:

"Se o dono de um prédio hipotecado (...) o aliena, o direito real do credor hipotecário (...) segue a coisa, isto é, pode ser exercido em face do novo proprietário."

A concluir, escreve que "a sequela ou seguimento de determinada *res* tanto pode visar a *defesa* de um direito real contra certas agressões cometidas por terceiro (as que privam o titular da disponibilidade da coisa), como o exercício de um direito real limitado em face do subadquirente do domínio."

Vide, também, sobre a noção de sequela, RUI DE ALARCÃO, *Direito das obrigações,* p. 79 e s., e MENEZES CORDEIRO, *Direitos reais,* vol. I, p. 440 e ss.

([54]) Diferente era a posição defendida por ANSELMO DE CASTRO, segundo a qual, no caso de os bens terem sido transmitidos a terceiro (e não nos casos

A penhora somente tem de iniciar-se sobre os bens onerados quando estes pertençam ao próprio devedor executado. É esta a solução que resulta do disposto no artigo 835.º.

Pertencendo a coisa onerada a terceiro, compete unicamente ao credor a decisão de fazer actuar a garantia.

Para isso, como resulta do artigo 56.º, n.º 2, é imprescindível, repetimos, a demanda do actual proprietário da coisa, pois acaba por ser sobre um bem pertencente ao seu património que vai iniciar-se a execução.

---

de o terceiro ter constituído directamente a garantia sobre bens próprios), "é contra o terceiro possuidor que a execução terá mesmo que ser necessariamente dirigida, embora simultânea ou sucessivamente o possa ser também contra o originário devedor." Cfr. *A acção executiva singular, comum e especial*, p. 81.

A favor deste entendimento, podia aduzir-se que o devedor, quando aliena a coisa onerada — quer por negócio gratuito, quer principalmente por negócio oneroso —, como que transfere para o adquirente a dívida garantida e, por conseguinte, devia assistir-lhe o direito de exigir que a execução começasse por essa coisa.

Com a Reforma de 1995-96, e tendo concretamente em conta as alterações ocorridas nos artigos 56.º e 835.º, não se afigura sustentável a posição de ANSELMO DE CASTRO.

LEBRE DE FREITAS sempre equiparou à hipótese de a garantia ter sido directamente prestada por terceiro, o caso em que o terceiro adquire uma coisa onerada. Para o Autor, a execução, mesmo no segundo caso, não tem de começar necessariamente pelo bem onerado e, por conseguinte, a acção executiva não tem de ser proposta contra o terceiro.

Cfr. *A acção executiva*, p. 107, nota 10.

Mas, tanto num caso como noutro, querendo fazer valer a garantia real, "o credor deverá (...) propor necessariamente a acção executiva contra o proprietário ou titular de outro direito real de gozo sobre o bem dado em garantia, visto que o objecto da subsequente penhora será um bem do *seu* património e não do do devedor."

Nas hipóteses de alienação do bem onerado a terceiro, "é precisamente a normal eficácia do acto constitutivo do direito real perante o proprietário que impõe a propositura da execução contra ele, como principal interessado em a evitar (...)."

Cfr. *A penhora de bens na posse de terceiros,* R.O.A., 1992, pp. 336 e 337 (nota 51).

Correndo a execução contra este terceiro, torna-se evidente a falta de coincidência entre os sujeitos indicados no título e aqueles que acabam por tornar-se partes no processo executivo. Trata-se de mais um caso de execução *ultra partes*.

O artigo 56.º, n.º 4 — introduzido pela Reforma de 1995-
-96 — trouxe um novo desvio à regra de determinação da legitimidade na acção executiva.

Dispõe tal preceito que "pertencendo os bens onerados ao devedor, mas estando eles na posse de terceiro, poderá este ser desde logo demandado juntamente com o devedor."

A lei estabelece, já o sabemos, que, no caso de o devedor ter onerado qualquer bem do seu património em benefício do credor, a penhora inicia-se, precisamente, pelo bem que constitui o objecto da garantia (cfr. art. 835.º).

O problema que agora se levanta é outro: e se a coisa onerada, pertencente ao devedor, estiver na *posse* de um terceiro? A este respeito, tanto podemos pensar nos casos em que o terceiro *possui nos termos de um direito real limitado de gozo ou de garantia*, como nas hipóteses, muito frequentes na prática, em que alguém actua, sobre a coisa onerada (imóvel ou móvel), na qualidade de *possuidor em nome alheio ou mero detentor* (na qualidade de comodatário ou de arrendatário, por exemplo).

Para além, portanto, de uma *necessidade* — a necessidade da demanda do devedor —, a lei consagra, hoje, uma *possibilidade*: a de se demandar simultaneamente e *ab initio*, no requerimento da acção executiva, o terceiro possuidor ou detentor [55].

---

[55] Antes da entrada em vigor da Reforma de 1995-96, entendia-se que o artigo 56.º, n.º 2, não contemplava os *meros detentores*.

Neste sentido vide ALBERTO DOS REIS, *Processo de execução*, vol. I, p. 236 e s., e LOPES CARDOSO, *Manual de acção executiva*, p. 123. Igualmente ANSELMO DE CASTRO, ob cit., p. 81, afirmava que "possuidor é o que for em nome próprio e não o simples detentor."

Contra a interpretação segundo a qual o n.º 2 do artigo 56.º exigiria sempre a demanda do terceiro possuidor em nome alheio ou mero detentor, reagiu, fundamentadamente, LEBRE DE FREITAS, est. cit., p. 337, nota 51.

Qual a razão de ser desta possibilidade?

Esta pergunta encontra resposta no Relatório do Dec.-Lei n.º 329-A/95, de 12 de Dez.: "(...) cumpre ao exequente avaliar, em termos concretos, quais as vantagens e inconvenientes que emergem de efectivar o seu direito no confronto de todos aqueles interessados passivos, ou de apenas algum ou alguns deles, bem sabendo que se poderá confrontar com a possível dedução de embargos de terceiro por parte do possuidor que não haja curado de demandar."

O terceiro possuidor ou detentor poderá ser *legitimamente* demandado nas hipóteses em que, de forma inelutável, vai sofrer os efeitos da execução. A extensão da legitimidade ao terceiro tem por detrás a seguinte ideia: o terceiro, nalguns casos, suporta também a execução e, neste sentido, é titular da denominada responsabilidade executiva. Sendo demandado, torna-se parte passiva, não podendo mais tarde vir perturbar a execução através de embargos de terceiro e ficando a saber, desde cedo, que vai ter de abrir mão da coisa, objecto do processo executivo. É esta a interpretação que, em nosso entender, deve fazer-se do n.º 4 do artigo 56.º.

Refira-se que a possibilidade de se demandar, para além do devedor, o *terceiro detentor ou possuidor em nome alheio*, há muito é defendida pela *doutrina italiana*. Tem-se entendido que este terceiro (não indicado no título executivo) pode tornar-se parte passiva na execução, bastando, para isso, que o título seja eficaz perante ele ([56]).

Escreveu o Autor: "o comodatário, por exemplo, de um prédio hipotecado teria de ser demandado pelo credor privilegiado. Contra esta interpretação bastará, julgo, a consideração prática decorrente do normal desconhecimento, pelo credor exequente, dos contratos meramente obrigacionais celebrados pelo seu devedor e das situações de posse que deles emerjam."

([56]) "Se um título executivo é eficaz perante um terceiro — escreve F. P. LUISO, *Novità della S.C. sulla legittimazione del terzo detentore all'opposizione ex art. 615 C.P.C. nell'esecuzione per consegna e rilascio*, R.D.P., 1986, p. 968 —, a consequência será que a execução deverá considerar-se legitimamente instaurada

Título, em sentido substancial, corresponderá ao conjunto de condições que tornam a execução legítima contra um terceiro e que, por isso, têm de ser expressamente alegadas no requerimento inicial da acção executiva ([57]).

A legitimidade do terceiro assenta, portanto, no facto de sobre a coisa onerada existir uma situação (possessória ou de mera detenção) *inoponível* ao exequente. Se, por exemplo, o devedor hipotecou um imóvel em benefício de certo credor, este pode também instaurar a execução contra um terceiro a quem o devedor tenha emprestado a coisa. O comodatário terá — por razões que explicitaremos mais adiante — de sofrer os efeitos do processo executivo, perdendo a detenção exercida sobre o imóvel.

Pelo contrário, sendo o terceiro titular de uma situação *oponível* ao exequente e ao próprio executado (pensemos, por exemplo, numa detenção baseada num contrato de arrendamento), não é possível, em nosso entender, atribuir-lhe legitimidade para o processo de execução. Motivo: o terceiro não pode ser afectado pelo processo em curso, devendo respeitar-se a sua posição. O processo deve dirigir-se unicamente contra o proprietário da coisa ([58]). Na hipótese de a execução não vir a respeitar a posição jurídica do arrendatário, no exemplo que apresentámos, este poderá opor-se-lhe, como veremos, através de embargos de terceiro.

---

contra ele; se, ao invés, o título é ineficaz perante o terceiro, a execução deve considerar-se ilegítima."

Vide, também, do mesmo Autor, *L'esecuzione ultra partes*, p. 8.

([57]) Sobre o sentido substancial do título executivo, *vide* F. P. Luiso, ob cit., pp. 8 a 11.

([58]) A doutrina italiana refere-se aos detentores autónomos (detenção qualificada) como aqueles que têm uma posição oponível não só a terceiros, mas também ao possuidor em nome próprio (este não pode afectar aquela detenção através de um acto dispositivo).

Nestas hipóteses, a execução "ultra partes" com contraditório não é possível, uma vez que não existem condições que tornem o título eficaz perante o terceiro.

Cfr. F. P. Luiso, ob. cit., p. 354 e ss.

E que fazer nos casos em que o terceiro é *indevidamente* demandado, à partida, para a acção executiva?

Sempre que isto ocorra, o terceiro torna-se parte no processo e não poderá, mais tarde, deduzir contra a penhora os embargos regulados nos artigos 351.º e ss., pois somente "quem não é parte na causa", como explicita o artigo 351.º, pode reagir através de embargos de terceiro.

O terceiro possuidor tem, no entanto, o direito de defender--se, deduzindo os *embargos* previstos nos artigos 812.º e ss.

Concretizando, poderá alegar, através deste meio, a sua *ilegitimidade* para a execução (art. 813.º, al. *c*)) [59]. Não se trata, em bom rigor, de um problema de inexequibilidade do título executivo. O fenómeno é outro: *o título não estende a sua eficácia executiva ao terceiro* [60].

Também na hipótese em que o executado nega ser o sucessor da pessoa indicada no título, a oposição é feita por embargos do executado e, precisamente, com fundamento no citado artigo 813.º, al. *c*). E o tribunal terá de apreciar se o terceiro demandado é ou não o efectivo sucessor da pessoa designada no título, para decidir pela sua legitimidade ou ilegitimidade.

Analogamente, se o tribunal se convencer de que o terceiro possuidor é titular de uma posição oponível, deve absolvê-lo da instância com fundamento em ilegitimidade.

Refira-se ainda, como desvio ao enunciado princípio da coincidência, aquele que o artigo 57.º consagra.

Segundo este preceito, "a execução fundada em sentença condenatória pode ser promovida, não só contra o devedor, mas ainda contra as pessoas em relação às quais a sentença tenha força de caso julgado."

---

[59] Em defesa desta solução, na doutrina italiana, *vide* F. P. LUISO, ob. cit., p. 388 e s.

[60] Com explica F. P. LUISO, ob. cit., p. 370, "o terceiro está imune em relação aos efeitos do título executivo."

A exequibilidade da sentença afecta todos aqueles que se encontram vinculados à decisão transitada em julgado. Quer dizer, o executado pode vir a ser um terceiro que, embora não directamente condenado na sentença, se insira no círculo dos sujeitos atingidos pelo caso julgado ([61])([62]).

Mas a verdade é que, no domínio dos limites subjectivos do caso julgado, vale o princípio da eficácia relativa, de acordo com o qual a sentença apenas vincula as partes que intervieram no processo ([63]). Só em determinadas hipóteses o caso julgado se estende a terceiros, os quais, consequentemente, ficarão abrangidos pela força executiva da sentença.

O credor poderá, nestas hipóteses, propor a acção executiva directamente contra o terceiro, devendo, no requerimento inicial, fundamentar a vinculação do executado à condenação proferida contra outrem.

A inexistência de tal vinculação conduz, obviamente, à ilegitimidade do demandado.

Tem de colocar-se, neste momento, a seguinte questão: em que situações, afinal, um indivíduo — não directamente condenado na sentença — se pode considerar judicialmente vinculado a realizar, em benefício de outrem, uma prestação?

([61]) Como escreve LEBRE DE FREITAS, *A acção executiva,* p. 109, "o âmbito subjectivo da eficácia executiva do título coincide, no caso da sentença, com o âmbito da eficácia subjectiva do caso julgado."

([62]) Não existindo uma norma idêntica no direito italiano, a doutrina divide-se entre aqueles que defendem a tese da coincidência entre o alcance subjectivo do caso julgado e o alcance subjectivo do título executivo (*v.g.*, DENTI, LUISO), e aqueles que, contrariamente, defendem que só em casos excepcionais a lei estende a eficácia do título executivo, quer do lado activo, quer do lado passivo, a terceiros (*v.g.*, ALLORIO, MANDRIOLI).

Vide, sobre o problema, V. DENTI, *L'esecuzione forzata in forma specifica,* pp. 142 a 148, C. MANDRIOLI, *In tema di rapporti tra estensione soggettiva del giudicato ed estensione soggettiva del titolo esecutivo,* R.D.P., 1985, p. 448 e ss., e F. P. LUISO, ob. cit., p. 206 e ss.

([63]) *Vide,* por todos, MANUEL DE ANDRADE, *Noções elementares de processo civil,* p. 308 e ss., e ANTUNES VARELA/MIGUEL BEZERRA/SAMPAIO E NORA, *Manual de processo civil,* p. 720 e ss.

É possível descortinar, no nosso sistema, algumas disposições que permitem fundamentar a extensão *ultra partes* da eficácia do caso julgado e, concretamente, o alargamento, em termos subjectivos, da eficácia executiva da sentença condenatória ([64]).

Suponha-se, por exemplo, que *A* demanda *B*, alegando que comprou, por escritura pública, um andar ao réu e que este se recusa a proceder à entrega do imóvel.

Uma vez proposta esta acção declarativa — na qual se pede a condenação de *B* a entregar o andar —, *B* vende o imóvel a *C*, entregando-lho.

Vindo a acção a ser julgada procedente, o actual proprietário recusa-se a proceder à entrega do imóvel.

Pergunta-se: pode *A* fazer valer o seu direito perante *C*, instaurando contra este uma execução para entrega de coisa certa?

Segundo o n.º 3 do artigo 271.º, "a sentença produz efeitos em relação ao adquirente, ainda que este não intervenha no processo, excepto no caso de a acção estar sujeita a registo e o adquirente registar a transmissão antes de feito o registo da acção."

A partir do momento da venda, o réu age na acção em nome próprio, mas sobre direito alheio. Trata-se de um fenómeno de substituição processual ([65])([66]).

No entanto, em princípio, a sentença é eficaz relativamente ao substituído, podendo o autor instaurar posterior execução contra ele ([67])([68]).

([64]) *Vide* ALBERTO DOS REIS, *Processo de execução*, vol. I, p. 220 e s.

([65]) *Vide*, sobre esta noção, MANUEL DE ANDRADE, ob. cit., p. 315 e s., ANTUNES VARELA/MIGUEL BEZERRA/SAMPAIO E NORA, ob. cit., p. 732 e s., e LEBRE DE FREITAS, *A confissão no direito probatório*, p. 81 e ss.

([66]) Para uma análise da questão à luz do artigo 111 do C.P.C.I, *vide* F. P. LUISO, *L'esecuzione ultra partes,* p. 282 e ss. Para este Autor, a ocorrência de uma *sucessione nel diritto controverso* (do lado passivo) dá lugar a uma execução *ultra partes* se o terceiro se tornar titular de uma obrigação de conteúdo idêntico àquela de que era titular o demandado. *Vide* também, quanto a este ponto, E. FAZZALARI, *Istituzioni di diritto processuale,* p. 321.

([67]) Imaginemos que *A* promete vender a *B* determinada fracção autónoma de um edifício e que *B*, fundamentando-se na mora, instaura contra o promitente-vendedor uma acção de execução específica (art. 830.º do C.C.),

O caso julgado condenatório só pode alargar-se a terceiros quando o legislador, de forma inequívoca, declare que a sentença produz efeitos em relação a determinados terceiros (art. 271.º, n.º 3) ou que a decisão constitui, perante esses terceiros, caso julgado.

Nestas hipóteses, o facto de o terceiro não ter sido condenado não obsta a que, posteriormente, a execução possa ser requerida contra ele.

O exemplo analisado até ao momento diz respeito a uma sentença que, condenando alguém a entregar uma coisa, acaba por estender a sua eficácia executiva a um terceiro não condenado.

Mas poderá uma sentença que condene o réu a pagar certa quantia ou a prestar um facto fungível alargar a sua exequibilidade a terceiros [69]?

---

promovendo o respectivo registo, nos termos do artigo 3.º, n.º 1, al. a), do C.R.P.

Se, na pendência da acção, *A* vender o imóvel a *C*, poderá o promitente--comprador — tendo a execução específica sido decretada pelo juiz — fazer valer a sentença perante *C* ? Poderá, mais concretamente, instaurar contra este terceiro uma execução para entrega de coisa certa?

A resposta deve ser afirmativa. No entanto, para que isso seja possível, a sentença tem de conter — além da parte constitutiva em que se decreta a execução específica — uma expressa condenação do réu (*A*) a entregar a coisa.

O promitente-vendedor actuou, na acção, como substituto processual de *C*, podendo a sentença final — nos termos do artigo 271.º — ser feita valer contra o substituído.

Escrevendo concretamente sobre esta hipótese, CALVÃO DA SILVA, *Sinal e contrato-promessa,* p. 153, afirma que *"a extensão dos efeitos da sentença ao adquirente não interveniente no processo — com a exequibilidade da sentença contra ele (art. 57.º do Cód. Proc. Civ.) — não passa de consequência normal e natural da atribuição dessa legitimidade substitutiva."*

[68] Vide MANUEL DE ANDRADE, *Lições de processo civil,* texto elaborado por T. MORENO/S. SECO/P. JUNQUEIRO, p. 439 e ss., ALBERTO DOS REIS, *Comentário ao Código de Processo Civil,* vol. 3.º, p. 81 e ss., e E. FAZZALARI, *La successione nel diritto controverso,* R.D.P., 1979, p. 528.

[69] Em termos firmemente negativos responde LOPES CARDOSO, *Manual da acção executiva,* p. 106: "É óbvio — escreve — que a força executiva da sentença, para com terceiros não condenados, só pode respeitar à entrega de

Consideremos a seguinte hipótese, no âmbito do instituto da *intervenção principal*, regulado nos artigos 320.º e ss. (⁷⁰): *D* demanda, numa acção de dívida, apenas um dos seus dois devedores solidários (*E*) (⁷¹). Como, nos termos da lei civil, *E* responde pela totalidade da dívida (art. 512.º, n.º 1, do C.C.), basta a demanda deste para estar assegurada a legitimidade passiva (art. 27.º, n.º 2).

Se o credor, após ter instaurado a acção, entender, por qualquer motivo, ser preferível que a acção corra contra os dois devedores e não apenas contra um deles, poderá fazer intervir no processo declarativo o devedor solidário não demandado *ab initio*?

A resposta é afirmativa, uma vez que pode haver lugar à intervenção principal provocada, com base no artigo 325.º, n.º 1 (⁷²).

Ora, se o devedor solidário, uma vez citado pessoalmente, não intervier na causa, dispõe o artigo 328.º, n.º 2, al. *a*), que a sentença constitui, em relação a ele, caso julgado.

Significa isto que o caso julgado condenatório, pressupondo que a acção de dívida tenha sido julgada procedente, afecta também, independentemente de uma expressa condenação, o segundo devedor solidário que, sendo chamado ao processo, nele não quis intervir.

---

coisas. Não se pode exigir a terceiro nem a quantia que outrem foi condenado a pagar, nem a prestação dum facto que outrem foi condenado a praticar; mas, se na acção declarativa foi discutido o domínio ou a posse duma coisa, já se compreende que essa coisa possa ir buscar-se aonde se encontrar, dado que a decisão tenha validade para o possuidor."

(⁷⁰) Sobre este instituto, *vide* ALBERTO DOS REIS, últ. ob. cit., p. 513 e ss., e ANSELMO DE CASTRO, *Direito processual civil declaratório*, vol. I, p. 186 e ss.

(⁷¹) No exemplo apresentado, a obrigação tem por objecto uma quantia em dinheiro. Mas pode pensar-se num caso em que a obrigação, sujeita ao regime da solidariedade, tenha por objecto uma prestação de facto. Cfr. PIRES DE LIMA/ANTUNES VARELA, *Código Civil anotado*, vol. I, p. 528.

(⁷²) Refira-se, por outro lado, que o próprio devedor demandado pode fazer intervir no processo o outro devedor solidário, valendo-se, para isso, do instituto da intervenção principal provocada passiva (art. 325.º, n.º 1).

Se o credor nisso tiver conveniência, a eventual execução para pagamento de quantia certa pode correr contra este segundo devedor solidário, respondendo o seu património pelo pagamento da totalidade da dívida.

Ganha, mais uma vez, sentido o disposto no artigo 57.º: "A execução fundada em sentença condenatória pode ser promovida, não só contra o devedor, mas ainda contra as pessoas em relação às quais a sentença tenha força de caso julgado" ([73]).

([73]) Poderá o instituto da intervenção acessória ilustrar este alargamento a terceiros, não expressamente condenados, da exequibilidade que deriva da sentença condenatória?

Nos termos do artigo 330.º, n.º 1, "o réu que tenha acção de regresso contra terceiro para ser indemnizado do prejuízo que lhe cause a perda da demanda pode chamá-lo a intervir como auxiliar na defesa, sempre que o terceiro careça de legitimidade para intervir como parte principal."

O terceiro que neste preceito se tem em vista não é sujeito passivo, conjuntamente com o réu demandado, da relação jurídica sobre que versa o litígio, mas, tão-só, sujeito de outra relação conexa com esta. O réu poderá chamar o terceiro ao processo, com base no incidente da intervenção acessória provocada. Este incidente, porém, não permite exemplificar a extensão a terceiros da sentença condenatória proferida contra o réu, porque não se pretende, através dele, uma condenação do chamado a cumprir a obrigação.

Nesta hipótese, o caso julgado condenatório não atinge o terceiro chamado, independentemente de ele ter intervindo ou não no processo. Nem o autor nem o réu ficam com um título executivo contra o chamado.

O que acontece é, simplesmente, o seguinte: sendo a acção julgada procedente, o chamado não pode alegar na *acção de regresso* instaurada contra ele que o condenado foi negligente na defesa, mesmo que tenha confessado o pedido ou deixado transitar em julgado a sentença da primeira instância. A sentença apenas constituirá caso julgado em relação às questões de que dependa o direito de regresso do autor do chamamento (cfr. art. 332.º, n.º 4).

7. Terceiros-partes e terceiros estranhos ao processo executivo

Concluindo, diremos que partes legítimas num processo executivo são, em princípio, aquelas que figuram no título executivo.

No entanto, e pelo que respeita especialmente à legitimidade passiva, pode essa qualidade alargar-se a terceiros que, embora não figurando expressamente no título, estejam sujeitos à sanção executiva ou, noutros termos, sejam titulares da responsabilidade executiva.

Uma vez demandados, no requerimento inicial da execução, tornam-se terceiros-partes ou, num sentido formal, executados [74][75].

Estamos, nestes casos, perante uma execução *ultra partes* com contraditório [76].

Ao invés, todos aqueles que não são demandados no processo executivo incluem-se na categoria dos *terceiros estranhos à acção*.

---

[74] Segundo C. MANDRIOLI, *Il terzo nel procedimento esecutivo*, R.D.P., 1954, p. 185, "naqueles casos excepcionais em que determinadas pessoas, embora não resultando formalmente do título, devam considerar-se sujeitos da relação substancial representada no título (...), essas pessoas não são terceiros, mas verdadeiras partes."

[75] No direito germânico, a proposição de uma acção executiva não depende unicamente da existência de um título executivo.

Para toda a execução — e não apenas para os casos em que o título seja uma sentença — é imprescindível a denominada cláusula executiva *(Vollstreckungsklausel)*, que se destina a confirmar a existência e as condições da exequibilidade do título, bem como a fixar os sujeitos do futuro processo executivo.

Ora, da *Vollstreckungsklausel* podem constar, como sujeitos activos ou passivos, pessoas que não se encontram, de forma expressa, designadas no título executivo propriamente dito.

Assim acontece, por exemplo, nas hipóteses em que alguém se torna sucessor do credor ou do devedor, ou em que um terceiro adquire o objecto litigioso na pendência de uma acção declarativa (§ 727 da ZPO).

Vide A. BLOMEYER, *Zivilprozeßrecht (Vollstreckungsverfahren)*, p. 22, e P. ARENS/W. LÜKE, *Zivilprozeßrecht*, p. 369 e ss.

[76] Cfr. F. P. LUISO, *L'esecuzione ultra partes*, pp. 2 e 74. *Vide* também E. LIEBMAN, *Le opposizioni di merito nel processo d'esecuzione*, p. 182.

Devem, em nosso entender, distinguir-se, nesta categoria, três espécies de sujeitos:

a) Os terceiros não demandados podem, em primeiro lugar, ser pessoas que constam, efectivamente, do título executivo como sujeitos passivos da obrigação ([77]).

b) Em segundo lugar, podem os terceiros estranhos à acção, embora não figurando *expressis verbis* no título executivo, estar sujeitos à sanção executiva ([78]).

c) Por último, pode tratar-se de pessoas que, além de não figurarem no título executivo, não se encontram sujeitas à responsabilidade executiva que se efectiva num processo que corre contra outrem.

Ora, o objecto do presente trabalho é constituído precisamente pelos casos em que o tribunal pretende apreender ou apreende uma coisa sobre a qual um terceiro — estranho ao processo executivo — exerce determinada posse ou detenção.

Tentaremos averiguar, não esquecendo a distinção tripartida acabada de apresentar, através de que meios, e em que situações, pode ser tutelada — contra o acto judicial executivo — essa posição alheia.

8. Conceito material de executado?

Resta acrescentar que, num sentido material, todo o terceiro (não demandado) se transforma, uma vez atingido pela acção executiva, num autêntico executado.

([77]) Exemplo: Dois indivíduos constam do título executivo como devedores solidários relativamente ao pagamento de certa dívida. Sendo a execução proposta apenas contra um dos devedores, o devedor não demandado fica alheio ao processo executivo em curso, não podendo a penhora vir a incidir sobre coisas pertencentes ao seu património.

([78]) Conforme escreve F. P. LUISO, *Efficacia ultra partes dell'ordine di rilascio e opposizione all'esecuzione*, G.C., 1981, p. 416, ocorre, por vezes, que o título é eficaz perante um sujeito "nel titolo stesso non nominato" ou, por outras palavras, permite submeter à execução um "terzo rispetto al titolo esecutivo."

Embora o legislador tenha, pelo menos aparentemente, dado ao termo executado um sentido formal, não deixaremos de tentar saber se será possível e útil dar à palavra o sentido material referido ([79]).

([79]) Parte passiva, em *sentido formal,* é toda a pessoa que, sendo indicada no requerimento inicial da execução, acaba por ser citada para o processo em curso. Vimos, em texto, qual o critério para aferir a legitimidade de tal parte.
Num *sentido material,* executado é todo o destinatário dos efeitos jurídicos da execução.
Vide, em defesa desta acepção material, F. P. LUISO, ob. cit., pp. 375, 382 e 412., C. MANDRIOLI, *In tema di esecuzione per consegna o rilascio contro il terzo possessore o detentore*, R.D.C., 1985, p. 591 e s., L. MONTESANO, *Esecuzione specifica*, E.D., vol. XV, p. 553, e E. FAZZALARI, *Istituzioni di diritto processuale,* p. 315.
Na *jurisprudência italiana, vide,* por exemplo, a sentença do tribunal de primeira instância (*Pretura*) de Trento de 5 de Maio de 1954, G.I., 1955, p. 691.
Sobre o conceito de parte, em geral, e no processo executivo, em particular, *vide* A. P. PISANI, *Parte (dir. proc. civ.)*, E.D., vol. XXXI, p. 917 e ss.

CAPÍTULO II

OS TERCEIROS POSSUIDORES E OS TERCEIROS DETENTORES A RELEVÂNCIA JURÍDICO-PROCESSUAL DA POSSE MATERIAL OU DETENÇÃO

SUMÁRIO: 9 — Conceito e classificações de posse. 10 — Direitos nos termos dos quais se pode possuir. 11 — Mera detenção. 12 — Relevância jurídico--processual da posse material ou detenção.

9. Conceito e classificações de posse

Nos termos do artigo 1251.º do C.C., "posse é o poder que se manifesta quando alguém actua por forma correspondente ao exercício do direito de propriedade ou de outro direito real" [80].

A *posse* traduz-se num exercício de poderes de facto (*corpus*) [81] sobre uma coisa [82], mas, acrescente-se, com a intenção

---

[80] É análogo o conceito de posse consagrado no artigo 1140 do C.C.I.

[81] Este *corpus*, como veremos, não tem que consistir necessariamente num contacto físico com a coisa.

[82] A posse incide sobre coisas e não sobre direitos. Como explica MENEZES CORDEIRO, *Direitos reais,* vol. II, p. 876, "*não se possuem direitos reais, mas apenas coisas, nos termos de direitos reais.*"

ou vontade (*animus*) de se exercer o direito real que corresponde ao domínio de facto ([83])([84])([85]).

Interessa, neste momento, recordar duas classificações de posse, às quais teremos necessariamente de voltar num dos capítulos seguintes.

Os Autores têm feito a distinção, desde logo, entre posse *causal* e posse *formal*.

Na primeira modalidade, o possuidor é titular do direito com base no qual possui. A posse é vista como uma faculdade

---

A posse de direitos era, no entanto, admitida pelo Código Civil de 1867 (art. 774.º). *Vide*, sobre este ponto, PIRES DE LIMA/ANTUNES VARELA, *Código Civil anotado*, vol. III, p. 1 e s.

([83]) Sobre estes dois elementos constitutivos da posse, *vide* F. MESSINEO, *Manuale di diritto civile e commerciale*, p. 258 e ss., e A. WEILL, *Droit civil – les biens*, p. 324 e ss.

([84]) "Não pode pôr-se em dúvida (...) — escreve HENRIQUE MESQUITA, *Direitos reais*, p. 71 e s. — que a nossa lei consagra, em matéria de posse, a concepção subjectiva. Possuidor é apenas aquele que, actuando por si ou por intermédio de outrem (art. 1252.º, n.º 1), além do *corpus* possessório, tenha também o *animus possidendi* — a intenção de exercer sobre a coisa um direito real próprio. Isto significa — acrescenta — que não basta fazer a prova do *corpus* para beneficiar do regime possessório. É necessário, além disso, comprovar a existência de um *animus*."

A propósito, escreveu, mais recentemente, ORLANDO DE CARVALHO, *Introdução à posse*, R.L.J., ano 122.º, p. 68: "não existe *corpus* sem *animus* nem *animus* sem *corpus* (...)." E logo adianta: "*corpus* é o exercício de poderes de facto que *intende* uma vontade de domínio, de poder jurídico-real. *Animus* é a intenção jurídico--real, a vontade de agir como titular de um direito real, que se exprime (e *hoc sensu* emerge ou é inferível) em (de) certa actuação de facto."

Por isso, nos casos em que a posse não seja titulada, a determinação do *animus*, isto é, a averiguação da intenção concreta do agente, implica o recurso ao próprio *corpus*.

Assim, por exemplo, aquele que se limita a passar num prédio rústico alheio não pode invocar o *animus* correspondente ao direito de propriedade, mas, tão-só, o *animus* relativo a uma servidão de passagem. Cfr. DIAS MARQUES, *Prescrição aquisitiva*, vol. I, p. 34 e s.

([85]) Diferente é a concepção de posse consagrada no direito alemão.

O § 854 do BGB define a posse como o poder de facto (*tatsächliche Gewalt*) exercido sobre uma coisa (concepção objectiva).

Vide, sobre o sistema possessório alemão, M. WOLFF, *Derecho de cosas*, vol. III, p. 29 e ss., e SCHWAB/PRÜTTING, *Sachenrecht*, p. 14 e ss.

jurídica secundária do direito; é causal porque tem causa no direito ([86]).

Na segunda, os poderes de facto não têm na sua base qualquer direito real, embora o possuidor actue com a intenção de o exercer ([87])([88]). Isto tanto pode acontecer nos casos em que o possuidor nunca tentou adquirir o direito, como nas hipóteses em que o título da aquisição do direito é inválido.

Outra classificação com interesse para o presente trabalho refere-se à *posse efectiva* e à *posse jurídica*.

Na posse efectiva ou material o possuidor exerce uma acção directa ou um poder efectivo sobre a coisa.

A lei estende, no entanto, o conceito de posse a certas situações em que não é exercido um poder de facto ou empírico sobre a coisa — fala-se, nestes casos, em posse incorporal ou jurídica (*possessio animo tantum*) ([89]).

Assim, por exemplo, o *constituto possessório*, regulado no artigo 1264.º do C.C., origina uma posse meramente jurídica ([90]).

---

[86] Cfr. ORLANDO DE CARVALHO, est. cit., p. 105.

[87] Os actos praticados apenas formal e aparentemente se apresentam como o exercício de um direito. Cfr. DIAS MARQUES, ob. cit., p. 10.

[88] "Posse causal — escreve OLIVEIRA ASCENSÃO, *Direito civil – reais*, p. 75 — é aquela em que há coincidência entre a exteriorização e a titularidade substantiva. Se não há esta coincidência, a posse é formal."

Vide, igualmente, MENEZES CORDEIRO, *Direitos reais*, vol. II, p. 859.

[89] "A posse — como refere OLIVEIRA ASCENSÃO, ob. cit., p. 83 — não tem de se traduzir em actos materiais."

No mesmo sentido escreve MOTA PINTO, *Direitos reais*, p. 181: "(...) Não é necessário um permanente contacto físico com a coisa. Basta que a coisa esteja virtualmente dentro do âmbito do poder de facto do possuidor."

[90] "O constituto possessório — como explicam PIRES DE LIMA/ANTUNES VARELA, *Código Civil anotado*, vol. III, p. 29 — é uma forma de aquisição *solo consensu* da posse, isto é, uma aquisição sem necessidade de um acto material ou simbólico que a revele. Consiste (...) num acordo pelo qual o possuidor, alienada a posse, reserva, por qualquer título, a detenção da coisa e se dispensa, assim, de a *entregar* ao novo possuidor."

Igualmente, quando se estabelece, no artigo 1255.º do C.C., que, "por morte do possuidor, a posse continua nos seus sucessores desde o momento da morte, independentemente da apreensão material da coisa", estamos no domínio de uma posse jurídica e não efectiva.

Fácil é ver que, nestas hipóteses, o legislador mais não faz do que prescindir de um dos elementos caracterizadores da posse — o *corpus*.

10. Direitos nos termos dos quais se pode possuir

Tendo em conta a noção de posse enunciada, interessa, de seguida, averiguar quais os tipos de *jura in re* susceptíveis de exercício possessório.

Desde logo, o *direito de propriedade* ou, em termos gerais, os *direitos reais de gozo*.

Devendo excluir-se, sem hesitações, os *direitos reais de aquisição* ([91]), cabe analisar o problema de saber em que termos os *direitos reais de garantia* ([92]) podem fundamentar a posse.

Tanto a hipoteca como os privilégios creditórios não conferem um poder de facto sobre uma coisa e, consequentemente, não pode possuir-se com base nestes direitos ([93]).

Já a consignação de rendimentos, quando se convencione que os bens passem para o poder do credor, atribui tal poder de

---

([91]) Trata-se de direitos que se extinguem no momento em que são exercidos. Consequentemente, não podem originar situações de exercício duradouro, que a posse pressupõe. Cfr. HENRIQUE MESQUITA, *Direitos reais*, p. 77, e MOTA PINTO, ob. cit., p. 196.

([92]) Sobre a noção de direito real de garantia, *vide* HENRIQUE MESQUITA, ob. cit p. 61, e *Obrigações reais e ónus reais*, p. 76.

([93]) *Vide* OLIVEIRA ASCENSÃO, *Direito civil – reais*, p. 66.

"Onde não há posse, evidentemente — escreve ORLANDO DE CARVALHO, *Introdução à posse*, R.L.J., ano 122.º, p. 107 —, é na hipoteca, nos privilégios e nos direitos reais de aquisição — pelo que não se pode possuir em termos desses direitos."

facto (cfr. art. 661.º, n.º 1, al. b), do C.C.). No entanto, estatui-se expressamente que o credor, nesta hipótese, "fica (...) equiparado ao locatário", pelo que não deve considerar-se um possuidor ([94]).

E poderá haver posse correspondente a um direito de penhor ou a um direito de retenção?

A lei nada diz quanto a este ponto ([95]), exigindo, genericamente, para que haja posse, como sabemos, uma actividade correspondente ao exercício de um *direito real*.

O *direito de penhor*, como dispõe o artigo 666.º do C.C., "confere ao credor o direito à satisfação do seu crédito (...), com preferência sobre os demais credores, pelo valor de certa coisa móvel, ou pelo valor de créditos ou outros direitos não susceptíveis de hipoteca, pertencentes ao devedor ou a terceiro" ([96]).

Relativamente ao *direito de retenção*, estabelece o artigo 754.º do C.C. que "o devedor que disponha de um crédito contra o seu credor goza do direito de retenção se, estando obrigado a entregar certa coisa, o seu crédito resultar de despesas feitas por causa dela ou de danos por ela causados."

O direito de retenção existe ainda nas várias situações mencionadas no artigo 755.º do C.C. e desempenha, como é sabido, não apenas uma função de garantia do crédito, mas também uma função coercitiva.

Função de garantia, uma vez que, em termos genéricos, o retentor pode pagar-se judicialmente à custa da coisa retida ([97]).

([94]) Cfr. ORLANDO DE CARVALHO, est. cit., p. 107.

([95]) Mas a lei já tem em conta a distinção entre direitos reais de gozo e de garantia no que diz respeito ao instituto da usucapião — *vide* o artigo 1287.º do C.C.

([96]) Sobre esta garantia, *vide* ANTUNES VARELA, *Das obrigações em geral,* vol. II, p. 526 e ss.

([97]) Como pressuposto desta garantia, exige-se, além do mais, que haja uma relação de conexidade entre o crédito do retentor e a coisa que se encontra na sua posse material (*debitum cum re junctum*).

Relativamente a este ponto, *vide* MANUEL DE ANDRADE, *Teoria geral das obrigações,* p. 326, e VAZ SERRA, *Direito de retenção,* p. 7 e ss.

Função coercitiva, porque constrange o devedor (titular do direito à entrega) a cumprir a obrigação a que está adstrito ([98]).

Posto isto, vejamos se poderá possuir-se à luz destes dois direitos de garantia.

O penhor, quando incida sobre *coisas*, confere, em princípio, um poder de facto sobre o objecto. Independentemente de tal poder se traduzir no uso da coisa (art. 671.º, al. *b*), do C.C.), deve afirmar-se que pode haver posse nos termos de um direito de penhor ([99]).

E o mesmo se diga relativamente ao direito de retenção.

Este direito implica o exercício, por parte do retentor, de poderes de facto sobre o objecto, sendo certo, no entanto, que tais poderes podem não se traduzir no uso da própria coisa — *vide* os artigos 758.º e 759.º, n.º 3, do C.C., bem como o artigo 671.º, al. *b*), do mesmo diploma, para que aqueles preceitos remetem.

Ora, como à disponibilidade fáctica do credor pignoratício e do retentor, sobre certo objecto, acresce o *animus* correspondente ao exercício de um direito real — no caso, de garantia — ambas as situações podem classificar-se como possessórias ([100]) ([101]).

([98]) *Vide*, sobre esta função, ANTUNES VARELA, ob. cit., p. 578, e CALVÃO DA SILVA, *Cumprimento e sanção pecuniária compulsória,* p. 346.

([99]) Neste sentido *vide*, na doutrina italiana, R. SACCO, *Il possesso,* p. 27.

([100]) Para ORLANDO DE CARVALHO, *Introdução à posse,* R.L.J., ano 122.º, p. 106, o poder fáctico ou empírico que a posse implica não tem de traduzir-se, necessariamente, num poder de uso e de fruição do bem. Afirma: "sem embargo de não se presumir o pacto anticrético (arts. 671.º, al. *b*), e 758.º e 759.º, n.º 3), é claro que a coisa fica na disponibilidade empírica do retentor ou do credor penhoratício (arts. 669.º e segs. e 754.º) (...). A existência de posse parece-nos, nesses casos, indiscutível (...)."

([101]) Em defesa desta posição pode ver-se MENEZES CORDEIRO, *A posse: perspectivas dogmáticas actuais,* p. 71.

Escreve o Autor: "Pela nossa parte, os direitos reais de garantia que impliquem o controlo material da coisa sobre que incidam dão, seguramente, lugar a posse. Aliás, a lei atribui, ao credor pignoratício, '... as acções destinadas

Se atentarmos, uma vez mais, na disposição contida no artigo 1251.º do C.C., chegamos à conclusão de que o conceito de posse pode e deve, legitimamente, ser usado para caracterizar as situações em análise ([102]).

11. Mera detenção

Como atrás se afirmou, os terceiros atingidos pela apreensão judicial podem ser, não possuidores, mas meros detentores.

Interessa, portanto, distinguir, de forma sumária, a posse propriamente dita da *mera detenção* ou *posse em nome alheio*.

Às situações possessórias contrapõem-se aquelas em que o exercício de poderes de facto se traduz no exercício de um direito não real, estando o detentor desprovido de *animus possidendi* ([103])([104]).

à defesa da posse...' — artigo 670.º, a) — reconhecendo, ainda, a sua '... composse...' — artigo 669.º. Se a isso acrescentarmos o teor do artigo 1251.º, não haverá grande margem para dúvidas."

([102]) Relativamente ao penhor, escreveu Manuel Rodrigues, *A posse*, p. 183: "Como (...) esta garantia não é consignada em registo público, para evitar prejuízos de terceiros, exigiu-se desde muito cedo que o proprietário do objecto do penhor dele fosse desapossado."

E na p. 185: "A posse do credor pignoratício resulta nitidamente do conceito de posse que domina o direito português (...)."

Quanto ao direito de retenção, ele " é — escreve o Autor na p. 187 — um poder directo e imediato sobre uma coisa, que garante o cumprimento de um crédito com aquela relacionado."

E logo acrescenta: "Os detentores detêm até ao momento em que se tornam credores — são mandatários, depositários, etc. — mas no próprio momento em que a conservação da coisa os obriga a fazer despesas etc., como passam a deter no interesse próprio, a lei eleva-lhes a detenção a posse.

Na verdade, há no direito de retenção um poder de facto sobre um objecto e esse poder exerce-se no interesse do detentor — os dois elementos que no sistema do direito português definem a posse."

([103]) Ao detentor falta a intenção de comportar-se e de ser considerado como titular de um direito real. Cfr. R. Sacco, ob. cit., p. 19.

Vide, também, F. Messineo, *Manuale di diritto civile e commerciale*, p. 260 e ss., e A. Trabucchi, *Istituzioni di diritto civile*, p. 437 e s.

A posse (efectiva ou não jurídica) e a detenção não se distinguem pelo elemento material: o poder de facto caracteriza, de igual forma, ambas as situações. A diferença reside, precisamente, no elemento espiritual ou no *animus*. Ao contrário do *animus possidendi*, o *animus detinendi* caracteriza-se pela circunstância de o detentor reconhecer que, sobre a coisa, existe um direito prevalecente de terceiro.

O legislador refere-se à detenção no artigo 1253.º do C.C.

As três alíneas deste preceito dizem respeito, como esclarecem PIRES DE LIMA e ANTUNES VARELA ([105]), a aspectos da situação de detenção, e não propriamente a casos típicos, distintos uns dos outros.

Assim, logo na alínea *a)* faz-se referência às pessoas que actuam "sem intenção de agir como beneficiários do direito."

É o caso, por exemplo, dos trabalhadores relativamente às coisas pertencentes à entidade empregadora. Ao exercerem poderes de facto sobre a coisa, não agem como beneficiários do direito de propriedade ou de outro direito de natureza real ([106]).

([104]) Por força do disposto no artigo 1253.º do C.C., " deve qualificar-se como simples detenção (e não como posse) todo o poder de facto que se exerça sobre as coisas sem o *animus possidendi*. Nas suas alíneas, o art. 1253.º menciona expressamente as várias situações de posse precária." Cfr. HENRIQUE MESQUITA, *Direitos reais,* p. 68.

([105]) *Código Civil anotado,* vol. III, p. 9.

([106]) Para HENRIQUE MESQUITA, ob. cit., p. 68 e s., na al. *a)* do artigo 1253.º do C.C. deve subsumir-se a detenção que assenta no exercício de *actos facultativos,* que define como "aqueles que um proprietário (ou o titular de outro direito real) exerce em consequência da inacção de outro proprietário e enquanto esta inacção se mantiver."

Exemplo apresentado pelo Autor: *A* desfruta as vistas sobre um terreno vizinho, apenas porque o respectivo proprietário não levantou aí qualquer edificação. Enquanto este proprietário não exercer as faculdades que o seu direito lhe confere (*v.g.,* construção de um edifício no terreno), o vizinho, como detentor, pode exercer o poder de facto correspondente a uma servidão *non aedificandi,* actuando, portanto, "sem intenção de agir como beneficiário do direito."

Na alínea seguinte faz o legislador alusão a todos aqueles que "se aproveitam da tolerância do titular do direito" ([107]).

As pessoas que, por exemplo, atravessam um prédio alheio com base no consentimento expresso ou tácito do titular do direito real, aproveitam-se da tolerância do proprietário e não podem considerar-se possuidores.

Finalmente, a alínea c) da norma citada refere-se aos "representantes ou mandatários do possuidor e, de um modo geral, todos os que possuem em nome de outrem."

São detentores os arrendatários ou os comodatários, por exemplo, pois possuem em nome de outrem.

12. Relevância jurídico-processual da posse material ou detenção

Importa, neste momento, averiguar qual a relevância que, em termos jurídico-processuais, o legislador atribui à *disponibilidade material ou factual* ([108]) existente sobre uma coisa que seja objecto de um acto de apreensão judicial em processo executivo.

Devem, em nosso entender, distinguir-se três situações:

1.ª — A coisa pertence ao executado, mas está na disponibilidade material de um terceiro;
2.ª — A coisa pertence a um terceiro, mas está na disponibilidade material do executado;
3.ª — A coisa pertence a um terceiro e está na sua disponibilidade material.

Relativamente à primeira hipótese, tem de atender-se ao princípio norteador consagrado no artigo 831.º.

([107]) Como esclarece Oliveira Ascensão, *Direito civil-reais*, p. 89, "tem--se em vista a prática de certos actos de desfrute de coisa alheia nos termos de uma cortês relação de vizinhança."

([108]) Disponibilidade que caracteriza a detenção e a posse material.

Dispõe-se neste preceito que "os bens do executado são apreendidos ainda que, por qualquer título, se encontrem em poder de terceiro, sem prejuízo, porém, dos direitos que a este seja lícito opor ao exequente" (esta última parte foi acrescentada ao preceito pela Reforma de 1995-96).

Interessa, sumariamente, precisar o sentido e delimitar o alcance desta norma.

Ao empregar a expressão "bens do executado", o legislador quer referir-se a bens — quer imóveis, quer móveis — cuja propriedade pertença ao executado ([109]).

Ora, segundo o artigo 831.º, a execução pode atingir — através da apreensão — esses bens, ainda que não estejam em poder ou, o que é o mesmo, na disponibilidade material do proprietário (executado).

Nos ordenamentos processuais italiano e germânico não existe uma disposição semelhante.

Muito sinteticamente, resulta do artigo 513, par. 4.º, do C.P.C.I. que, estando uma *coisa móvel* na disponibilidade de um terceiro, o funcionário judicial não pode efectuar a penhora, sob pena de cometer um esbulho ([110]), excepto se o terceiro, voluntariamente, abrir mão da coisa. O funcionário, para usar a expressão

---

([109]) Vide LOPES CARDOSO, *Manual da acção executiva,* p. 348.

([110]) A disponibilidade — como explica C. PUNZI, *La tutela del terzo nel processo esecutivo,* p. 35 — tem uma "relevância negativa", isto é, "impede o acesso do funcionário judicial, a busca e a realização da penhora."

Compreende-se o cuidado que, no direito italiano, existe relativamente à apreensão de coisas móveis.

Como é sabido, sendo a coisa móvel vendida a um terceiro de boa fé, o adquirente é tutelado — contra o proprietário da coisa — pela regra segundo a qual *possesso di cose mobili vale titolo* (art. 1153 do C.C.I.).

O pressuposto objectivo da penhora é, portanto, na *espropriazione mobiliare,* a *diretta disponibilità del bene* por parte do devedor. Esta disponibilidade deve ser entendida como a possibilidade de disposição material do bem, sem necessidade de cooperação alheia.

Cfr. G. TARZIA, *L'oggetto del processo di espropriazione,* p. 246. Sobre o artigo 513, em especial, *vide* p. 188 e ss.

legal, pode penhorar "le cose del debitore che il terzo possessore consente di esibirgli" ([111]).

Nas hipóteses em que o terceiro não consente na apreensão, a penhora da coisa móvel apenas pode efectuar-se através da forma do *pignoramento presso terzo*, regulada no artigo 543 e ss. do C.P.C.I.

Quanto à penhora de *imóveis*, tem-se afirmado que a inscrição no registo desempenha função equivalente àquela que — na apreensão de móveis — cabe à disponibilidade material. O registo reflecte uma situação de pertinência da coisa ao devedor (executado) ou ao terceiro responsável ([112]).

Da mesma forma, a ZPO exige (§§ 808 e 809) ([113]), como condição indispensável para a apreensão judicial de uma *coisa móvel*, que esta se encontre na disponibilidade material ou de facto (*Gewahrsam*) ([114]) do devedor ([115]) ou de um terceiro disposto a entregá-la ([116]).

([111]) Discute-se, aliás, se este consentimento é factor impeditivo de uma posterior oposição do terceiro. *Vide*, sobre esta curiosa questão, G. Tarzia, ob. cit., p. 243, nota 283.

([112]) Cfr. G. Tarzia, ob. cit., p. 367.

([113]) Note-se que foi a ZPO a inspirar, neste ponto, o legislador italiano. Isto mesmo é devidamente assinalado por G. Tarzia, ob. cit., p. 241 e s.

([114]) Como explica E. Schilken, *Münchener Kommentar zur Zivilprozeßordnung*, vol. III, p. 59, a expressão *Gewahrsam* equivale a domínio de facto (*tätsächlich Sachherrschaft*). Trata-se de uma situação exteriormente cognoscível e que corresponde ao conceito de posse directa (*unmitelbar Besitz*). *Vide*, sobre este ponto, G. Tarzia, ob. cit., p. 107, nota 1.

O facto de se atender, no acto judicial da apreensão, tão-só a essa disponibilidade material, afasta — no entendimento de E. Schilken, ob cit., p. 58 — uma morosa e, portanto, indesejada prova relativa à titularidade dos bens.

É que o domínio factual é facilmente comprovado pelo funcionário encarregado da prática do acto da apreensão, presumindo-se com base nesse domínio a existência do direito de propriedade (§ 1006 BGB).

([115]) Tem-se, contudo, defendido — contra a concepção que vê no *Gewahrsam* do executado (devedor) um pressuposto processual objectivo da execução — que a disponibilidade de facto exercida pelo executado sobre certos bens móveis só fundamenta a penhora na medida em que seja provável a pertença desses bens ao executado. Para esta concepção, o *Gewahrsam* constitui,

Igual exigência existe para a apreensão de *imóveis* no âmbito da execução para entrega ([117]).

Encontrando-se a coisa imóvel em poder de um terceiro não disposto a entregá-la, a apreensão não pode ser levada a cabo, embora, a pedido do exequente, o processo possa vir a seguir os termos previstos no § 886 da ZPO.

Ora, no sistema processual português, o facto de a coisa, pertencente ao executado, se encontrar na disponibilidade material de um terceiro não funciona como factor impeditivo da execução (apreensão).

A apreensão, como mais tarde veremos, é realizada de forma efectiva e directamente pelo *funcionário judicial* nos casos em que

---

afinal, um sinal exterior (de pertença patrimonial) que pode ser posto em causa.

Veja-se, sobre este ponto, G. TARZIA, ob. cit., p. 114 e ss. (em especial, p. 130 e ss.).

([116]) Como explicam R. BRUNS/E. PETERS, *Zwangsvollstreckungsrecht*, p. 135, a coisa móvel não pode ser apreendida se o terceiro não consentir na apreensão e, no caso de esta regra ser violada, o terceiro pode reagir através da *Erinnerung*, regulada no § 766 da ZPO.

Note-se, no entanto, que não deve uma coisa móvel deixar de ser apreendida pelo simples facto de, momentaneamente, se encontrar em poder de um servidor da posse (*Besitzdiener*) (§ 855 do BGB).

Para que a apreensão possa efectivar-se, basta que o funcionário judicial se aperceba da existência de uma relação de dependência (*Abhängigkeitsverhältnis*) entre o executado (devedor) e o terceiro servidor da posse. Cfr. E. SCHILKEN, ob. cit., p. 59.

Resulta, também, do § 739 da ZPO que o cônjuge do devedor não pode, com base na sua detenção (*Mitgewahrsam des Ehegatten*) opor-se à penhora que recaia sobre bens móveis do cônjuge devedor. Este preceito, para J. BRAUN, *Vollstreckungsakte gegen Drittbetroffene*, AcP, 1996, p. 563 e s., deve aplicar-se analogicamente à situações de união de facto.

([117]) Já quanto à apreensão de imóveis, no estrito domínio da execução para pagamento de créditos monetários (*Geldvollstreckung*), é o registo da propriedade em benefício do executado que releva como factor determinante da penhora. Aliás, a venda judicial do imóvel só pode efectivar-se se o devedor constar do registo como proprietário da coisa (§ 17 ZVG — *Gesetz über die Zwangsversteigerung und die Zwangsverwaltung*).

Ao proprietário não inscrito resta a oposição, como veremos, baseada no § 771 da ZPO.

incida sobre coisas móveis. Já a apreensão de imóveis é antecedida de uma entrega simbólica — ao depositário, na execução para pagamento de quantia certa; ao exequente, na execução para entrega de coisa, podendo, no entanto, ser requerida a entrega efectiva e coerciva do imóvel, nos termos do artigo 840.º.

Com o disposto no artigo 831.º pretende-se, sem dúvida, tornar a execução mais rápida e mais célere a realização do direito de crédito, ultrapassando-se eventuais conluios entre o devedor e terceiros.

O sistema assim delineado parece conduzir a uma crítica: propicia a ocorrência de um *esbulho* sempre que a disponibilidade material do terceiro — sobre o objecto da execução — se fundamente numa relação possessória ou de detenção *oponível* a quem instaurou o processo executivo e susceptível, juridicamente, de subsistir após o termo da execução [118].

Como explica L. BARASSI, "a veste do funcionário judicial não exclui a ilegitimidade de uma privação imposta: e isto é esbulho violento (*spoglio violento*)." Ainda segundo este Autor, "é a coacção proveniente da intervenção de um funcionário judicial, ligada à ilegitimidade desta intervenção, que constitui o esbulho (...)" [119][120].

---

[118] Trata-se, assim, de casos em que o título executivo não é eficaz perante o terceiro afectado pela execução. Cfr. F. DE MARTINO, *Del possesso*, p. 594.

[119] *Diritti reali e possesso*, p. 333.

[120] Em que casos podemos afirmar a existência de esbulho violento? ALBERTO DOS REIS, *Código de Processo Civil anotado*, vol. I, p. 670, responde a esta questão.

Em primeiro lugar, "a violência tanto pode exercer-se sobre pessoas, como sobre coisas; é esbulho violento o que se consegue mediante o uso da força contra a pessoa do possuidor; mas é igualmente violento — diz-nos o Autor — o que se leva a cabo por meio de arrombamento ou de escalamento (...)."

Ainda segundo ALBERTO DOS REIS, "a violência pode ser física ou moral; é esbulho violento o que resulta do emprego de força física ou de intimidação contra o possuidor; é também violento o esbulho obtido por coacção moral,

Pergunta-se: consagra a lei algum meio de defesa que permita ao terceiro evitar a consumação de tal esbulho? Quais, afinal de contas, os meios a que o terceiro pode deitar mão para fazer valer direitos oponíveis ao exequente (cfr. art. 831.º, *in fine*)?

Nos artigos 351.º e ss. estão regulados os *embargos de terceiro*. Como veremos, a dedução de *embargos preventivos* (art. 359.º) permite evitar a ocorrência do dano da privação da posse.

Estão também previstos, no Código de Processo Civil, embargos de tipo repressivo. Mas estes, porque deduzidos após o esbulho ter sido consumado, apenas permitem, uma vez julgados procedentes, a reparação da ofensa cometida.

Consagra ainda a lei, especificamente para o despejo — Dec.-Lei n.º 321-B/90, de 15 de Out. —, o meio do protesto do terceiro perante o funcionário judicial que procede à apreensão. Com este meio pretende-se evitar, tal como nos embargos preventivos, a privação da disponibilidade material.

Estes pontos — relativos à oposição do terceiro — serão tratados num dos capítulos subsequentes do trabalho.

Impõe-se agora uma referência às situações em que *a coisa a apreender se encontra na disponibilidade material do executado*.

Este simples facto constitui presunção de que a coisa pertence ao executado ([121]).

---

proveniente da superioridade numérica das pessoas dos esbulhadores, da presença da autoridade, do apoio da força pública."

No sentido de que o esbulho, como *fatto di spossessamento*, implica uma violência que pode ser exercida tanto sobre pessoas, como sobre coisas, e que, para além disso, pode ser física ou moral, vide F. DE MARTINO, ob. cit., p. 589.

Deve, por último, entender-se que o esbulho judicial ocorre independentemente do *animus spoliandi*, ou seja, da "consciência e intenção de desapossar arbitrária e injustamente outrem." Cfr. F. MESSINEO, *Manuale di diritto civile e commerciale*, p. 289.

([121]) "Presume-se que pertencem ao executado — escreve LOPES CARDOSO, *Manual da acção executiva*, p. 350 — todos os bens que forem encontrados em seu poder."

Prevê-se, contudo, no artigo 832.º, a possibilidade de esta presunção ser afastada através de uma declaração (protesto) dirigida ao funcionário judicial que procede à apreensão da coisa ([122]).

Estabelece o n.º 1 deste preceito que "se, no acto da penhora, o executado, ou alguém em seu nome, declarar que os bens visados pela diligência pertencem a terceiro, cabe ao funcionário averiguar a que título se acham os bens em poder do executado e exigir a apresentação dos documentos que houver, em prova das alegações produzidas" ([123]).

Em caso de dúvida, de acordo com o regime revogado pela Reforma de 1995-96, devia o tribunal decidir após a realização de uma indagação sumária.

Após esta Reforma, passou a ser diferente o teor do artigo 832.º, n.º 2: "Em caso de dúvida, o funcionário efectuará a penhora, cabendo ao tribunal resolver se deve ser mantida, ouvidos o exequente e o executado e obtidas as informações necessárias."

Quem pode apresentar o protesto perante o executor?

O executado que se encontra na disponibilidade material da coisa a apreender ou "alguém em seu nome."

Quer isto dizer que o protesto pode ser feito também por intermédio de uma pessoa que actue em representação do executado.

Como teremos oportunidade de demonstrar, ao próprio terceiro (proprietário) deverá conferir-se a possibilidade, se estiver em condições de o fazer, de apresentar o protesto ao funcionário judicial ([124]). Acrescente-se que este terceiro pode sempre reagir

---

([122]) Observa LOPES CARDOSO, ob. cit., p. 350, que "seria (...) violentamente injusto obrigar terceiros a incómodos e despesas, no caso de se mostrar evidente que os bens, embora em poder do executado, não pertencem a este."
Este ponto há-de ser, mais tarde, desenvolvido.
([123]) Sobre esta disposição, *vide* VAZ SERRA, *Realização coactiva da prestação*, p. 165.
([124]) Em sentido contrário, escreve CASTRO MENDES, *Direito processual civil*, vol. III, p. 394: "Só há a notar que este protesto imediato não é aberto ao terceiro proprietário do bem ilegalmente penhorado (este só pode reagir por embargos de terceiro): só ao executado, ou alguém em seu nome."

contra a apreensão da coisa através de embargos ou por meio de uma acção de reivindicação.

Como tratar, finalmente, aquelas situações em que a coisa a apreender se encontra em poder de um terceiro (não demandado e não responsável) que se afirma, ao mesmo tempo, proprietário dela ([125])?

Embora o legislador não preveja expressamente esta situação, parece-nos que, neste caso, por razões que exporemos mais tarde, não deve deixar de se conferir ao terceiro, que se afirma titular do direito de propriedade, o meio do protesto.

O terceiro, também nestas hipóteses, uma vez esbulhado, poderá sempre reagir por meio de embargos ou por meio de uma acção de propriedade.

([125]) Pretende-se, portanto, apreender judicialmente uma coisa diversa daquela que é indicada no próprio título executivo (apreensão para entrega), ou que foi nomeada à penhora. Pode, na verdade, em hipóteses anómalas, ocorrer um erro na identificação do objecto.

CAPÍTULO III

O ACTO JUDICIAL OFENSIVO DA POSSE OU DA DETENÇÃO

SUMÁRIO: 13 — Relevância da apreensão. 14 — Apreensão no processo executivo para pagamento de quantia certa (penhora). 15 — Apreensão no processo executivo para entrega de coisa certa. 16 — Apreensão no âmbito da acção de despejo. 17 — Apreensão no processo especial de falência. 18 — Breve referência à extinta acção de posse judicial avulsa.

13. Relevância da apreensão

Afirmámos, logo nas primeiras páginas, que numa acção executiva podem praticar-se actos que afectam a *posse* ou a *detenção* de terceiros sobre a coisa ou as coisas objecto do processo executivo.

Mas que tipo de actos?

Vejamos.

O pagamento coercivo consegue-se através da venda de bens do executado ou da adjudicação desses bens ou dos seus rendimentos ao credor exequente.

Ora, para se atingir tal resultado é necessário individualizar e apreender, previamente, bens do executado ([126])([127]).

([126]) Ou, por outras palavras, é necessário especificar a sujeição genérica resultante do já mencionado artigo 601.º do C.C. — transformar, nas pala-

Do mesmo modo, para que o tribunal, sub-rogando-se ao devedor, possa efectuar a entrega da coisa devida ao exequente, é imprescindível realizar previamente a apreensão dessa coisa.

Pode até afirmar-se que, em ambos os casos, a execução propriamente dita se inicia com esta apreensão ([128]).

A apreensão tem, portanto, uma função preliminar e fundamental, sendo precisamente ela que pode agredir a posse ou a detenção de terceiros.

14. Apreensão no processo executivo para pagamento de quantia certa (penhora)

No âmbito da *execução para pagamento de quantia certa*, a apreensão integra-se num procedimento que, num sentido amplo, se designa por *penhora*.

Inserindo-se no processo, a penhora, como explica ANSELMO DE CASTRO, "não é um acto simples, mas série ou sucessão de vários actos que, globalmente considerados, formam dentro da acção executiva um procedimento próprio e distinto" ([129]).

Num sentido amplo, a penhora é, assim, um *procedimento* ([130]) enxertado no processo e que se extingue no momento em que

---

vras de S. SATTA/C. PUNZI, *Diritto processuale civile,* p. 656 a "assoggettabilità generica (...) in assoggettamento specifico."

Para isso torna-se imprescindível bloquear ("bloccare") — na expressão usada por E. FAZZALARI, *Lezioni di diritto processuale civile,* p. 27 — bens do devedor. É precisamente essa a função da penhora.

([127]) No *Ius Romanum*, rigorosamente no *ius praetorium*, o pretor tinha ao seu alcance um expediente (baseado no seu *imperium*) que se assemelha à actual penhora: a *missio in possessionem executionis.*

Cfr. SEBASTIÃO CRUZ, *Direito romano,* p. 300 e s., e 326 e s.

Relativamente à evolução da execução patrimonial no Direito Romano, ver, por todos, A. SANTOS JUSTO, *Direito privado romano — I,* pp. 381-386.

([128]) Neste sentido, F. P. LUISO, *L'esecuzione ultra partes,* p. 383.

([129]) *A acção executiva singular, comum e especial,* p. 125.

([130]) A penhora é constituída por diversos actos complementares e ordenados. Apesar de conservarem certa autonomia, eles contribuem para o mesmo resultado — a vinculação dos bens à satisfação do direito creditício do exequente.

atinge o seu objectivo último: a *vinculação* dos bens ao processo, assegurando a viabilidade dos futuros actos executivos ([131]). Esta vinculação sujeita a coisa ao poder sancionatório do Estado ([132]).

No procedimento global da penhora existe uma *fase inicial e preparatória,* que compreende a escolha (nomeação) dos bens e o despacho que ordena a penhora.

É necessário saber, desde logo, quais os bens em que a execução vai recair ([133]), competindo tal determinação ou individuação, em princípio, ao *executado*.

Dispõe, com efeito, o artigo 811.º, n.º 1, que "não havendo fundamento para indeferir liminarmente ou determinar o aperfeiçoamento do requerimento executivo, o juiz determina a citação do executado para, no prazo de 20 dias, pagar ou nomear bens à penhora" ([134]).

Deste modo, a penhora pode ser vista como um procedimento, ou seja, como um conjunto de actos funcionalmente ligados com vista a produzir um certo resultado, um efeito único.

A noção de procedimento é uma noção publicística. Cfr. ROGÉRIO SOARES, *Direito administrativo,* p. 141 e ss.

Vide, sobre este ponto, E. ALLORIO/V. COLESANTI, *Esecuzione forzata (diritto processuale civile),* N.D.I., vol. VI, p. 742.

([131]) Como explica S. SATTA, *Commentario al codice di procedura civile,* vol. III, p. 133, a penhora "sujeita os bens atingidos a um vínculo que está funcionalmente ligado ao ulterior desenvolvimento do processo e, por conseguinte, ao cumprimento do acto que permitirá ao credor atingir aquilo que lhe é devido."

([132]) Cfr. E. LIEBMAN, *Processo de execução,* p. 197.

([133]) Note-se que, "tratando-se de dívida provida com garantia real que onere bens pertencentes ao devedor, a penhora começa, independentemente de nomeação, pelos bens sobre que incida a garantia (...)" (art. 835.º).

([134]) O requerimento marca o início do processo executivo.

Igualmente no direito italiano, o início da marcha dos três tipos de processo executivo (*espropriazione forzata; consegna o rilascio; esecuzione degli obblighi di fare e non fare*) depende do pedido (*richiesta*) feito pelo titular do direito ao órgão judicial competente.

A execução, contudo, é precedida de actos preliminares (art. 479) que consistem na notificação do título executivo e do denominado *precetto*. Pretende-se, fundamentalmente, com estes actos, que a obrigação seja voluntariamente cumprida pelo obrigado. E, por isso, o *precetto* (praticado por um *ufficiale*

Por outro lado, o artigo 833.° estabelece que "o executado tem a faculdade de indicar os bens sobre os quais a penhora há-de recair, os quais devem ser penhoráveis e suficientes para pagamento do crédito do exequente e das custas" ([135]).

Como deve fazer-se esta nomeação?

Deve ser feita por requerimento ou por termo no processo (art. 837.°, n.° 2) ([136]).

Note-se, no entanto, que a escolha dos bens a penhorar pode competir, em determinados casos, ao *exequente*.

Em certas hipóteses, logo no início da execução.

É o que claramente resulta do disposto no artigo 924.°: "Se a execução se fundar em decisão judicial condenatória (...) que não careça de ser liquidada nos termos dos artigos 806.° e seguintes, o direito de nomear bens à penhora pertence exclusivamente ao exequente, que os nomeará logo no requerimento executivo (...)."

Noutros casos, o direito de nomeação é devolvido pela lei ao exequente. São as hipóteses previstas no artigo 836.°, n.° 1 e 2, devendo a nomeação efectuar-se através de um requerimento (art. 837.°, n.° 2) ([137]).

Segue-se, ainda nesta fase inicial, o despacho a ordenar a apreensão dos bens e a sua notificação ao executado (art. 838.°, n.° 1).

---

giudiziario) consiste precisamente na intimação do obrigado para que cumpra a obrigação resultante do título, dentro de certo prazo. Devem aí indicar-se os destinatários dos efeitos da execução também na hipótese em que eles sejam pessoas diversas das indicadas no título. Cfr. E. FAZZALARI, *Lezioni di diritto processuale civile*, p. 24 e s.

O *precetto*, segundo S. SATTA/C. PUNZI, *Diritto processuale civile*, p. 795, consiste no "acto através do qual não só é exercida a acção executiva, mas é também determinada a direcção subjectiva desta acção."

([135]) A identificação dos bens implica a sua individualização e localização.

([136]) A nomeação tem de obedecer às regras constantes dos artigos 833.° e 834.°.

Vide, sobre este ponto, ANSELMO DE CASTRO, *A acção executiva singular, comum e especial*, p. 127 e s.

([137]) A devolução pode ser total (art. 836.°, n.° 1) ou parcial (art. 836.°, n.° 2).

Vide ANSELMO DE CASTRO, ob. cit., pp. 128 e 131.

Diga-se, por fim, que os bens nomeados devem ser identificados nos termos do artigo 837.º, n.ᵒˢ 3, 4, 5 e 6.

A esta fase inicial segue-se a fase da *apreensão* do bem ou dos bens previamente escolhidos (*fase constitutiva da penhora*). A penhora em sentido estrito coincide, precisamente, com este momento, revestindo o acto da apreensão várias formas, consoante a coisa a apreender seja imóvel ou móvel ([138]).

Tratando-se de um *imóvel*, a penhora, nos termos do artigo 838.º, n.º 3, "é feita mediante termo no processo, pelo qual os bens se consideram entregues ao depositário (...)" ([139])([140])([141]).

O n.º 1 do artigo 840.º dispõe, no entanto, que "se o depositário encontrar dificuldades em tomar conta dos bens ou tiver dúvidas sobre o objecto do depósito, pode requerer que um funcionário se desloque ao local da situação dos prédios, a fim de lhe fazer a entrega efectiva" ([142])([143]).

([138]) Também no direito italiano a penhora (*pignoramento*) reveste formas particulares, consoante os bens que são submetidos à execução.

A pluralidade de formas apresenta, no entanto, certas notas comuns.

A penhora implica sempre uma actividade destinada à individualização (*individuazione*) dos bens que se submetem à execução.

Depois, traduz-se numa actividade destinada a efectivar a vinculação dos bens à execução (*a rendere effettivo il vincolo di destinazione*), retirando ao devedor a respectiva disponibilidade jurídica e, por vezes, a própria disponibilidade material. Cfr. G. VERDE, *Pignoramento*, E.D., vol. XXXIII, p. 764.

([139]) Trata-se de uma tradição formal. Cfr. ANSELMO DE CASTRO, ob. cit., p. 135.

([140]) O depositário é escolhido nos termos do artigo 839.º.

([141]) Como assinala LOPES CARDOSO, *Manual da acção executiva*, p. 388 e s., o Código de Processo Civil de 1876 obrigava o funcionário incumbido da penhora a deslocar-se ao local da situação do imóvel, para aí lavrar o auto da entrega. O Código de 1939 pôs fim a esta regra.

([142]) Sobre esta disposição, *vide* ALBERTO DOS REIS, *Processo de execução*, vol. II, pp. 133 a 135.

([143]) O *pignoramento immobiliare* é regulado no artigo 555 do C.P.C.I.

O pedido de penhora de um imóvel deve constar de um requerimento (*atto*) que o exequente (*creditore procedente* ou *istante*) entrega ao *ufficiale giudiziario* e no qual se identifica o imóvel a penhorar.

Esta entrega efectiva, como, de resto, esclarece o n.º 2 do preceito em análise, pode implicar o recurso à *força pública* ([144]).

Na penhora de bens *móveis*, o artigo 848.º é explícito ao afirmar que ela é feita "com efectiva apreensão dos bens, que são entregues a um depositário idóneo, salvo se puderem ser removidos, sem prejuízo, para a secretaria judicial ou para qualquer depósito público."

O *ufficiale* tem de notificar o acto ao devedor e de fazer a denominada *ingiunzione*, regulada no artigo 492 e através da qual o devedor é intimado a abster-se de praticar actos de disposição do imóvel.

Imediatamente após a notificação, o *ufficiale* procede ao registo da penhora junto da competente conservatória dos registos imobiliários (cfr. art. 555).

Em princípio, a guarda (*custodia*) do imóvel penhorado é confiada ao devedor, embora possa ser requerida a substituição deste por um terceiro (cfr. art. 559).

A eficácia da penhora imobiliária traduz-se, precisamente, em tornar inoponíveis aos credores todos os actos de disposição posteriores ao registo da penhora.

A penhora torna-se, no entanto, ineficaz, como explica E. Fazzalari, *Lezioni di diritto processuale civile*, p. 53, se dentro de noventa dias não for pedida a adjudicação (*assegnazione*) ou a venda do bem.

Vide, sobre o *pignoramento immobiliare*, E. Fazzalari, ob. cit., p. 53 e ss; S. Satta/C. Punzi, *Diritto processuale civile*, p. 735 e ss., e G. Verde, *Pignoramento diretto e immobiliare*, E. D., vol. XXXIII, p. 830 e ss.

Sobre o sentido da *ingiunzione*, vide o estudo de G. Antonio Micheli, "Sulla decorrenza degli effetti del pignoramento immobiliare", *in Scritti giuridici in onore della Cedam*, vol. I, p. 461 e ss.

No direito alemão, quando o processo executivo para a realização de créditos em dinheiro recair sobre imóveis, a execução pode conduzir à *venda* da coisa, à sua *administração* — os rendimentos do imóvel destinam-se ao pagamento da dívida — ou, por fim, à constituição de uma *hipoteca* (§§ 864 a 871 da ZPO). Como é evidente, a constituição de uma hipoteca — como direito de garantia — não conduz à imediata satisfação do credor.

Acrescente-se que a opção por uma destas três modalidades pertence ao credor (exequente). Cfr. R. Stürner, *Prinzipien der Einzelzwangsvollstreckung*, ZZP, 1986, p. 301.

([144]) *Vide*, em termos paralelos, os artigos 513, 606 e 613 do C.P.C.I. e o § 758 da ZPO.

A apreensão implica, portanto, a tradição material da coisa móvel, lavrando-se, de seguida, um auto (art. 849.º) (¹⁴⁵).

(¹⁴⁵) No sistema italiano a penhora de móveis é constituída por duas modalidades: a penhora de móveis em poder do devedor (*presso il debitore*) e a penhora de móveis em poder de terceiro (*presso un terzo*). Em ambas se pretende atingir o efeito da indisponibilidade jurídica e material do bem.
Quais as fases que integram a penhora de móveis em poder do devedor? Ao pedido do exequente, acompanhado da entrega ao *ufficiale* do título e do *precetto*, segue-se o acesso do funcionário judicial ao local onde a coisa se encontra e a procura (*ricerca*) do bem objecto da penhora (cfr. art. 513).
Contrariamente ao disposto no direito processual português (cfr. art. 831.º), os bens do devedor que estejam em poder de terceiro só podem ser penhorados se o terceiro cooperar, abrindo livremente mão deles (*vide* a parte final do art. 513).
Após a *ricerca*, o *ufficiale*, através de uma *ingiunzione*, intima o executado a abster-se de praticar actos que se destinem a subtrair a coisa à execução.
Prevê-se também a apreensão efectiva da coisa e a sua entrega a um terceiro depositário (arts. 520, 521 e 522).
Todos os trâmites desta penhora têm de ser descritos pelo funcionário num documento (*il processo verbale*). Este documento deve ser depositado na secretaria do tribunal no prazo de vinte e quatro horas a partir do cumprimento das operações (parte final do art. 518).
A penhora de móveis em poder de terceiro (*espropriazione mobiliare presso terzo*) está regulada, de forma diferente, nos artigos 543 e ss. e tem lugar não apenas nos casos em que a coisa móvel é possuída ou detida por um terceiro, mas também quando se pretende penhorar um crédito sobre um terceiro *debitor debitoris*.
O pedido do exequente é feito num requerimento, notificado ao terceiro (detentor ou devedor), no qual se indica o crédito, o título e o *precetto*, além da coisa do devedor que está na posse de terceiro ou do crédito de que é titular o devedor executado. A injunção dirige-se, simultaneamente, ao devedor e ao terceiro. Além disso, são ambos notificados para comparecerem perante o juiz, a fim de se obter uma declaração do terceiro.
Vide, sobre o *pignoramento mobiliare*, a pormenorizada exposição de E. REDENTI, *Diritto processuale civile,* vol. III, p. 213 e ss; E. FAZZALARI, ob. cit., p. 37 e ss; S. SATTA/C. PUNZI, ob. cit., p. 695 e ss., e G. VERDE, *Il pignoramento mobiliare,* E.D., vol. XXXIII, p. 822 e ss.
No direito alemão, o processo executivo para a realização de créditos monetários que incida em coisas móveis (*die Zwangsvollstreckung wegen Geldforderungen in das bewegliche Vermögen*) depende igualmente da penhora (*die Pfändung*).
O funcionário judicial deve proceder à apreensão da coisa (*Inbesitznahme*) e só nos casos em que não fique em perigo a satisfação do direito do credor a pode deixar na detenção do devedor (§ 808, par. 2, da ZPO).

Ora, é precisamente o acto da apreensão judicial ou a penhora em sentido estrito que pode lesar a posse ou a detenção que terceiros exerçam sobre determinada coisa (imóvel ou móvel).

Apesar de a penhora não interferir no direito de propriedade existente sobre os bens penhorados, ela afecta os poderes directos que o executado ou terceiros exerçam sobre esses bens ([146]), conduzindo à *indisponibilidade material* ou, na expressão da doutrina italiana, ao efeito do bloqueio material (*blocco materiale*) dos bens.

Como e em que momento se produz esta interferência?

Desde logo, a penhora pode constituir uma *ameaça* de violação dos poderes exercidos pelo terceiro. A posse deste é ameaçada, em bom rigor, a partir do momento em que é proferido o despacho ordenatório da penhora.

Mas, mais do que mera ameaça, a penhora pode originar um autêntico *esbulho* da posse do terceiro.

Como explica Manuel Rodrigues, "há esbulho sempre que alguém for privado do exercício da retenção ou fruição do objecto possuído, ou da possibilidade de o continuar" ([147]).

Através da penhora conseguem-se dois objectivos: a vinculação (*die Verstrickung*) da coisa aos fins da execução e o nascimento de um direito de garantia (*das Pfändungspfandrecht*) (§ 804 da ZPO).

A vinculação traduz-se numa proibição relativa de venda (*ein relatives Veräußerungsverbot*), segundo a qual não se pode dispor da coisa com eficácia perante o credor. Como explica E. Schilken, *Münchener Kommentar zur Zivilprozeßordnung*, vol. 3, p. 64, "a tomada da posse significa a tomada do poder de facto sobre a coisa (§ 854, par. 1, do BGB) e, portanto, a obtenção do domínio da coisa (*Sachherrschaft*), com a exclusão do poder de disposição do devedor (*Verfügungsgewalt*)."

Refira-se que a apreensão deve constar de um auto (*Pfändungsausspruch*). Por fim, o funcionário tem de proceder à venda em hasta pública (*öffentliche Versteigerung*) das coisas móveis penhoradas, nos termos do § 814 e ss. da ZPO. Relativamente a este último ponto, *vide* G. Lüke, *Die Übereignung der gepfändeten Sache durch den Gerichtsvollzieher*, ZZP, 1954, p. 356 e ss., e R. Bruns/E. Peters, *Zwangsvollstreckungsrecht*, p. 153 e ss.

([146]) *Vide*, sobre este ponto, Anselmo de Castro, *A acção executiva singular, comum e especial*, p. 155.

([147]) *A posse*, p. 426. *Vide* também Alberto dos Reis, *Código de Processo Civil anotado*, vol. I, p. 670, e A. Hernández Gil, *La posesión*, p. 705 e ss.

Importa observar, relativamente à penhora de imóveis, que o termo da apreensão (art. 838.º, n.º 3), implicando, apenas, a tradição formal dos bens para o depositário, não pode, por si só, esbulhar a posse ou a detenção de quem quer que seja.

O esbulho só ocorre no dia em que o terceiro — coagido ou não pela força pública — se vê obrigado a entregar o imóvel, perdendo, consequentemente, a disponibilidade material ou a possibilidade de continuar no gozo da coisa.

Note-se, contudo, em primeiro lugar, que não deixa de haver esbulho nos casos em que o terceiro, perante aquele que foi designado depositário do imóvel ou perante o funcionário encarregado da apreensão ([148]), se sente obrigado, contra a sua vontade, a entregar a coisa, evitando o posterior recurso pelo tribunal à força pública. Nestes casos o esbulho assenta, pode dizer-se, numa mera coacção moral.

A violência só se torna física naquelas hipóteses em que o tribunal, perante a resistência do terceiro, se vê obrigado a solicitar o auxílio da força pública, com o intuito de compelir o possuidor a abrir mão da coisa (arts. 840.º e 855.º).

Em segundo lugar, deve entender-se que não deixa de ocorrer um esbulho pelo simples facto de o terceiro não estar, no momento da apreensão, no gozo material da coisa. A violência — exercida ou não pela autoridade pública — é, neste caso, dirigida directamente contra a coisa e não contra qualquer pessoa.

Também no que diz respeito aos móveis, esse efeito imediato da penhora — a privação dos poderes directos sobre os bens — ocorre no momento da apreensão efectiva e, portanto, do respectivo desapossamento.

É este momento da penhora (*stricto sensu*) que mais interessa no âmbito deste trabalho ([149]).

([148]) Sobre o papel determinante que, na apreensão, pertence ao funcionário judicial, *vide* L. COMOGLIO, *L'individuazione dei beni da pignorare*, R.D.P., 1992, p. 92 e ss.

([149]) "Ao penhorar os bens — escreve ALBERTO DOS REIS, *Processo de execução*, vol. I, p. 398 —, o funcionário judicial *apreende-os*, isto é, tira-os do

A exposição ficaria incompleta se não se dissesse que a apreensão, só por si, é insuficiente para alcançar o efeito que a penhora, como procedimento, se propõe obter desde o início — a vinculação da *res pignorata* à execução.

Esta vinculação concretiza-se, tornando-se a penhora eficaz ([150]), quando os bens apreendidos deixam, juridicamente, de poder ser alienados em detrimento da execução em curso.

Ora, da mera apreensão unicamente resulta este efeito (indisponibilidade jurídica) nos casos em que ela incida sobre móveis não registáveis ([151]).

Nas hipóteses em que, pelo contrário, recaia sobre imóveis ou móveis sujeitos a registo ([152]), a eficácia da penhora deriva — como, de resto, estabelecem os artigos 838.º, n.º 4, e 855.º — do acto do registo ([153]) e somente a partir deste acto se tornam

---

poder de quem os estava possuindo e entrega-os a um *depositário*, que fica encarregado de os guardar e administrar à ordem do juiz da execução.

Suponha-se então que os bens, em vez de estarem na posse do *executado*, estavam na posse de *terceiro*, inteiramente estranho à execução; é evidente que neste caso a penhora é um acto ilegal no ponto de vista *subjectivo*, porque, retirando a posse dos bens *a quem* não está sujeito à execução e entregando-a a um depositário, dá lugar a um verdadeiro *esbulho*."

([150]) *Vide*, sobre este ponto, F. Mazzarela, *Esecuzione forzata (dir. vig.)*, E.D., vol. X, p. 456 e, na doutrina alemã, W. Henckel, *Prozessrecht und materielles Recht*, p. 318.

([151]) A fase integrativa da eficácia, diríamos, coincide, neste caso, com a fase constitutiva do procedimento.

([152]) *Vide*, sobre o registo da penhora, Anselmo de Castro, *A acção executiva singular, comum e especial,* p. 144 e s., e Ribeiro Simões, *O registo da penhora e a actual lei adjectiva*, Scientia Iuridica, 1962, p. 544 e ss.

([153]) *Vide* o artigo 2.º, n.º 1, al. *n*), do C.R.P. Uma vez ordenada a penhora, é permitida a sua inscrição provisória — artigo 92.º, n.º 1, al. *n*), do C.R.P.

Nos termos do n.º 6 do artigo 838.º — acrescentado pela Reforma de 1995-96 — "o registo meramente provisório da penhora não obsta a que o juiz, ponderados os motivos da provisoriedade, possa determinar o prosseguimento da execução, não se fazendo, porém, a adjudicação dos bens penhorados, a consignação judicial dos seus rendimentos ou a respectiva venda, sem que o registo se haja entretanto convertido em definitivo."

ineficazes, relativamente ao exequente ([154]), todos os actos de disposição ou de oneração dos bens apreendidos ([155])([156]).

Como dispõe o artigo 819.º do C.C., "sem prejuízo das regras do registo, são ineficazes em relação ao exequente os actos de disposição ou oneração dos bens penhorados" ([157])([158]).

([154]) O direito adquirido pelo terceiro é sempre eficaz perante o transmitente, ou seja, perante o executado.

([155]) Sobre a explicitação da regra da ineficácia relativa, *vide* ANSELMO DE CASTRO, ob. cit., p. 159. "A única limitação à regra (...), escreve o Autor na p. 160, refere-se à penhora — a penhora nos mesmos bens por outra execução —, que é eficaz para a execução com penhora anterior, onde o credor pode ir deduzir os seus direitos na ordem que lhe competir, art. 871.º."

Ainda sobre este ponto, veja-se LEBRE DE FREITAS, *A acção executiva*, p. 226 e ss., e ISABEL P. MENDES, *Hipoteca e venda de bens penhorados ou arrestados*, Revista do notariado, registo predial e crítica jurídica, ano 64.º, p. 24 e ss.

([156]) Sendo o efeito fundamental da penhora a imobilização dos bens para os fins do processo executivo, é necessário que ela valha em relação a terceiros.

Se assim não fosse — escreve VAZ SERRA, *Realização coactiva da prestação*, p. 52 —, " o devedor poderia alienar os bens penhorados e os credores não poderiam invocar a penhora contra os adquirentes."

"Por conseguinte — acrescenta o Autor —, a penhora de pouco servirá sem o registo, pelo que deveria promover-se oficiosamente tal registo (...)."

([157]) *Vide* o artigo 2913 do C.C.I.

Sobre o sentido e o alcance desta norma, G. MICCOLIS, *Sulla legittimazione del terzo acquirente del bene pignorato*, R.D.P., 1987, p. 473 e ss.

([158]) Como escreve VAZ SERRA, ob. cit., p. 121, "se os bens penhorados ficam afectados aos fins de uma execução e a sua indisponibilidade se destina a garantir tal afectação, não deve ela ir mais longe do que o que é aconselhado pela sua razão de ser.

Para tanto, basta que a alienação dos bens penhorados seja havida como ineficaz em relação ao penhorante e aos demais credores intervenientes na execução."

"(...) A execução — escreve também ANSELMO DE CASTRO, ob. cit., p. 156 — vai continuar como se os bens se mantivessem na titularidade do executado, prosseguindo imperturbada o seu curso sem intromissão dos adquirentes, e demais titulares de direitos, com os bens livres dos ónus de que tenham sido objecto."

Cite-se, ainda, E. GARBAGNATI, *L'esecuzione forzata immobiliare contro il terzo possessore e il suo soggetto passivo*, R.D.P.C., 1936, p. 123: "a penhora não atinge, na verdade, o direito substancial do executado, mas cria sobre o bem penhorado um vínculo de natureza publicística, através do qual ele é concreta-

Ao processo tem de juntar-se, nos termos do artigo 838.º, n.º 4, o "certificado do registo e certidão dos ónus que incidam sobre os bens abrangidos pela penhora" ([159]).

A penhora atribui também ao exequente um *direito real de garantia*, direito que, quando se trate de imóveis ou móveis sujeitos a registo, surge tão-só com o registo das respectivas apreensões.

"A preferência derivada da penhora — elucida Vaz Serra — parece dever resultar de um acto que tenha a publicidade suficiente para advertir terceiros. Desde que o direito de preferência é um direito contra terceiros, deve dar-se publicidade bastante ao acto de que resulta.

Se os bens penhorados são daqueles para que há registo (...), a penhora adquire publicidade com o registo, deste devendo contar--se o direito de preferência" ([160]).

---

mente submetido ao poder executivo do Estado-Juiz, de modo que todas as alienações do bem posteriores à penhora, embora substancialmente válidas, resultem ineficazes relativamente à execução pendente."

Vide, por último, E. Redenti, *Diritto processuale civile*, vol. III, p. 170 e ss.

Uma vez transmitida a coisa penhorada a um terceiro, não há lugar à sucessão no lado passivo. A legitimidade formal passiva continua a pertencer ao *dante causa*. Como explica U. Romagnoli, *Considerazioni sulla successione a titolo particolare nel processo esecutivo*, R.T.D.P.C., 1961, p. 333, "o artigo 2913 do C.C.I. exclui automaticamente a aplicação do artigo 111 do C.P.C.I."

No entanto, o Autor acaba por defender que ao terceiro adquirente deve reconhecer-se o direito de intervir na execução ao lado do executado. Trata-se, contudo, de uma *legitimatio minor, secundária e subordinada*.

Defendendo a tese segundo a qual ao terceiro adquirente deve ser reconhecida, "em nome das exigências da justiça", a tutela processual e a possibilidade de intervir no processo, *vide* também G. Verde, *Il pignoramento in danno dell'acquirente di cosa pignorata*, R.T.D.P.C., 1992, p. 91 e ss.

([159]) Escreve, a propósito, Lebre de Freitas, *A acção executiva*, p. 219: "o registo é obrigatório, constituindo ónus do exequente. Com efeito, não só é *condição da eficácia do acto da penhora* perante terceiros (art. 838-4), nos termos gerais, como é também *condição do prosseguimento do próprio processo de execução*, o qual só tem lugar após a junção do certificado do registo da penhora e da certidão dos ónus que incidam sobre os bens por ela abrangidos (arts. 838--4 e 864-1)."

([160]) Ob. cit., p. 82 e s. Se a coisa apreendida não é uma coisa sujeita a registo, a publicidade, nesse caso, resulta da apreensão efectiva da coisa ou da sua colocação em situação denunciadora da penhora.

Em que se traduz este direito de garantia?

O próprio legislador dá a resposta no artigo 822.º, n.º 1, do C.C.: "Salvo nos casos especialmente previstos na lei, o exequente adquire pela penhora o direito de ser pago com preferência a qualquer outro credor que não tenha garantia real anterior" ([161]).

Em conclusão:

Nas acções executivas para pagamento de quantia certa têm os bens do executado ou de terceiros (art. 818.º do C.C.) de ser apreendidos. Esta apreensão, susceptível de afectar situações possessórias ou de mera detenção de terceiros alheios ao processo, deve ser vista como um acto que integra a fase constitutiva de um procedimento enxertado no processo executivo e a que pode chamar-se penhora em sentido amplo.

E só a penhora, como procedimento, permite explicar o efeito que, desde o início, através dela se pretende atingir: a vinculação dos bens apreendidos à execução em curso.

15. Apreensão no processo executivo para entrega de coisa certa

Também na *execução para entrega de coisa certa* surge como acto imprescindível a apreensão da coisa.

O direito à prestação de coisa — que se faz valer através deste tipo de execução — tanto pode fundamentar-se numa relação jurídica obrigacional, como numa relação de natureza real. Mas em ambos os casos se pretende satisfazer uma pretensão de natureza creditória ([162])([163]).

([161]) "Da penhora — escreve ANSELMO DE CASTRO, ob. cit., p. 165 — resulta ainda, para o exequente, o direito de preferência sobre o produto dos bens penhorados, com relação a qualquer outro credor que não tenha garantia real anterior."

([162]) ALBERTO DOS REIS, *Processo de execução,* vol. I, p. 46, afirma que o exequente, nas execuções para entrega, tanto faz valer um direito de crédito, como um direito real. Mas, rigorosamente, o titular de um direito real também faz valer um direito de crédito — a denominada *pretensão real.* Como explica

No requerimento inicial pede-se que o executado seja citado para proceder à entrega da coisa (art. 928.°, n.° 1) e deve, necessariamente, juntar-se o título executivo. Para além da sentença condenatória (art. 46.°, al. a)), outros títulos podem fundamentar a execução em análise ([164]).

O que importa averiguar é se a coisa, objecto da obrigação, é móvel ou imóvel.

Sendo móvel, serve de título executivo o documento particular assinado pelo devedor, sem se exigir que a assinatura deste esteja reconhecida presencialmente pelo notário (art. 46.°, al. c)).

Escrito idêntico não serve se a coisa for imóvel, pois nesta hipótese somente têm força executiva os documentos exarados ou autenticados pelo notário (art. 46.°, al. a)).

HENRIQUE MESQUITA, *Obrigações reais e ónus reais,* p. 105 e s., "pretensões reais são apenas aquelas relações creditórias que têm o seu fundamento no regime específico dos direitos reais (...).

Funcionalmente, estão ao serviço dos direitos que lhes dão origem, proporcionando aos respectivos titulares um *meio de protecção* que lhes permite *efectivá-los* ou *realizá-los* sempre que surja (...), em relação à esfera de soberania delimitada por lei, uma situação material que com ela não se harmonize."

A propósito, LEBRE DE FREITAS, ob. cit., p. 11, escreve que "também os direitos reais podem fundar pretensões a uma prestação a efectuar a favor do seu titular."

Sobre a noção de pretensão, veja-se, por último, TEIXEIRA DE SOUSA, *O concurso de títulos de aquisição da prestação,* p. 77 e s. (em especial, nota 52).

([163]) Já se tentou restringir o domínio da execução para entrega — como execução específica — às chamadas situações jurídicas finais (relações de natureza real): *vide* S. SATTA, *Commentario al codice di procedura civile,* vol. III, p. 12 e ss.

Tese que não pode ser acolhida, pois também as relações de tipo obrigacional podem fundamentar um pedido de entrega de coisa e, consequentemente, uma execução específica ou sob forma específica.

A posição de SATTA é criticada, entre nós, por ANSELMO DE CASTRO, ob. cit. p. 363, nota 1, e por CALVÃO DA SILVA, *Cumprimento e sanção pecuniária compulsória,* p. 187 e s. "(...) Os ordenamentos jurídicos contemporâneos — escreve este último Autor — consagram expressamente, para a tutela das obrigações, formas específicas e não só a execução por equivalente. Facto que só por si torna insustentável de *iure condito* a tese sattiana."

([164]) A pretensão deve apresentar-se *extrinsecamente exequível.* Cfr. TEIXEIRA DE SOUSA, *A exequibilidade da pretensão,* p. 17 e ss.

No requerimento inicial faz-se, portanto, um último apelo à vontade do devedor faltoso.

Na fase seguinte, o juiz, através de um despacho, pode indeferir liminarmente o requerimento, mandá-lo corrigir ou, simplesmente, mandar citar o executado (arts. 811.º-A e 811.º-B, aplicáveis à execução para entrega por força do disposto no art. 466.º, n.º 2).

Uma vez citado, o devedor pode efectuar a entrega, extinguindo-se a execução ([165]).

Mas tem também a possibilidade de se opor mediante embargos (art. 929.º) ([166]) ou de nada fazer ([167]).

([165]) A obrigação de prestação de coisa não tem sempre a mesma natureza. Tanto pode consistir numa obrigação de entregar, como numa obrigação de dar ou, até, de restituir.

De *entregar,* nos casos em que o devedor está obrigado a transmitir a posse ou a detenção da coisa.

De *dar,* se está em causa a constituição ou a transferência de um direito real definitivo sobre a coisa — a transmissão não transfere apenas a posse, mas a propriedade.

Por último, de *restituir,* nas hipóteses em que o exequente pretende readquirir ou recuperar a posse ou a detenção. Sobre o conteúdo da obrigação de prestação de coisa, *vide* ANTUNES VARELA, *Das obrigações em geral,* vol. I, p. 87 e ss.

Note-se que, no caso de o título executivo ser uma sentença, o artigo 928.º, n.º 2, remete para o disposto no artigo 924.º e ss. Significa isto que a apreensão da coisa antecede a citação do executado (cfr. art. 925.º).

([166]) Os fundamentos dos embargos encontram-se previstos nos artigos 813.º a 815.º. O executado pode, alegando a realização de benfeitorias, pedir uma quantia indemnizatória.

Invocadas, pelo executado, benfeitorias, o exequente, para conseguir o prosseguimento da execução, tem de caucionar a quantia pedida. É o regime que resulta hoje expressamente do n.º 2 do artigo 929.º. Se o não fizer, a execução suspende-se e os embargos são julgados nos termos dos artigos 817.º e ss.

([167]) Nesta última hipótese, como defende J. JOÃO BAPTISTA, *Acção executiva,* p. 222, "o exequente formula novo requerimento, desta vez para comunicar que não obstante o executado ter sido citado, a coisa demandada não foi entregue (...)."

É precisamente nos casos em que não há oposição ou em que ela não tem qualquer êxito que se segue um despacho a ordenar a entrega da coisa.

Inicia-se, assim, a fase da apreensão, que tanto pode recair sobre uma coisa imóvel, como sobre um móvel. Daí a semelhança com a atrás designada penhora em sentido estrito.

No entanto, parece preferível limitar o termo "penhora" à apreensão de bens na execução para pagamento de quantia certa ([168]), uma vez que a penhora — como se disse — é indissociável dos fins a que se destina.

Ora, quanto a este ponto, distinguem-se claramente as apreensões levadas a cabo no âmbito dos dois tipos de execução em análise.

A penhora, mais do que incidir sobre a coisa, visa atingir o direito do executado sobre a *res*, criando um vínculo de indisponibilidade jurídica.

A apreensão numa execução para entrega, salva a hipótese de apreensão de coisa genérica, não atinge o direito do executado sobre a coisa, mas, tão-só, a sua disponibilidade fáctica ou mate-

---

([168]) Como escreve LEBRE DE FREITAS, *A acção executiva,* p. 316 e s., "a apreensão da coisa devida não tem a função nem os efeitos da penhora. (...) Não consubstancia a constituição dum direito real de garantia nem é dirigida à ulterior transmissão da coisa apreendida, mas sim à sua entrega *ao exequente*, que normalmente lhe é feita acto contínuo. (...) Não confere ao exequente qualquer direito de preferência (...)." "Não se põe normalmente o problema da ineficácia dos actos dispositivos subsequentes, pois o executado conserva, após a apreensão, exactamente *os mesmos direitos que anteriormente tinha* (...)."

CASTRO MENDES, *Direito processual civil,* vol. III, p. 503 e ss., faz notar que a apreensão que tem lugar no âmbito de uma execução para entrega é uma apreensão para entrega e não para venda, embora se lhe apliquem, *mutatis mutandis,* as regras da penhora (art. 466.º, n.º 2).

A questão de saber se a apreensão para entrega pode ser designada por penhora é, para o Autor, meramente terminológica, retirando, no entanto, do artigo 823.º, n.º 1, um argumento favorável a essa designação.

Não deixa, contudo, de assinalar os diferentes efeitos que caracterizam a apreensão para venda, relativamente à apreensão para entrega.

rial ([169]). Apreende-se para entregar de seguida. O tribunal sub-roga-se ao devedor faltoso, desenvolvendo uma actividade com um fim muito concreto: a entrega da coisa devida ao exequente.

Mas que tipo de actividade?

O disposto no artigo 930.º, n.º 1, refere-se a "buscas e outras diligências necessárias." Para a actividade conducente à apreensão de coisa (imóvel ou móvel), confere-se ao órgão judicial uma certa margem de liberdade ou, se se quiser, uma certa discricionariedade. O legislador, no entanto, apenas faz referência àquilo que deve ser entregue.

Relativamente aos *imóveis*, o artigo 930.º, n.º 3, estabelece que "o funcionário investe o exequente na posse, entregando-lhe os documentos e as chaves, se os houver, e notifica o executado, os arrendatários e quaisquer detentores para que respeitem e reconheçam o direito do exequente."

O tribunal vai tentar, desta forma, apreender as chaves (e os documentos) relativas ao imóvel, objecto da acção executiva. Uma vez apreendidas, serão entregues ao exequente. Isto significa que a lei portuguesa prescreve uma entrega de imóveis meramente *simbólica* e não efectiva.

Curioso é notar, por exemplo, que no ordenamento processual alemão, embora se regule a entrega de imóveis como entrega efectiva (§ 885 da ZPO) ([170]), a doutrina observa que é em face da concreta situação que devem ser adoptadas as medidas apropriadas (*geeignete Maßnahmen*).

([169]) A execução para entrega implica, em princípio, tão-só uma modificação na realidade concreta e factual (não jurídica). Cfr. C. MANDRIOLI, *Esecuzione per consegna o rilascio*, N.D.I, vol. VI, p. 702.

([170]) O oficial de justiça pode, tal como no regime processual português, recorrer à força, sempre que isso seja necessário (§ 758, par. 3, da ZPO). Esclarece, a propósito, H. J. MUSIELAK, *Grundkurs ZPO*, p. 365: "Se o devedor estiver obrigado a entregar uma coisa imóvel (...), o oficial de justiça tem de — em caso de necessidade, por via da força (*notfalls mit Gewalt*) — retirar-lhe a posse e transmiti-la ao credor (*den Gläubiger in den Besitz einzuweisen*), quer dizer, possibilitar a este o livre exercício (*ungehinderte Ausübung*) do poder de facto."

E tem-se entendido que a transferência judicial da posse pode fazer-se de forma simbólica — *symbolische Besitzeinweisung* —, precisamente através da entrega de chaves ([171]).

Regressando ao sistema português, interessa saber qual o lugar onde deve efectivar-se a entrega das chaves e dos documentos.

Pensamos que, neste ponto, compete ao tribunal a opção entre duas soluções alternativas: a entrega na secretaria do tribunal ou a entrega no local onde se situa o imóvel, cabendo sempre ao exequente a tomada da coisa ([172]).

Na primeira solução, se o exequente encontrar obstáculos à apreensão da coisa (oposição do próprio executado ou de terceiro), terá de, através de um novo requerimento, pedir a entrega efectiva ([173]). Deve entender-se que a entrega simbólica pode não pôr termo à execução e que não esgota a força executiva do título. A entrega simbólica, por outras palavras, deixa intacta a

---

([171]) *Vide*, sobre este ponto, E. SCHILKEN, *Münchener Kommentar zur Zivilprozeßordnung*, vol. III, p. 521.

([172]) O C.P.C.I. regula a execução para entrega de imóveis (*esecuzione per rilascio di immobile*) nos artigos 608 e 609.

O modo por que se processa a entrega é constituído por três momentos.

Através de um pré-aviso — feito com uma antecedência de, pelo menos, três dias — o *ufficiale giudiziario* comunica ao executado o dia e a hora em que se deslocará ao local onde o imóvel se situa.

Segue-se a deslocação ao local (lembramos que tal deslocação não é referida pelo Código de Processo Civil português) e a transferência da posse (*immissione in possesso*) para o exequente, através da entrega de chaves. Prevê-se, para os casos em que seja necessário, o recurso à força pública.

Como observa F. MAZZARELA, *Esecuzione forzata (dir. vig.)*, E.D., vol. XV, p. 465, a imissão na posse é um acto material que, embora precedido, em certos casos, da entrega simbólica de chaves, não pode ser feita à distância.

Vide ainda, sobre a entrega forçada de imóveis no direito italiano, E. FAZZALARI, *Lezioni di diritto processuale civile*, p. 114 e s., e C. MANDRIOLI, *Esecuzione per consegna o rilascio*, N.D.I., vol. VI, especialmente p. 771 e ss.

([173]) Solução, refira-se, que está expressamente consagrada no C.P.E.R.E.F.

Como dispõe o artigo 176.º, n.º 4, al. b), "se encontrar dificuldades em tomar conta dos bens ou tiver dúvidas sobre quais integram o depósito, pode o liquidatário requerer que o funcionário do tribunal se desloque ao local onde os bens se encontram, a fim de, superadas as dificuldades ou esclarecidas as dúvidas, lhe ser feita a entrega efectiva."

possibilidade de uma posterior entrega efectiva da coisa ao exequente ([174]), sem que isto implique, de forma alguma, a necessidade de uma nova acção.

Se, na segunda hipótese ([175]), houver deslocação ao local da situação do bem, o funcionário judicial, no caso de resistência imposta por terceiro à tomada da coisa, tem conhecimento oficioso de tal dificuldade ou impossibilidade e deve providenciar no sentido de o imóvel ser efectivamente apreendido.

Nos termos do n.º 2 do artigo 840.º, aplicável à execução para entrega de coisa certa por força do artigo 466.º, n.º 2, "quando as portas estejam fechadas ou seja oposta alguma resistência, o funcionário requisitará o auxílio da força pública, arrombando-se aquelas, se necessário, e lavrando-se auto da ocorrência"([176]).

([174]) Cfr. E. SCHILKEN, ob. cit., p. 521.

([175]) No caso de as chaves e os documentos não existirem ou não chegarem a ser encontrados, a única entrega possível é a entrega efectiva, com deslocação do funcionário judicial ao local onde a coisa se situa.

Razão assiste, por outro lado, a F. CARNELUTTI, *Lezioni di diritto processuale civile (processo di esecuzione II)*, p. 66 e s., quando afirma, a propósito da entrega de imóveis urbanos, que a entrega simbólica não tem nenhum sentido nas hipóteses em que o devedor permanece no imóvel com a família e com os respectivos móveis.

"Por isso — explica o Autor —, a lei processual deve considerar a apreensão de imóveis como a eliminação dos obstáculos susceptíveis de excluir ou de limitar a posse do credor e, assim, tornar liberta a coisa tanto da pessoa do devedor, como das pessoas que deste dependam e dos móveis que tenham sido introduzidos no imóvel."

Genericamente, e segundo o § 885, pars. 2, 3 e 4 da ZPO, o encarregado da execução deve retirar as coisas móveis encontradas no imóvel (objecto da apreensão judicial) e tentar entregá-las ao executado (...). Não sendo isto possível, deverá proceder-se ao depósito desses bens e, em última análise (perante a inércia do executado quanto ao levantamento dos móveis), efectuar a venda dos bens depositados. *Vide*, sobre este regime, G. LÜKE, *Zwangsvollstreckungsrecht*, p. 308 e s.

([176]) No direito francês, a possibilidade do recurso à força pública está expressamente prevista no artigo 17 da Lei n.º 91-650, de 9 de Jul. de 1991.

Sobre o sentido e os limites deste recurso, *vide* JEAN-BERNARD AUBY, "L'exécution avec le concours de la puissance publique", in *La réforme des*

O obstáculo fundamental a esta entrega efectiva e à consequente *imissão na posse* resultará da existência de situações de posse ou de detenção (*v.g.*, arrendamento) oponíveis ao exequente e que tenham sido levadas ao conhecimento do tribunal antes da fase da apreensão efectiva.

Refira-se, aliás, que os terceiros, legítimos ocupantes do imóvel, devem ser notificados — nos termos do já citado n.º 3 do artigo 930.º — para respeitarem e reconhecerem o direito do exequente ([177]).

Contra uma apreensão ilegítima, levada a cabo pelo tribunal, os terceiros, como será analisado num dos capítulos seguintes, poderão sempre reagir através de embargos repressivos.

Trataremos também, na altura, a questão de saber se estes terceiros, perante a iminência de uma apreensão, poderão reagir através de um protesto dirigido ao funcionário judicial, alegando a titularidade de uma relação oponível ao exequente.

Relativamente à apreensão de *bens móveis*, o legislador faz-lhe referência no artigo 930.º ([178]). O n.º 2 deste preceito ocupa-se da entrega de coisas genéricas e estatui o seguinte: "Tratando-se de coisas móveis a determinar por conta, peso ou medida, o

---

procédures civiles d'exécution, p. 124 e ss. Sobre este ponto, e na doutrina francesa, pode ver-se, ainda, G. COUCHEZ, *Voies d'exécution*, p. 51.

([177]) Têm-se em vista, aqui, os terceiros titulares de relações oponíveis, mas compatíveis com o direito do exequente.

([178]) Refira-se que a apreensão de automóveis tem um regime especial, consagrado no Dec.-Lei n.º 54/75, de 12 de Fev. A apreensão tanto pode ser efectuada pelo tribunal, como por autoridade policial ou administrativa. Neste último caso deve considerar-se desnecessária a elaboração do termo da penhora pelo funcionário judicial.

Vide, sobre este último ponto, o Ac. da Relação de Coimbra de 20 de Maio de 1986, C.J. 1986, t. III, p. 58 e ss. Hoje, o Código de Processo Civil estabelece que "quando a penhora de veículos automóveis for efectuada por autoridade administrativa ou policial, vale como auto de penhora o próprio auto de apreensão" (art. 849.º, n.º 4).

funcionário manda fazer, na sua presença, as operações indispensáveis e entrega ao exequente a quantidade devida" ([179]).

No que respeita às coisas móveis não genéricas, devem aplicar-se, com as necessárias adaptações, os artigos 848.º e ss.

A entrega deverá fazer-se através da tradição ou entrega material do objecto, entrega que é antecedida pela efectiva apreensão da coisa ([180])([181]).

([179]) A determinação do objecto depende, nas chamadas obrigações genéricas de quantidade, de uma operação de contagem, pesagem ou medição. Só a partir desta operação — a chamada *especificação* — o credor passa a ser proprietário do objecto, pois até esse momento é apenas titular de um direito de crédito.

Noutros casos, torna-se necessário, para além desta especificação, efectuar uma operação de escolha. Se, por exemplo, alguém se compromete a entregar a outrem 100 litros de vinho, sem mais nada se concretizar, torna-se necessário saber qual a espécie de vinho, o ano da colheita, etc.

Note-se que a obrigação genérica, quando o cumprimento implique apenas um acto de contagem, pesagem ou medição, não impede a proposição do processo executivo, pois aquela operação pode ser realizada pelo funcionário judicial no momento da apreensão (art. 930.º, n.º 2).

Quando seja necessário efectuar uma escolha, esta tem de ser feita previamente, uma vez que o funcionário, como é óbvio, antes de apreender, tem de ter conhecimento daquilo que deve ser apreendido.

Sobre a distinção entre obrigações específicas e genéricas, *vide*, por todos, ANTUNES VARELA, *Das obrigações em geral*, vol. I, p. 819 e ss.

Sobre a forma como se deve processar a escolha, consoante ela pertença ao credor, ao devedor ou a terceiro, *vide* CASTRO MENDES, *Direito processual civil*, vol. III, p. 292 e ss.

([180]) Não se prevê na lei italiana a entrega forçada de coisas móveis genéricas. A forma como se processa a *consegna* de coisas móveis (não genéricas) está prevista no artigo 606 do C.P.C.I. O *ufficiale giudiziario*, munido do título executivo e do *precetto*, desloca-se ao local onde a coisa se encontra e procede, de seguida, à entrega da mesma.

Relativamente à procura (*ricerca*) da coisa, o artigo 606 remete para uma disposição relativa à penhora: o artigo 513.

Como explica C. MANDRIOLI, *Esecuzione per consegna o rilascio*, N.D.I., vol. VI, p. 710, esta última norma regula um genérico poder de invasão de esferas de autonomia alheias, legitimando a ultrapassagem de eventuais resistências e obstáculos.

Vide, ainda sobre a *esecuzione per consegna*, E. FAZZALARI, *Lezioni di diritto processuale civile*, p. 113 e s.

Ora, é precisamente essa efectiva apreensão que pode ofender a posse ou a detenção que terceiros exerçam sobre os móveis em causa.

16. Apreensão no âmbito da acção de despejo

Outra acção que, no seu aspecto puramente *executivo*, pode gerar actos ofensivos da posse ou da detenção de terceiros é a *acção de despejo* ([182]).

Trata-se de uma acção declarativa que só em certos casos se converte numa acção de natureza executiva. A *execução do despejo* apenas se torna necessária quando o ex-arrendatário não restitui voluntariamente aquilo que foi condenado a entregar.

Como acção declarativa, a acção agora em análise destina-se, nos termos da lei, "a fazer cessar a situação jurídica do arrendamento" ou a "efectivar a cessação do arrendamento" (art. 55.º do Dec.-Lei n.º 321-B/90, de 15 de Out.) ([183]).

Por um lado, nos casos em que se pede a *resolução* do contrato de arrendamento, com base nos fundamentos taxativos previstos no art. 64.º do R.A.U. ([184]), ou se *denuncia* o mesmo contrato, com os fundamentos previstos no art. 69.º do mesmo diploma ([185]), a sentença, na hipótese de a acção de despejo vir a ser julgada procedente, *extingue* o contrato de arrendamento.

([181]) O § 883 da ZPO regula tanto a apreensão para entrega de uma coisa móvel (*eine bestimmte bewegliche Sache*), como a apreensão de uma quantidade de coisas móveis determinadas (*eine Menge bestimmter beweglicher Sachen*).
O executor deve, após a apreensão, entregar a coisa ou coisas ao credor.
Vide, sobre esta execução, P. ARENS/W. LÜKE, *Zivilprozeßrecht*, p. 445 e s., e H. J. MUSIELAK, *Grundkurs ZPO*, p. 365.

([182]) O campo de aplicação desta acção abrange apenas os denominados arrendamentos "vinculísticos" — arrendamento urbano para habitação, para comércio ou indústria e para o exercício de profissões liberais.

([183]) O Dec.-Lei n.º 321-B/90, de 15 de Out., será designado, doravante, por R.A.U. — Regime do Arrendamento Urbano.

([184]) *Vide*, sobre este ponto, PEREIRA COELHO, *Arrendamento (direito substantivo e processual)*, p. 277 e ss.

([185]) *Vide*, sobre a denúncia, PEREIRA COELHO, ob. cit., p. 254 e ss.

Por outro lado, a acção de despejo destina-se a "efectivar a cessação do arrendamento" sempre que a extinção do contrato tenha ocorrido antes de proposta a acção. Esta extinção prévia pode acontecer, por exemplo, nos casos em que o contrato tenha sido *revogado*, nos termos do artigo 62.º do R.A.U., ou em que tenha *caducado* (art. 66.º do R.A.U.).

Refira-se que a sentença proferida no âmbito de uma acção de despejo, para além de extinguir o contrato ou de reconhecer a cessação deste, *condena*, normalmente, o réu na entrega da coisa ([186]).

Ora, se à extinção da instância — que se iniciou com a instauração do pleito e cessou com o trânsito em julgado da decisão — se não seguir, quando a acção tenha sido julgada procedente, a desocupação do imóvel, pode o autor requerer a passagem de um *mandado de despejo*, ou seja, de uma ordem para que o prédio lhe seja entregue (art. 59.º do R.A.U.) ([187]).

Pode ver-se aqui o nascimento de um processo distinto do primeiro — um processo de natureza executiva: um *processo especial de execução para entrega de coisa certa* ([188]).

Apresentado o requerimento acima indicado, o juiz — através de um despacho liminar — tanto pode indeferir o requerimento, como ordenar a passagem do mandado de despejo.

([186]) *Vide* PEREIRA COELHO, ob. cit., pp. 251 e 258.

([187]) Escreve ALBERTO DOS REIS, *Processos especiais,* vol. I, p. 251: "Se o arrendatário, decretado o despejo, não recorre da sentença, esta transita em jul-gado; é óbvio que o senhorio tem o direito de requerer mandado de despejo logo que se opere o trânsito da sentença em julgado, sem que o arrendatário haja feito a entrega do prédio."

Acrescente-se que no caso de o arrendatário apelar da sentença, o recurso tem, de acordo com o n.º 2 do artigo 57.º do R.A.U., efeito suspensivo. Consequentemente, o senhorio não pode, enquanto estiver pendente o recurso, requerer a passagem do mandado de despejo.

([188]) "Estamos (...) em presença — afirma ALBERTO DOS REIS, ob. cit., p. 248 — duma verdadeira acção executiva. E a espécie de execução que se ajusta ao caso é a execução para entrega de coisa certa. Simplesmente, em vez de se observar o processo comum dos arts. (...), emprega-se o processo especial dos arts (...)."

Importa, a este propósito, referir uma particularidade: o juiz não ordena a citação do executado, seguindo-se, ao mandado de despejo, a prática de actos executivos em que o tribunal, sub-rogando-se ao réu, procede à entrega do prédio. Não uma entrega como a prevista no artigo 930.°, n.° 3, mas uma entrega efectiva, tendo, para isso, o executor de ir ao local onde se encontra situada a coisa a entregar.

Dispõe-se, a este respeito, que "o requerente deve pôr à disposição do executor os meios necessários para a remoção, transporte e depósito dos móveis e objectos que sejam encontrados no local" (art. 59.°, n.° 2, do R.A.U.).

Prevê-se também, expressamente, o recurso à força, quando necessário, e a intervenção e a assistência de autoridades públicas (art. 59.°, n.° 3, do R.A.U.) ([189]).

Ora, também aqui se suscita o problema levantado nas páginas precedentes: a execução pode, em certos casos, atingir terceiros

---

([189]) Não se pense, no entanto, que a execução do despejo segue sempre, sem excepção, o regime dos artigos 59.° e ss. do R.A.U. Na verdade, ela pode seguir a forma do processo comum. Em que casos?

Desde logo, nos casos em que a denúncia tenha por objecto um contrato de arrendamento sujeito ao regime dos artigos 98.° e ss. do R.A.U. (*contrato de duração limitada*).

O contrato escrito, assinado por ambas as partes, onde tenha sido fixado um prazo — nunca inferior a cinco anos (cfr. art. 98.° do R.A.U.) —, juntamente com a certidão da notificação judicial avulsa de denúncia do arrendamento, feita nos termos do art. 100.°, n.° 2, do R.A.U., constituem título executivo que possibilita a instauração da execução ordinária para entrega de coisa certa, regulada nos artigos 928.° e ss.

O segundo grupo de casos é constituído pelos arrendamentos rústicos não sujeitos a regimes especiais e pelos arrendamentos referidos nas alíneas *a)* a e) do artigo 5.°, n.° 2, do R.A.U.

Decorre do n.° 1 do artigo 6.° do R.A.U. não serem aplicáveis a estes arrendamentos as disposições que regulam a acção de despejo neste diploma — artigos 55.° a 61.°. Sobre a justificação para a exclusão da aplicação da acção de despejo às situações previstas no artigo 5.°, n.° 2, do R.A.U., *vide* Teixeira de Sousa, *A acção de despejo,* p. 10.

À condenação do arrendatário a entregar a coisa, se a acção vier a ser julgada procedente, deverá seguir-se, no caso de incumprimento, a execução para entrega de coisa certa na forma sumária (art. 465.°, n.° 2).

que, não tendo sido expressamente demandados na acção de despejo, se arrogam titulares de situações possessórias ou de mera detenção oponíveis ao senhorio (exequente).

Dispondo o artigo 60.º, n.º 1, do R.A.U. que "o mandado de despejo é executado seja quem for o detentor do prédio", importa averiguar quais os meios que permitem tutelar as situações alheias oponíveis à execução.

Veremos, na altura própria, que também neste domínio a acção de despejo apresenta particularidades importantes.

17. Apreensão no processo especial de falência

Também o processo especial de falência, cuja tramitação se encontra regulada no Código dos Processos Especiais de Recuperação da Empresa e de Falência ([190]), é susceptível de afectar a posse ou a detenção (ou direitos, em termos gerais) que terceiros exerçam sobre os bens apreendidos para a massa falida.

Remete-se para a parte final do capítulo IV a análise dos meios próprios de oposição que o C.P.E.R.E.F. ([191]) coloca ao dispor destes terceiros, importando apenas, por agora, avançar com algumas notas breves e elementares sobre a forma da apreensão no estrito âmbito do processo especial de falência.

Sempre que seja requerida — nos termos do artigo 15.º — a declaração de falência de uma empresa "insolvente" e "economicamente inviável" (art. 1.º, n.º 2) ([192]), dá-se início a um processo complexo cujo fim último consiste no pagamento aos credores do falido

---

([190]) Este Código, aprovado pelo Dec.-Lei n.º 132/93, de 23 de Abr., foi revisto em 1998, através do Dec.-Lei n.º 315/98, de 20 de Out.

([191]) As disposições citadas neste número, sem menção do diploma a que pertencem, são do Código dos Processos Especiais de Recuperação da Empresa e de Falência.

([192]) Criticando a noção de insolvência constante do artigo 3.º, n.º 1, vide CARVALHO FERNANDES/JOÃO LABAREDA, *Código dos Processos Especiais de Recuperação da Empresa e de Falência*, anotado, p. 69 e ss.

Está longe do horizonte do presente trabalho a descrição completa das fases deste processo especial, tornando-se apenas essencial compreender, sumariamente, como se processa a apreensão dos bens do devedor.

Uma vez esgotado o prazo de oposição e findo, por outro lado, o exame sumário das provas (arts. 20.º e 24.º), o juiz poderá proferir, nos termos do artigo 25.º, um *despacho de prosseguimento do processo,* reconhecendo, portanto, a situação de insolvência e a inviabilidade económica do devedor. Neste despacho, o juiz pode mesmo chegar a declarar a falência deste. Em que hipóteses?

Nas hipóteses em que, tendo-se apresentado o próprio devedor à falência ou tendo esta sido requerida por qualquer credor, não tenha havido oposição (cfr. art. 122.º).

Sendo deduzida, ao invés, oposição, o juiz — de acordo com o disposto no artigo 123.º, n° 1 — deve marcar audiência de julgamento "para um dos cinco dias subsequentes ao despacho de prosseguimento da acção."

Terminada esta audiência, pode ser proferida *sentença declarativa de falência*.

Ora, esta sentença, que tem de ser publicada, nos termos do artigo 128.º, n.º 2, no *Diário da República*, deve, entre outros fins, decretar a apreensão, para imediata entrega ao liquidatário judicial, dos bens, ainda que estes se encontrem arrestados, penhorados ou por qualquer forma apreendidos ou detidos (art. 128.º, n.º 1, al. *c*)) ([193]).

E o tribunal, acrescente-se, a pedido do liquidatário, deve requisitar a remessa ao processo de falência (a fim de serem a este apensados) de "todos os processos nos quais se tenha efectuado qualquer acto de apreensão ou detenção de bens do falido" (art. 175.º, n.º 3).

([193]) Os bens apreendidos como explica ALBERTO DOS REIS, *Processos especiais,* vol. II, p. 343, "são tirados do poder do falido e entregues a um administrador (...). Ficam à ordem do tribunal para serem vendidos e para, com o produto da venda, se pagarem, até onde o produto chegar, os créditos verificados e reconhecidos."

A lei explicita, no artigo 176.º, o modo como deve processar-se a entrega dos bens apreendidos ao liquidatário judicial.

Trata-se, em princípio, de uma entrega efectiva e, portanto, com desapossamento de terceiros que exerçam, no momento, poderes de facto sobre os bens.

Prevê-se, por um lado, em caso de dúvida quanto aos bens objecto da apreensão, a possibilidade de deslocação ao local onde esses bens se situem de um funcionário do tribunal. Por outro lado, em hipóteses graves de "resistência à apreensão", poderá o liquidatário requisitar o "auxílio da força pública" (art. 176.º, n.º 4, als. *b)* e *c)*).

Estando os bens já entregues a depositário judicial (pensemos na coisa que foi objecto de um arresto ou de uma penhora anterior), deve manter-se o depósito, embora os bens "passem a ficar disponíveis e à ordem exclusiva do liquidatário" (art. 176.º, n.º 4, al. *a)*).

A finalizar estas descritivas e breves notas, lembraremos que a apreensão de bens, no domínio do processo de falência, está sujeita a registo: nos termos do artigo 178.º, n.º 1, deve ser prontamente registada, pelo liquidatário, "a apreensão dos bens cuja penhora esteja sujeita a registo, servindo de título bastante para o efeito o extracto do arrolamento ou do balanço assinado pelo liquidatário".

18. Breve referência à extinta acção de posse judicial avulsa

Regulava o Código do Processo Civil, nos artigos 1044.º e ss., uma acção especial para entrega de coisa certa.

Tratava-se da denominada *acção de posse judicial avulsa* ou de *entrega judicial*, meio expedito destinado a fazer valer a *pretensão real* de entrega de uma coisa.

Esta acção, que tanto êxito tinha na prática, foi eliminada pela Reforma de 1995-96. Com que fortes razões?

Vejamos, primeiro, o âmbito de aplicação da posse judicial.

Atentemos na primeira parte do revogado artigo 1044.º: "Aquele que tenha a seu favor um título translativo de propriedade pode requerer que lhe seja conferida a posse ou entrega judicial da coisa."

A posse judicial podia, deste modo, ser requerida pelo *proprietário* que, nunca tendo tido acesso ao gozo ou à disponibilidade material da coisa (imóvel ou móvel) ([194]), pretendia iniciar, sobre esta, uma *posse material* e, portanto, o exercício de poderes de facto.

Pedia-se sempre, portanto, uma *entrega efectiva* da coisa.

O pedido de entrega judicial assentava, não na posse, mas na propriedade e no respectivo título translativo (sem condição suspensiva). Nos casos em que se pretendesse iniciar a posse efectiva sobre imóveis ou sobre móveis sujeitos a registo, tornava-se impres-

---

([194]) Levantava-se a questão de saber se a posse judicial era, apenas, um meio para efectivar uma transmissão do direito de propriedade ou, também, um meio para readquirir a posse perdida.

Segundo uma corrente interpretativa, bastava que existisse um título translativo da propriedade e, em certos casos, o registo, para se poder instaurar uma acção de posse judicial. E não havia que distinguir se com esta acção se pretendia tomar, pela primeira vez, a posse de uma coisa ou se, pelo contrário, se pretendia readquirir a posse, pois ela valia tanto para um caso, como para o outro.

Esta posição encontrava-se claramente expressa no Ac. do S.T.J. de 5 de Fev. de 1963, B.M.J., n.º 124, p. 560 e ss. Com a posse judicial, dizia-se, "tanto se harmoniza o efeito de uma posse já exercida em certa medida, como o daquela que se deseja ver exercitada."

Vide também, no mesmo sentido, o Ac. da Relação de Évora de 6 de Nov. de 1974, sumariado no B.M.J., n.º 242, p. 370.

Segundo outra corrente, a posse judicial apenas permitia efectivar as obrigações de entregar, mas nunca as de restituir. Era esta a posição acertada.

Sempre que se pretendesse a retomada ou a recuperação da posse, estando em causa uma obrigação de restituir, o autor devia recorrer às acções destinadas a esse concreto fim, a saber, a acção de restituição de posse ou a acção comum de reivindicação.

O emprego da posse judicial por quem tivesse perdido a posse conduzia a um erro na forma do processo que originava uma nulidade processual principal, prevista no artigo 199.º.

Para uma defesa da segunda posição, *vide* os esclarecedores Acs. do S.T.J. de 18 de Jun. de 1965 e de 30 de Jun. de 1981, respectivamente nos B.M.J. n.ºˢ 148, p. 227 e ss., e 308, p. 198 e ss. Em idêntico sentido, veja-se ainda o Ac. da Relação do Porto de 31 de Mar. de 1992, C.J., 1992, t. II, p. 226.

Sobre o problema, escreveu OLIVEIRA ASCENSÃO, *Direito civil — reais*, p. 124: "A posse judicial avulsa só funciona em benefício de quem nunca teve a coisa em seu poder mas adquiriu posse meramente jurídica."

No mesmo sentido, MOTA PINTO, *Direitos reais*, p. 212, nota 39.

cindível juntar, à petição inicial, um documento comprovativo de que o *registo* ([195]) tinha sido feito ou se encontrava em condições de o ser (art. 1044.º) ([196]).

A posse judicial configurava-se, deste modo, como uma acção de propriedade e não, rigorosamente, como um meio possessório ([197]).

Uma importante particularidade dizia respeito à *legitimidade passiva*: enquanto as acções executivas ou de despejo são propostas contra aquele que — de acordo com o título — está obrigado a cumprir a prestação de entrega, a posse judicial, pelo contrário, *devia ser instaurada contra aquele que detinha materialmente a coisa*, seja por que título fosse (art. 1045.º, n.º 1) ([198]). Como explicava

---

([195]) O registo é condição de eficácia do negócio em relação a terceiros, como resulta expressamente do artigo 5.º, n.º 1, do C.R.P.

Para além deste efeito, o registo definitivo, nos termos do artigo 7.º do mesmo Código, "constitui presunção de que o direito existe e pertence ao titular inscrito, nos precisos termos em que o registo o define."

([196]) Podia pedir-se, com base nesta acção, a entrega de coisas móveis não sujeitas a registo.

Era necessário juntar o título de transmissão, tal como nos restantes casos. Explicava ALBERTO DOS REIS, *Processos especiais,* vol. I, p. 461, que, nestes casos, "a transmissão verbal não pode servir de fundamento à posse judicial avulsa; é indispensável que se exiba um *título* translativo de propriedade."

([197]) "A posse judicial — escreveu MANUEL RODRIGUES, *A posse,* p. 420 — não é um meio possessório, mas uma forma de investidura na propriedade. Esta afirmação é indiscutível, visto a sua base está na existência de um título translativo de propriedade."

No mesmo sentido, ANSELMO DE CASTRO, *A acção executiva singular, comum e especial,* p. 411, e ZULMIRA NETO, *Posse judicial,* p. 304 e ss.

([198]) Imaginemos que *A* vendeu a *B* um andar, que o respectivo contrato foi devidamente formalizado e que, finalmente, o comprador registou a aquisição. Não cumprindo *A* a obrigação de entrega, poderia o comprador instaurar contra o *ex-proprietário* uma acção de posse judicial avulsa?

ANSELMO DE CASTRO, ob. cit., p. 411 e ss., entendia que isso não era possível, com fundamento em que, nesta acção, não podia apreciar-se a validade substancial do negócio jurídico que originou a transmissão, por se tratar, quanto à apreciação da prova, de um processo sumário.

"(...) O exercício da acção contra o transmitente — escreveu — equivaleria a posse judicial sem defesa do réu, a terminar sempre irremissivelmente pela entrega da coisa, apesar da possível inexistência da obrigação da entrega, o que é inadmissível."

ALBERTO DOS REIS, na posse judicial avulsa não havia título executivo propriamente dito, por virtude do qual o detentor se achasse constituído na obrigação de fazer a entrega ([199]).

O detentor ou o possuidor da coisa não surgia, deste modo, como um estranho ao processo, mas, pelo contrário, devia tornar-se parte passiva na acção de posse judicial.

Não sendo a petição indeferida liminarmente, o juiz ordenava a citação do réu (detentor), assegurando-lhe, deste modo, o exercício do contraditório.

Não havendo contestação, devia o juiz mandar que se procedesse à entrega da coisa ao requerente (art. 1046.º).

Havendo contestação ([200]), podia o réu invocar uma *posse em nome próprio* ou uma *detenção baseada em título legítimo* ([201]).

Na eventualidade de o detentor ser um possuidor em nome alheio, devia avisar a pessoa em nome de quem exerce a posse, sob pena de poder vir a responder pelos prejuízos que o terceiro possuidor viesse a sofrer (art. 1047.º, n.º 2).

Confrontado com a contestação, o autor tinha a possibilidade de responder e, após a instrução — a prova era sumária —, o juiz decidia se, e em que termos, a posse devia ser conferida ao autor ([202]).

Que dizer deste entendimento?

Na acção de posse judicial era inadmissível, na verdade, a apreciação da validade do negócio translativo, mas deste regime não resultava que o processo não pudesse ser instaurado contra o transmitente.

Este, uma vez vencido, e porque na acção não se formava caso julgado nem sobre o direito, nem sobre a posse, poderia sempre recorrer aos meios comuns para fazer valer o seu direito.

No sentido de que na acção de posse judicial avulsa não podia "ser discutida a validade intrínseca do acto jurídico de transmissão", e de que, por isso, não podia "apreciar-se a defesa do réu alicerçada no facto de o acto de transmissão do prédio (...) se encontrar viciado de simulação", *vide* o Ac. da Relação do Porto de 7 de Nov. de 1989, C.J., 1989, t. V, p. 187 e ss.

([199]) Ob. cit., p. 460.

([200]) Note-se que a acção podia ser contestada, não apenas pelo citado, mas também pela pessoa em nome de quem possuísse ou, ainda, por qualquer outro interessado (art. 1047.º).

([201]) *Vide*, sobre a contestação, ZULMIRA NETO, *Posse judicial,* p. 327 e s.

([202]) Nos casos em que o réu invocava uma posse em nome próprio, o tribunal tinha de verificar se prevalecia esta ou a do requerente (art. 1049.º, n.º 2).

Resultava claramente do artigo 1051.º que não se formava, sobre a decisão proferida, caso julgado material, mas apenas formal.

O modo por que se processava a fase executiva dependia, obviamente, da defesa apresentada e da sorte que esta viesse a ter.

Assim, nos casos em que a defesa era julgada improcedente ou em que não chegava a haver contestação, o tribunal tinha de ordenar a prática de actos que conduzissem à *entrega efectiva* da coisa.

A procedência da defesa podia conduzir à prática de uma *entrega meramente simbólica*, com a manutenção do detentor no gozo da coisa. Se o réu invocava um título legítimo, dispunha o artigo 1049.º, n.º 2, o seguinte: ao requerente só podia ser conferida posse que não prejudicasse o uso e fruição do contestante, a menos que mostrasse ter feito cessar pelo meio competente esse título.

Que razões terão levado o legislador a pôr fim ao processo a que acabámos de fazer referência?

Escreve-se no Relatório do Dec.-Lei n.º 329-A/95, de 12 de Dez., que "uma das mais significativas alterações" consiste na "eliminação dos capítulos VI e VII, que tratam, respectivamente, dos meios possessórios (acções possessórias propriamente ditas e embargos de terceiro) e da posse ou entrega judicial."

Falaremos mais adiante da eliminação das acções possessórias do conjunto dos processos especiais e dos motivos invocados pelo legislador para justificar esta medida.

No que diz respeito à posse judicial, não se encontra no mencionado Relatório qualquer explicação directa para o seu desaparecimento do elenco dos processos especiais. Recordamos que a posse judicial não era uma acção possessória.

Afirma-se, é certo, em termos genéricos, que a ideia subjacente à reforma dos processos especiais é a de que só devem subsistir "aqueles cuja tramitação comporte desvios ou particula-

---

Se o réu invocava um título legítimo, o juiz tinha de decidir com base na prova que o detentor conseguisse apresentar. Esta prova tanto podia ser documental, como testemunhal, uma vez que a expressão título legítimo equivalia a causa legítima ou a fundamento legítimo. Cfr. ALBERTO DOS REIS, ob. cit., p. 469.

ridades significativas que desaconselhem a recondução à matriz do processo declarativo."

A verdade, porém, é que a acção de posse judicial, pensada para os casos em que o proprietário pretendia iniciar sobre a coisa (na detenção de um terceiro) poderes de facto, era um mecanismo célere para a realização de tal fim. Em bom rigor, tratava-se de uma acção mista que permitia uma rápida passagem para a fase executiva. O juiz ordenava, não havendo contestação, ou sendo a defesa julgada improcedente, que se procedesse à entrega imediata da coisa ([203]).

Hoje, em virtude da extinção do processo em causa, o proprietário que queira efectivar judicialmente uma obrigação de entrega não está desprovido de meios processuais. Mas terá de recorrer a uma acção declarativa comum e posteriormente, se houver necessidade, a uma execução para entrega de coisa certa com forma sumária (art. 465.º, n.º 2). Na prática, tudo isto poderá implicar uma maior morosidade.

---

[203] Se um dos objectivos da Reforma de 1995-96 foi o de terminar com a denominada "condenação de preceito", derivada da falta de contestação, podia ter-se encontrado, para a posse judicial, um regime idêntico ao estabelecido no artigo 784.º. Perante a falta de contestação, o juiz teria sempre de apreciar se estavam preenchidas as condições mínimas para a procedência do pedido do autor.

Note-se que o legislador, para os casos em que esteja em causa o cumprimento de obrigações pecuniárias derivadas de contratos, e cujo montante não ultrapasse os 750 contos, criou, através do Dec.-Lei n.º 269/98, de 1 de Set., uma acção declarativa especial. Perante a falta de contestação, o juiz, nos termos do artigo 2.º deste diploma, limita-se a conferir força executiva à petição, "a não ser que ocorram, de forma evidente, excepções dilatórias ou que o pedido seja manifestamente improcedente."

A eventual e posterior execução "corre nos próprios autos" (art. 6.º).

Esta acção declarativa especial, que não passa de uma acção sumaríssima com ligeiríssimas especialidades, tem escassa importância prática, ao invés do que ocorria, convém insistir, no domínio do cumprimento das obrigações de entrega de coisa, com a extinta "posse judicial avulsa."

Na área do direito processual civil, os caminhos trilhados pelo legislador dos finais do séc. XX não podem deixar de considerar-se enigmáticos e insusceptíveis, muitas vezes, de uma explicação racional.

CAPÍTULO IV

OS MEIOS DE TUTELA DO TERCEIRO

SUMÁRIO: 19 — Meios de tutela possessória em geral. 20 — Embargos de terceiro: *a)* tipos; *b)* causa de pedir; *c)* legitimidade activa; *d)* legitimidade passiva; *e)* posse; *f)* viabilidade da pretensão; *g)* efeitos do recebimento; *h) exceptio dominii*; *i)* procedência. 21 — Protesto no momento da apreensão: *a)* protesto no âmbito da acção de despejo; *b)* protesto previsto no artigo 832.º do Código de Processo Civil; *c)* âmbito de aplicação de cada protesto; 22 — Meios de oposição previstos no Código dos Processos Especiais de Recuperação da Empresa e de Falência.

19. Meios de tutela possessória em geral

Os actos executivos analisados no capítulo anterior são susceptíveis de afectar situações possessórias ou de mera detenção cuja titularidade pertença a terceiros.

Em termos gerais, para além do meio da acção directa (art. 1277.º do C.C.), a tutela da posse é conseguida através do recurso às *acções possessórias*.

O possuidor deve recorrer à *acção de restituição*, prevista no artigo 1278.º do C.C., sempre que seja *esbulhado* da coisa.

Para os casos em que for simplesmente *perturbado* no exercício dos poderes de facto, existe a denominada *acção de manutenção de posse* (art. 1278.º do C.C.) [204].

---

[204] Sobre o conceito de turbação (*molestia*), *vide*, por todos, na doutrina portuguesa, PIRES DE LIMA/ANTUNES VARELA, *Código Civil anotado*, vol. III, p. 49, e, na doutrina italiana, R. SACCO, *Il possesso*, p. 83 e ss.

Por último, a *acção de prevenção* deve ser proposta "se o possuidor tiver justo receio de ser perturbado ou esbulhado por outrem (...)" (art. 1276.º do C.C.).

Com a Reforma de 1995-96, as acções possessórias a que acabamos de fazer referência deixaram de ser especiais, tendo sido revogados os artigos 1033.º a 1036.º.

Segundo se explica no Relatório do Dec.-Lei n.º 329-A/95, de 12 de Dez., a razão que, principalmente, justificava o regime especial previsto para as acções possessórias consistia no facto de o réu ter a possibilidade, por um lado, de alegar a titularidade do direito de propriedade sobre a coisa e, por outro lado, de pedir o reconhecimento desse direito (cfr. o revogado art. 1034.º, n.º 1).

Torna-se desnecessária, porém, a existência de um regime especial para permitir aquilo que, em termos gerais, através das normas reguladoras da reconvenção, é perfeitamente admissível (art. 274.º, n.º 2, al. *a*), *in fine*).

Quanto às restantes especialidades previstas nas normas revogadas, veremos até que ponto esse regime se mantém no Código de Processo Civil revisto.

Como é de todos sabido, o instituto da posse e as respectivas acções de natureza possessória — acções que passaram, com a Reforma de 1995-96, a seguir a forma de processo comum — garantem aos titulares de certos direitos uma *defesa complementar*.

Significa isto que a tutela de um direito — nos termos do qual seja possível possuir — não tem necessariamente de fazer-se com base na alegação e na prova desse mesmo direito.

As dificuldades inerentes à prova do direito real (pense-se, por exemplo, na prova do direito de propriedade) [205] podem ultrapassar-se, precisamente, através do recurso às acções possessórias atrás indicadas. Nestas o autor tem, tão-só, de alegar factos demons-

---

[205] Sobre a prova do direito de propriedade, conforme a aquisição seja originária ou derivada, *vide* PIRES DE LIMA/ANTUNES VARELA, ob. cit., p. 115, e, na doutrina italiana, A. TRABUCCHI, *Istituzioni di diritto civile*, p. 434.

trativos do *corpus* e do *animus* caracterizadores da sua *posse* ([206])([207]), estabelecendo ainda a lei, para facilitar a prova do *animus*, que, "em caso de dúvida, presume-se a posse naquele que exerce o poder de facto (...)" (art. 1252.º, n.º 2, do C.C.).

Diga-se, ainda, que o nosso sistema não restringe a tutela possessória aos possuidores, alargando-a também a certos titulares de situações de mera *detenção*, como resulta expressamente dos artigos 1037.º, n.º 2 (locatário); 1125.º, n.º 2 (parceiro pensador); 1133.º, n.º 2 (comodatário); 1188.º, n.º 2 (depositário) do C.C. ([208]).

([206]) A tutela da posse é uma tutela provisória, como resulta do artigo 1278.º, n.º 1, do C.C. Na verdade, a decisão fundada na posse não impede uma posterior — e, por vezes, divergente — decisão baseada no próprio direito (*petitorium absorvet possessorium*).
Vide, quanto a este ponto, PIRES DE LIMA/ANTUNES VARELA, ob. cit., p. 49; MOTA PINTO, *Direitos reais,* p. 192, e F. MESSINEO, *Manuale di diritto civile e commerciale,* p. 251.

([207]) "Sem as normas protectoras da posse — escreve HENRIQUE MESQUITA, *Direitos reais,* p. 82 —, qualquer agressão à propriedade (por meio de actos de turbação ou de esbulho) só poderia combater-se através da prova do respectivo direito. Mas esta prova é muitas vezes impossível ou, quando menos, difícil e demorada. Ora, a protecção possessória destina-se precisamente a evitar estes inconvenientes e a facultar ao proprietário um meio fácil de reacção contra actos violadores do seu direito."
Sobre os fundamentos da tutela judicial da posse, *vide* OLIVEIRA ASCENSÃO, *Direito civil-reais,* p. 110 e ss., e MOTA PINTO, ob. cit., p. 192 e ss.

([208]) Pode perguntar-se qual a razão para atribuir a estes detentores a tutela possessória e, ainda, se é de admitir, em termos gerais, a tutela da posse em nome alheio. Trataremos da segunda questão mais adiante.
Quanto ao fundamento da extensão da tutela possessória aos detentores, a doutrina não tem sido unânime.
Para PIRES DE LIMA/ANTUNES VARELA, ob. cit., p. 6 e ss., os detentores são titulares de direitos de natureza obrigacional e as normas excepcionais que lhes conferem a tutela possessória permitem a sua actuação como representantes do possuidor, ou seja, como representantes daquele em nome de quem possuem.
Já MENEZES CORDEIRO, *Direitos reais,* vol. I, pp. 981, 996 e 1001, entende que a tutela possessória se justifica na medida em que os detentores são, em bom rigor, exceptuando-se o depositário, titulares de relações de natureza real. O recurso aos meios possessórios permite-lhes a tutela de um direito próprio ou, se se quiser, de uma posse própria e causal.

20. Embargos de terceiro

O problema que nos propusemos tratar é o de saber como podem os possuidores e os detentores defender-se nos casos em que a ameaça de esbulho ou o próprio esbulho provêm de um *acto judicial* praticado no âmbito de um *processo executivo*.

A resposta resulta, desde logo, do artigo 1285.º do C.C. Diz-se nesta disposição que "o possuidor (...) pode defender a sua posse mediante embargos de terceiro, nos termos definidos na lei de processo."

Estes embargos de terceiro, a que temos vindo a fazer pontuais referências, eram, antes da Reforma de 1995-96, um processo especial regulado nos artigos 1037.º e ss., estando hoje inseridos num capítulo relativo aos incidentes da instância ([209]). Apesar desta alteração, tem-se feito notar que o regime dos embargos permanece fundamentalmente o mesmo e que, no fundo, o incidente em causa traduz-se numa acção declarativa, com forma comum, dependente do processo em que tenha sido ordenado o acto judicial ofensivo da posse ou do direito alheio (art. 353.º, n.º 1) ([210]).

O que a Reforma fez, em bom rigor, foi o alargamento do clássico incidente da oposição, através do qual um terceiro, titular de um direito incompatível com o objecto do processo declarativo, tem a possibilidade de deduzir oposição à pretensão do autor.

Independentemente da qualificação das situações de detenção como obrigacionais ou reais, parece que o legislador, ao estender a esses casos a tutela possessória, teve em vista proteger o interesse do próprio possuidor em nome alheio na conservação dos poderes que exerce sobre a coisa — a esta tese, sustentada, entre nós, por MARIA PALMA RAMALHO, *Sobre o fundamento dos embargos de terceiro deduzidos pelo locatário, parceiro pensador, comodatário e depositário*, R.O.A., 1991, p. 650 (em especial, p. 686 e ss.), regressaremos numa fase mais avançada do trabalho.

([209]) Para uma apreciação crítica da solução, veja-se LEBRE FREITAS//JOÃO REDINHA/RUI PINTO, *Código de processo civil anotado*, vol. 1.º, p. 629 e s.

([210]) *Vide* TEIXEIRA DE SOUSA, *Apreciação de alguns aspectos da "Revisão do Processo Civil — Projecto"*, R.O.A., 1995, p. 383, LEBRE DE FREITAS, *A acção executiva*, pp. 248 e 252, *Revisão do processo civil*, R.O.A., 1995, p. 456, AMÂNCIO FERREIRA, *Curso de processo de execução*, p. 212 e s., e REMÉDIO MARQUES, *Curso de processo executivo comum à face do Código revisto*, p. 338.

Vamos, de seguida, analisar, com mais largueza, o incidente da oposição mediante embargos de terceiro.

Segundo o n.º 1 do artigo 351.º, "se qualquer acto, judicialmente ordenado, de apreensão ou entrega de bens ofender a posse ou qualquer direito incompatível com a realização ou o âmbito da diligência, de que seja titular quem não é parte na causa, pode o lesado fazê-lo valer, deduzindo embargos de terceiro" ([211]).

([211]) *No sistema processual italiano* não se consagra — pelo menos expressamente — uma defesa de natureza possessória para o terceiro que se vê esbulhado por um acto judicial praticado no âmbito de um processo executivo.

A disposição contida no artigo 619 do C.P.C.I. regula a *forma dell'opposizione* dos terceiros perante uma acção executiva. Estabelece-se que "il terzo che pretende avere la proprietà o altro diritto reale sui beni pignorati può proporre opposizione con ricorso al giudice della esecuzione, prima che sia disposta la vendita o l'assegnazione dei beni (...)."

Tem a doutrina italiana tentado averiguar, desde logo, se poderá também opor-se à execução o titular de um direito pessoal de gozo e se, por outro lado, a oposição pode deduzir-se no âmbito das execuções sob forma específica — note-se que a disposição, ao referir-se somente a *beni pignorati*, parece colocar a oposição no estrito âmbito da *azione espropriativa*. Respondendo afirmativamente às duas questões, E. FAZZALARI, *Lezioni di diritto processuale civile*, pp. 150 e 152.

No concernente ao segundo problema, também em sentido afirmativo, vide V. DENTI, *L'esecuzione forzata in forma specifica*, p. 269 e ss., e C. PUNZI, *L'applicabilità dell'opposizione del terzo (ex art. 619 C.P.C.) all'esecuzione in forma specifica*, R.T.D.P.C., 1960, p. 959 e ss.

Não se tratando de uma defesa de natureza possessória, o terceiro não só tem de provar a titularidade do direito invocado, mas também que o seu direito é oponível a quem age *in executivis* (vide S. SATTA/C. PUNZI, *Diritto processuale civile,* p. 796).

A oposição regulada no citado artigo 619, importa acrescentar, pertence somente àquele que não é parte no processo executivo. Cfr. F. P. LUISO, *L'esecuzione ultra partes,* p. 405 e ss.

A defesa, uma vez julgada procedente, implica a exclusão ou redução do direito real de gozo do devedor (cfr. E. FAZZALARI, ob. cit., p. 149) e, portanto, em poucas palavras, visa sempre subtrair à execução o direito do terceiro oponente. O terceiro não contesta o fundamento da acção executiva, mas afirma que o processo atinge, erroneamente, bens que lhe pertencem ou direitos que exerce sobre a coisa. Cfr. F. P. LUISO, ob. cit., p. 406 e s.

É claro que esta defesa, tendo êxito, acaba por conduzir à restauração da posse, sempre que esta tenha sido ofendida pela apreensão judicial.

A oposição triunfante tem o efeito de eliminar o acto praticado sobre a coisa, cessando a *custodia* e surgindo o dever de o depositário entregar a coisa ao terceiro (cfr. C. PUNZI, *La tutela del terzo nel processo esecutivo,* p. 299).

No entanto — como esclarece C. PUNZI, ob. cit., p. 81 e s. —, a oposição baseada no artigo 619 não consegue evitar a ocorrência de um dano imediato causado pela perturbação no gozo e na posse da coisa.

Ora, o sistema português — através dos embargos de terceiro — não só consegue impedir este dano (embargos preventivos), como permite a reintegração da situação possessória (embargos repressivos).

A doutrina e a jurisprudência italianas têm, contudo, sustentado a admissibilidade de "uma tutela possessória também no decurso da execução." *Vide* C. PUNZI, ob. cit., pp. 278 a 284 (em especial nota 217), e A. MONTEL, *Osservazioni sullo spoglio compiuto per mezzo di ufficiale giudiziario,* F. I., 1951, p. 463 e s. Para este último Autor, "o recurso às acções possessórias é admissível contra os actos executivos e cautelares não só nos casos em que o funcionário judicial tenha sido dolosamente instigado pelo exequente, mas sempre que a imissão na posse *(imissione nel possesso)* ou a sua turbação tenham sido levadas a cabo de modo ilegítimo e arbitrário, como na hipótese de execução com falta de título executivo, com ultrapassagem dos limites dele constantes ou com título inválido."

Ainda quanto à forma de oposição consagrada no artigo 619, importa referir que, estando em causa um direito sobre uma coisa móvel, e não tendo o juiz suspendido a execução, o terceiro, sendo a oposição julgada procedente, pode — em conformidade com o citado artigo 620 — fazer valer o seu direito sobre o produto da venda (refira-se que o terceiro perde, por efeito da venda, nos termos do art. 2920 do C.C.I., o direito à coisa, em detrimento de um adquirente de boa fé).

Já a venda, em execução, de um imóvel não põe em causa o direito do proprietário, podendo este recorrer, posteriormente, ao meio autónomo da reivindicação. Sobre este ponto, *vide* E. LIEBMAN, *Processo de execução,* p. 117 e s., e A. GUALANDI, *Responsabilità per l'espropriazione e per il sequestro dei beni di un terzo,* R.T.D.P.C., 1960, pp. 1438 a 1442.

Nos casos em que o juiz, baseado na oposição deduzida, decida suspender o processo executivo (art. 624 do C.P.C.I.), a procedência da pretensão do terceiro faz com que a coisa não possa ser vendida ou, noutros casos, não possa ser vendida nos termos em que se supunha (com base nos elementos carreados para o processo) pertencer ao devedor.

Problema discutido na doutrina italiana é o de saber qual o meio de reacção ao dispor do terceiro nos casos em que a penhora, contra o disposto no artigo 513 do C.P.C.I., seja levada a cabo sem ter em conta os poderes que ele exerce sobre a coisa.

Uma vez que se trata de um terceiro estranho ao processo, tem-se entendido que pode tutelar a sua "posse" recorrendo ao meio regulado no artigo 619 do C.P.C.I.

Mas esta solução não é pacífica relativamente àqueles terceiros que, não obstante a sua "posse", têm necessariamente de suportar a execução.

É que, na oposição regulada no artigo 619 do C.P.C.I., os terceiros fazem valer um direito que prevalece sobre o direito do credor.

Ora, como se tem assinalado, o terceiro responsável que, contra as regras que impõem a sua demanda, não tenha visto a acção proposta contra si, não é titular de uma relação susceptível de impedir a execução, apenas lhe sendo lícito reclamar a sua posição de parte no processo.

Resta, deste modo, ao terceiro, nestas hipóteses, o recurso à oposição prevista nos artigos 617 e 618 do C.P.C.I. — reagindo (*opposizione di rito*) contra um acto executivo formalmente irregular e visando, através da anulação da penhora, que o processo executivo obedeça ao regime constante do artigo 543 e ss. do C.P.C.I.

Última nota: a solução só é possível através da parificação, para este efeito, do terceiro (estranho ao processo) ao executado (ou seja, àquele que formalmente é demandado para a execução).

Sobre este problema, e defendendo o recurso aos artigos 617 e 618 do C.P.C.I., *vide*, por todos, G. TARZIA, *L'oggetto del processo di espropriazione*, pp. 293 a 301.

Sobre a oposição dirigida contra os actos executivos, regulada nos artigos 617 e 618 do C.P.C.I., *vide* E. REDENTI, *Diritto processuale civile*, vol. III, p. 320 e ss.

Como já foi referido, no *sistema processual germânico*, tal como no sistema italiano, não pode forçar-se judicialmente a entrega de uma coisa (imóvel ou móvel) se ela estiver na disponibilidade material de um terceiro não disposto a abrir mão dela.

Se, com desrespeito deste regime, a execução for levada a cabo, o terceiro pode defender-se através do meio regulado no § 766 da ZPO, isto é, através da chamada *Erinnerung* — uma reclamação dirigida ao tribunal onde corre o processo executivo, não só contra acções, mas também contra omissões do funcionário judicial (cfr. K. SCHMIDT, *Münchener Kommentar zur Zivilprozeßordnung*, vol. 2, p. 1873). Reage-se contra uma falta (*Verfahrensfehler*) cometida no processo pelo funcionário. O objecto da reclamação é, assim, a medida ilícita — *Rechtswidrige Vollstreckungsmaßnahme*.

Refira-se ainda que, para além do terceiro *Gewahrsaminhaber*, tanto o devedor, como o credor, podem recorrer a este meio (cfr. K. SCHMIDT, ob. cit., p. 1883).

Esta norma contém uma inovação revolucionária em matéria de embargos de terceiro. Enquanto o revogado artigo 1037.º, n.º 1, restringia este meio à defesa da posse ([212]), a Reforma de 1995-

---

Sobre o meio regulado no § 766 da ZPO, vide G. TARZIA, ob. cit., p. 154 e ss.

A oposição do terceiro não se limita à *Erinnerung*. Na verdade, a defesa pode fundamentar-se no direito material violado, através do recurso ao meio especial previsto no § 771: a *Drittwiderspruchsklage* (ou *Widerspruchsklage*).

O terceiro tem, neste caso, de alegar a titularidade de um direito material que, incidindo sobre o objecto da execução (*Gegenstand der Zwangsvollstreckung*), impeça a alienação da coisa (*ein die Veräußerung hinderndes Recht*).

Tem-se, no entanto, entendido que esta oposição pode ser proposta contra um acto de apreensão ocorrido no âmbito da execução para entrega de coisa certa. Neste sentido, R. BRUNS/E. PETERS, *Zwangsvollstreckungsrecht*, p. 99.

Quando se fala em direito impeditivo da alienação está a pensar-se, normalmente, no direito de propriedade. Mas a defesa do terceiro pode assentar em direitos reais limitados (*v.g.*, de usufruto ou de superfície). Neste segundo grupo de casos deve também perguntar-se se a execução é susceptível de prejudicar o direito do terceiro. Como explica A. BLOMEYER, *Zivilprozeßrecht (Vollstreckungsverfahren)*, p. 157, "o direito real do terceiro fundamenta a acção nos casos em que esse direito é afectado pela execução e não existe um direito real do exequente a que deva conferir-se prevalência."

Sempre que a *Drittwiderspruchsklage* seja julgada procedente, a execução que recaia sobre certo objecto é, na sentença, declarada ilícita, devendo, consequentemente, ser levantadas as providências executivas anteriormente levadas a cabo. Vide, por todos, A. BLOMEYER, ob. cit., p. 150.

Poderá a posse (posse, bem entendido, segundo a concepção germânica) considerar-se um direito oponível à execução?

"Não existe qualquer necessidade — respondem ARENS/LÜKE, *Zivilprozeßrecht*, p. 399 — de se reconhecer a posse como um direito, no âmbito do § 771. Para os imóveis isso não teria sentido; para os móveis existe, nos casos em que a posse seja violada, o meio do protesto regulado no § 766 — a *Erinnerung*.

Quanto aos direitos de natureza obrigacional, são susceptíveis de conferir um *Widerspruchsrecht*, nos termos do § 771. Trata-se dos casos em que o terceiro tem sobre o devedor um direito à entrega da coisa (*Herausgabeanspruch gegen den Schuldner*). Vide A. BLOMEYER, ob. cit., p. 150, W. ZÖLLNER, *Materielles Recht und Prozeßrecht*, A.c.P., 1990, p. 488, e O. JAUERNIG, *Zwangsvollstreckungs- -und Insolvenzrecht*, p. 61.

([212]) "Quando a penhora, o arresto, o arrolamento, a posse judicial, o despejo ou qualquer outra diligência ordenada judicialmente, que não seja apreensão de bens em processo de falência ou de insolvência, ofenda a posse de terceiro, pode o lesado fazer-se restituir à sua posse por meio de embargos" (redacção do revogado art. 1037.º, n.º 1).

-96 vem permitir a alegação e a prova, pelo terceiro, de qualquer direito total ou parcialmente incompatível com o processo executivo.

Quer isto dizer que os embargos podem, hoje, ser deduzidos com um de dois fundamentos: ou o terceiro alega e prova que é possuidor, beneficiando da presunção da titularidade do direito nos termos do qual possui, ou alega e prova ser titular do direito incompatível com a execução em curso (*com a realização ou com o âmbito da diligência executiva*).

Este alargamento dos embargos, que os torna um meio não estritamente possessório, é totalmente acertado, porque admite a tutela de situações que, de outro modo, seria muito difícil, se não impossível, conseguir.

a) **Tipos**

A função dos embargos é *dúplice*, ora repressiva, ora preventiva.

Nos *embargos repressivos* (art. 351.º) pretende-se o levantamento da diligência judicial anteriormente realizada e a entrega da coisa ao embargante [213][214].

Pelo contrário, o fim dos *embargos preventivos* (art. 359.º) é o de evitar a efectivação da diligência susceptível de ofender a posse ou o direito incompatível do terceiro [215].

---

[213] Podem denominar-se, quando se fundamentem na posse, embargos de restituição da posse, à semelhança da acção de restituição da posse (art. 1278.º do C.C.).

[214] Refira-se que estes embargos devem ser deduzidos nos trinta dias a seguir à data em que a ofensa da posse ocorreu ou em que o terceiro teve conhecimento desta ofensa, embora nunca após a venda ou a adjudicação dos bens (cfr. art. 353.º, n.º 2). Para a contagem do prazo, *vide* o artigo 144.º, n.º 1.

[215] Estes embargos com função preventiva não podem ser requeridos, nem antes de ordenada a diligência judicial, nem após a realização dessa mesma diligência (art. 359.º, n.º 1).

Como é evidente, não podem ser deduzidos quando ainda não há um justo receio de esbulho ou quando, pelo contrário, o esbulho já ocorreu. Neste último caso têm cabimento os embargos repressivos.

Vide, sobre esta modalidade de embargos, LEBRE DE FREITAS/JOÃO REDINHA/ RUI PINTO, *Código de processo civil anotado*, vol. 1.º, p. 630 e s., e SALVADOR DA COSTA, *Os incidentes da instância*, p. 205 e ss.

b) Causa de pedir

Qual o *fundamento* para o pedido formulado, quer nos embargos repressivos, quer nos embargos preventivos?

Há que distinguir consoante o autor dos embargos se apresente como *possuidor*, como *mero detentor* ou, finalmente, como efectivo titular de um *direito* sobre a coisa que se tornou objecto da execução.

Se está em causa a defesa de uma *posse própria*, o embargante tem apenas de fundamentar o pedido na alegação de factos demonstrativos da sua posse (*corpus* e *animus*) [216]. Não tem de demonstrar ser titular do direito sobre o bem envolvido na execução, uma vez que, segundo o artigo 1268.º, n.º 1, do C.C., "o possuidor goza da presunção da titularidade do direito" [217].

O embargante deverá ainda indicar — sob pena de a petição de embargos vir a ser considerada *inepta* [218] — a *causa de pedir* da respectiva acção.

Nos casos em que alegue uma posse própria, o terceiro (embargante) tem de referir — nos termos do artigo 498.º, n.º 4 — "o facto jurídico de que deriva o direito real."

É esta, segundo o legislador, a causa de pedir nas acções reais [219] [220].

---

[216] *Vide*, quanto a este ponto, HENRIQUE MESQUITA, R.L.J., ano 125.º, p. 282.

[217] Sobre o valor probatório da posse, *vide* MOTA PINTO, *Direitos reais*, p. 204.

[218] No artigo 193.º, n.º 2, al. *a*), diz-se expressamente que a petição é inepta "quando falte ou seja ininteligível a indicação do pedido ou da causa de pedir." Trata-se de uma nulidade processual principal. Sobre esta nulidade, *vide*, por todos, ALBERTO DOS REIS, *Comentário ao Código de Processo Civil*, vol. 2.º, p. 359 e ss.

[219] Sobre a causa de pedir nas acções reais, *vide* ALBERTO DOS REIS, *Código de Processo Civil anotado*, vol. III, p. 122; ANSELMO DE CASTRO, *Processo civil (declaratório)*, vol. III, p. 392 e s., e ANTUNES VARELA/MIGUEL BEZERRA//SAMPAIO E NORA, *Manual de processo civil*, p. 711.

A lei portuguesa, ao exigir — nas acções reais — a indicação do facto jurídico de que deriva o direito, seguiu a denominada teoria da substanciação

Concretizando, o possuidor tem de alegar o *modo de aquisição* da posse que exerce sobre a coisa ([221])([222]).

— só há repetição da causa nos casos em que, portanto, o facto jurídico indicado seja o mesmo da acção anterior.

Numa acção de reivindicação o autor tem de alegar e provar um modo de aquisição originária (ocupação, usucapião, acessão) ou de aquisição derivada do direito de propriedade. Acrescente-se que neste último caso, não estando o direito registado em nome do autor, não é suficiente a prova de um contrato translativo do domínio (compra e venda, doação, troca), tornando-se necessário provar que o direito já existia na pessoa do transmitente.

Sobre este ponto, *vide* PIRES DE LIMA/ANTUNES VARELA, *Código Civil anotado*, vol. III, p. 115. Sobre a teoria da substanciação, consagrada no direito germânico (*Substantiierungstheorie*), *vide* BAUMBACH/LAUTERBACH/ALBERS//HARTMANN, *Zivilprozeßordnung*, p. 837 (anotação ao § 253 da ZPO).

([220]) Pode a posse ser vista como um direito?

Como observa HENRIQUE MESQUITA, *Direitos reais*, p. 85, "no plano físico ou naturalístico, a posse é realmente um facto."

A este facto, porém, atribui o legislador diversos efeitos jurídicos. A posse é negociável, transmissível por via hereditária, susceptível, não só de inscrição no registo predial, mas também de ser judicialmente defendida. A sua configuração é a de um direito oponível *erga omnes* e pode ser vista, consequentemente, como um direito subjectivo. Sobre a natureza jurídica da posse, e no mesmo sentido, MOTA PINTO, ob. cit., p. 214 e s., e MENEZES CORDEIRO, *Direitos reais*, vol. II, p. 874 e ss. Para este último Autor, a posse "é forçosamente um direito real."

Em sentido contrário, ORLANDO DE CARVALHO, *Introdução à posse*, R.L.J., ano 122.º, p. 105.

([221]) Por não terem sido alegados, numa petição de embargos de terceiro, "quaisquer factos donde se pudesse surpreender o modo como foi adquirida a posse sobre o bem penhorado", a Relação do Porto, em Ac. de 16 de Jun. de 1987, confirmou, acertadamente, o despacho de indeferimento liminar proferido pelo juiz *a quo*: cfr. C.J., 1987, t. III, p. 203 e ss.

([222]) O facto de se ter de fazer referência expressa ao modo de aquisição da posse, e ao *corpus* correspondente, não significa que só possa embargar de terceiro aquele cuja posse seja titulada, nos termos do artigo 1259.º do C.C.

Torna-se, quanto a nós, imprescindível distinguir estes dois planos.

O que tem de ser alegado — como *causa de pedir* — é a concreta causa de aquisição da posse ou o facto jurídico que a "transfere ou cria originariamente" (cfr. ORLANDO DE CARVALHO, est. cit., p. 320).

Não se confunda, no entanto, tal causa com o "modo de adquirir", a que o legislador faz referência no n.º 1 do artigo 1259.º do C.C., pois esta norma ocupa-se apenas do modo de aquisição do direito nos termos do qual

A posse, como é sabido, pode adquirir-se de forma *originária* ou de forma *derivada*. No primeiro caso, o embargante tanto pode alegar uma prática reiterada de actos materiais sobre a coisa penhorada (art. 1263.º, al. *a*), do C.C.), como uma das formas de inversão do título da posse previstas no artigo 1265.º do C.C.

Quanto à aquisição derivada, pode ter por fundamento várias causas: uma tradição material ou meramente simbólica da coisa (art. 1263.º, al. *b*), do C.C.); uma aquisição por *constituto possessório* (arts. 1263.º, al. *c*), e 1264.º do C.C.); uma *traditio brevi manu* ou, finalmente, uma sucessão na posse, nos termos do artigo 1255.º do C.C.

Importa frisar que na apreciação do *corpus* deve tomar-se sempre em linha de conta o alegado modo de aquisição da posse ([223]).

---

se possui ou, por outras palavras, da causa de aquisição do *direito* (cfr. ORLANDO DE CARVALHO, est. cit., p. 263).

Embora tenha de ser feita uma explícita referência ao *animus* e, por conseguinte, ao direito nos termos do qual se possui, a verdade é que, na petição de embargos, o terceiro não tem de alegar a existência de um negócio abstractamente susceptível de transferir — "independentemente quer do direito do transmitente, quer da validade substancial do negócio jurídico" — a propriedade ou outro direito real susceptível de posse.

O que tem de alegar — nos casos em que se fundamente na posse — é a concreta causa de aquisição da posse, consoante se trate de uma aquisição *originária* ou *derivada* (vide o art. 1263.º do C.C.), pois é essa a causa de pedir da pretensão deduzida em embargos de terceiro.

Como parece evidente, o embargante não está impedido de alegar e de vir a provar o título da posse (art. 1259.º, n.º 2, do C.C.), uma vez que a posse titulada releva para importantes efeitos (*vide*, por exemplo, os arts. 1254.º, n.º 2; 1294.º; 1296.º; 1298.º; 1299.º e 1300.º, n.º 2, do C.C.).

Em defesa da tese segundo a qual só pode embargar de terceiro aquele cuja posse seja titulada, pronuncia-se TEIXEIRA DE SOUSA, *A penhora de bens na posse de terceiros*, R.O.A., 1991, p. 77.

Contra a ideia de que é necessário indicar a causa da posse, *vide* LEBRE DE FREITAS, *A penhora de bens na posse de terceiros*, R.O.A., 1992, p. 319, nota 16. Este último Autor rejeita, contudo, a ideia de que só possa embargar de terceiro aquele que se arrogue possuidor nos termos de uma posse titulada.

([223]) Como explica HENRIQUE MESQUITA, *A posse*, E. P., vol. 4, p. 1430, a materialidade do *corpus* "varia conforme a coisa em questão e conforme se trate de aquisição originária ou derivada."

Assim, não pode deixar de atender-se a pretensão de um possuidor que, embora não alegando factos integradores de um domínio material sobre a coisa, tenha, por exemplo, adquirido a posse por via de um constituto possessório. Como teremos oportunidade de explicar mais à frente, os embargos de terceiro não podem restringir-se à tutela de situações de posse efectiva, pois existem casos em que à aquisição da posse não corresponde um efectivo empossamento.

Se, diversamente, se pretender a tutela de uma *situação de detenção*, o terceiro tem de alegar e provar a titularidade de uma determinada relação jurídica (*v.g.*, de locação) oponível aos embargados, fundamentando o seu direito num título válido e eficaz perante estes.

A causa de pedir, neste segundo grupo de casos, não é já o facto de que deriva a posse, mas antes o concreto negócio (a concreta relação creditória) no qual assenta a posição jurídica do detentor (*v.g.*, um contrato de arrendamento) ([224]).

([224]) Exemplifiquemos com um caso decidido pelos nossos tribunais.
Tendo sido requerida uma execução de despejo contra certa pessoa, um terceiro, arrogando-se a qualidade de sublocatário, veio deduzir embargos preventivos. O embargante, porém, limitou-se a pedir que não fosse efectuado o despejo material, uma vez que explorava há anos, no local, uma determinada oficina.
Por Ac. de 24 de Nov. de 1987, C.J., 1987, t. V, p. 195, a Relação do Porto julgou improcedentes os embargos.
O tribunal de segunda instância entendeu — tal como o juiz *a quo* — que o embargante "não alegou que a sua posse [devia, rigorosamente, falar--se em detenção] tivesse sido originada por qualquer título aquisitivo, sendo certo que não se encontram adquiridos factos que integram uma das diversas situações previstas no n.º 2 do artigo 986.º, do Cód. Proc. Civil [hoje, art. 60.º, n.º 2, al. *b*), do R.A.U.]."
Concordamos com a decisão proferida.
No caso, não só não tinha sido alegada a causa de pedir (*causa detentionis*), como nenhuma prova se fizera sobre ela.
Logo, os embargos, uma vez recebidos, só podiam ter tido um destino: o da improcedência.

Nas hipóteses em que o terceiro, sem alegar qualquer posse ou detenção, fundamenta os embargos num direito incompatível "com a realização ou o âmbito da diligência" levada a cabo no processo executivo, torna-se necessária a prova da efectiva titularidade do direito. A alegação, por exemplo, do direito de propriedade implica que o embargante tenha de provar a existência, na sua esfera, deste direito.

c) Legitimidade activa

Importa também averiguar *quem é terceiro para efeitos de dedução de embargos* ou, noutros termos, quem goza de *legitimidade activa* para os propor.

"Considera-se terceiro — dispunha o revogado artigo 1037.°, n.° 2 — aquele que não tenha intervindo no processo ou no acto jurídico de que emana a diligência judicial, nem represente quem foi condenado no processo ou quem no acto se obrigou."

De acordo com o texto legal, a noção de terceiro aferia-se tendo em conta a eficácia subjectiva que derivava do título executivo.

Devia, portanto, perguntar-se, perante o título (judicial [225]) ou extrajudicial), se o sujeito em causa tinha a aparente posição de devedor ou de titular da responsabilidade executiva. Em caso negativo, esse sujeito devia considerar-se terceiro para efeitos de dedução dos respectivos embargos.

Como explicava Alberto dos Reis, o embargante tinha a posição de terceiro, desde que nem a sentença nem o acto jurídico constituíssem para ele fonte de obrigação [226][227].

---

[225] "A expressão processo — explica Lopes Cardoso, *Manual da acção executiva*, p. 352 — designa o da acção condenatória em que foi proferida a sentença que se executa."

[226] *Processos especiais,* vol. I, p. 413.

[227] Segundo Anselmo de Castro, *A acção executiva singular, comum e especial,* p. 355, o conceito de terceiro aparecia formulado na lei com abstracção da acção executiva, e com referência exclusivamente ao facto da não sujeição à acção ou à sentença que se executava ou, quando o título fosse diferente, ao respectivo título.

Esta noção legal foi — com inteira razão — criticada e corrigida. Vejamos porquê.

Suponhamos que alguém, embora não vinculado pela eficácia que derivava de determinado título, via não só uma acção executiva instaurada contra si, como a apreensão de uma coisa pertencente ao seu património. Poderia esta pessoa reagir recorrendo a embargos de terceiro?

Apesar da redacção do n.º 2 do artigo 1037.º, devia responder-se negativamente a esta pergunta ([228]).

Uma vez instaurada contra tal sujeito — não responsável — uma acção executiva, apenas lhe seria possível reagir, baseando-se na sua *ilegitimidade passiva,* ou pela via dos embargos do executado (art. 813.º, al. c)), ou agravando — de acordo com o revogado regime do Código de 1961 — do despacho de citação (cfr. art. 812.º). Se o não fizesse, não podia ser-lhe concedida, posteriormente, uma segunda via de defesa, traduzida nos embargos de terceiro ([229]).

Devia, assim, concluir-se, mesmo à luz do regime anterior à Reforma de 1995-96, que não bastava, para se conferir legitimidade activa ao sujeito embargante, que ele fosse estranho relativamente ao título que servisse de base à execução. Tornava-se indispensável que fosse um *terceiro estranho ao processo executivo.*

([228]) Não seguimos, neste ponto, ALBERTO DOS REIS, *Processo de execução,* vol. I, p. 399 e s.

Encontramos, no entanto, apoio em ANSELMO DE CASTRO, ob. cit., p. 356, nota 1, em LOPES CARDOSO, ob. cit., p. 352 e ss., e em CASTRO MENDES, *Direito processual civil,* vol. III, p. 397 e s.

Afirma este último Autor: "o executado parte ilegítima é executado, e não terceiro. Cabe-lhe embargar de executado, e não de terceiro."

([229]) "Seria absurdo — escreve LOPES CARDOSO, ob. cit., p. 353 — que, depois de o executado deixar perimir o direito de alegar, mediante embargos de executado, a sua ilegitimidade, por não figurar como devedor no título executivo, nem ser sucessor de quem como devedor no título figure, ainda se consentisse a renovação da mesma questão, com outro nome, em embargos de terceiro."

Hoje, o problema está ultrapassado e o artigo 351.º, n.º 1, não deixa margens para dúvidas: pode embargar de terceiro "quem não é parte na causa."

Suponhamos, agora, que o acto judicial de apreensão recai sobre coisas pertencentes ao património de um sujeito responsável, obrigado segundo o título, mas não demandado na acção executiva. Sendo apreendidos bens pertencentes a este sujeito, terá ele *legitimidade activa* para se defender através de embargos de terceiro?

Nos termos do artigo 351.º, n.º 1, pode, à primeira vista, considerar-se terceiro para efeitos de dedução de embargos. Razão: o terceiro não é parte na acção executiva.

Já antes da Reforma de 1995-96 se defendia que também neste ponto era preciso ultrapassar os estritos termos da lei (art. 1037.º, n.º 2) e que o recurso a tais embargos não podia ser vedado ao terceiro responsável que não adquirisse no processo, formalmente, a posição de executado.

Se o processo executivo — argumentava-se — não seguiu *ab initio* contra a pessoa responsável, mas acabou por incidir, intencionalmente, sobre uma coisa pertencente ao seu património, a este sujeito — não demandado e não citado para a execução — não foi dada a possibilidade de se defender através de embargos do executado. Logo, concluía-se, seria solução grave e injusta negar-lhe, igualmente, o recurso aos embargos de terceiro [230].

No entanto, como sustentava ANSELMO DE CASTRO, os embargos de terceiro eram, para a hipótese em análise, "inapropriados" [231].

---

[230] CASTRO MENDES, ob. cit., p. 396, após apresentar um caso concreto em que a apreensão judicial recaiu sobre o património de uma pessoa responsável, mas não demandada no processo executivo, afirmava: "(...) é absurdo não reconhecer a possibilidade de embargar de terceiro, apesar de o art. 1037.º, n.º 2, poder dar lugar a dúvidas."

[231] Para as hipóteses em que são apreendidos judicialmente bens de "obrigados ao título não demandados para a execução", ANSELMO DE CASTRO, ob. cit., p. 356 e s., distingue duas situações:

Primeira: a coisa do terceiro responsável não demandado é penhorada como se pertencesse à pessoa efectivamente demandada;

Como veremos numa fase posterior do presente trabalho, através deste meio de oposição o terceiro apenas pode — fundadamente — pretender tutelar situações possessórias ou direitos insusceptíveis de serem atingidos pelo processo executivo. A pretensão do terceiro embargante tem, deste modo, de assentar em razões substantivas que permitam concluir pela oponibilidade da sua posição.

Ora, se o sujeito — titular da responsabilidade executiva — não foi demandado, parece evidente que apenas pode reagir alegando, se for caso disso, a violação das regras que, formalmente, lhe atribuem legitimidade necessária passiva para a execução.

Estamos, por isso, inteiramente de acordo com ANSELMO DE CASTRO, quando escreve, conforme já referimos, que, na hipótese em análise, "a defesa naturalmente indicada e apropriada é a que cabe ao executado não citado: a anulação da execução" ([232]).

O terceiro responsável que veja o seu património atingido, tendo havido violação da regra que impunha a sua demanda, pode, nos termos do artigo 921.º, requerer a anulação da execução.

Segundo este preceito, "se a execução correr à revelia do executado e este não tiver sido citado, quando o deva ser (...), pode o executado requerer a todo o tempo, no processo de execução, que esta seja anulada."

O meio regulado no artigo 921.º deverá, deste modo, estender-se não só àquele que, tendo sido expressamente demandado

---

Segunda: a coisa do terceiro responsável não demandado é penhorada como pertencente, de facto, ao seu património.

Para o Autor, os embargos de terceiro têm pleno cabimento na primeira situação.

Mas já para a segunda hipótese, entende ANSELMO DE CASTRO que esses embargos são inapropriados. A defesa naturalmente "indicada e apropriada" seria, antes, a que cabe ao executado não citado: a anulação da execução. Isto porque o terceiro não está "em situação diversa de quem *expressis verbis* é demandado para a execução."

Terceiro, para efeitos de dedução de embargos de terceiro, seria, portanto, "só aquele cujos bens estejam a ser excutidos como se fossem do executado, isto é, dissimuladamente dados como bens deste."

([232]) Ob. cit., p. 357.

para a acção executiva, acabou por não ser citado, mas também àquele contra quem a execução devia ter sido proposta e que, apesar de não haver sido demandado, viu a execução incidir sobre bens pertencentes ao seu património.

Uma vez anulada, a acção executiva terá de ser, necessariamente, proposta contra o terceiro.

Avançamos, desde já, que este entendimento só se torna possível se dermos ao termo "executado" — constante do artigo 921.º — o sentido material que assinalámos na parte final do capítulo I.

Esta questão será desenvolvida mais tarde.

Nos termos do revogado artigo 1037.º, n.º 2 (*in fine*), o próprio condenado ou obrigado podia deduzir embargos de terceiro quanto aos bens que, pelo título da sua aquisição ou pela qualidade em que os possuísse, não devessem ser atingidos pela diligência ordenada.

Possibilitava-se, assim, que os embargos, em certos casos, viessem a ser propostos por aquele contra quem, formalmente, foi dirigida a execução, ou seja, pelo *executado*. Denominavam-se, por isso, *embargos de terceiro do executado*.

A Reforma de 1995-96 veio extinguir estes embargos e criou um meio que, em termos amplos, permite ao executado reagir contra uma penhora ilegal: o meio da *oposição à penhora*, regulado nos artigos 863.º-A e 863.º-B [233].

Através deste meio, o executado tem a possibilidade de reagir contra a penhora de bens que lhe pertençam, com fundamento nas razões fixadas nas três alíneas do artigo 863.º-A.

Em primeiro lugar, poderá alegar razões que tornem inadmissível a penhora dos bens ou que ponham em causa a extensão com que esta foi efectuada.

Em segundo lugar, através da oposição regulada no artigo 863.º-A, tem o executado a possibilidade de reagir contra a penhora imediata de bens que "só subsidiariamente respondam pela dívida exequenda."

---

[233] *Vide*, sobre o novo incidente da oposição à penhora privativo do executado, LEBRE DE FREITAS, *A acção executiva*, p. 235 e ss.

Por último, pode o executado opor-se à penhora de bens que, nos termos do direito substantivo, "não deviam ter sido atingidos pela diligência."

Trata-se de mais um incidente da execução, como, de resto, afirma expressamente o legislador no n.º 1 do artigo 863.º-B, devendo o requerimento da oposição ser apresentado pelo executado "no prazo de 10 dias, contados da data em que deva considerar-se notificado da realização do acto da penhora (...)" (art. 863.º-B, n.º 2).

d) Legitimidade passiva

Não é suficiente saber quem tem legitimidade activa para deduzir os embargos. Interessa também averiguar quem tem *legitimidade passiva* para os contestar.

O n.º 1 do artigo 357.º dispõe que são notificadas para contestar os embargos "as partes primitivas."

Os embargos devem seguir contra o exequente e contra o executado, independentemente de saber quem nomeou o bem à penhora [234].

e) Posse

Como se disse, através dos embargos pode alegar-se um direito, uma situação possessória ou, por último, uma relação de detenção.

Arrogando-se o embargante detentor, já o referimos, tem de alegar e provar a titularidade de um direito oponível aos embargados.

Já nas hipóteses em que pretenda tutelar uma situação possessória, o terceiro embargante terá, obviamente, de alegar e provar determinada posse sobre os bens que são alvo da apreensão judicial.

---

[234] *Vide* sobre a questão, à luz do regime anterior à Reforma de 1995--96, ALBERTO DOS REIS, *Processos especiais,* vol. I, p. 430, e *Embargos de terceiro*, R.L.J., ano 87.º, p. 166 e s., LOPES CARDOSO, *Manual da acção executiva,* p. 356, ANSELMO DE CASTRO, ob. cit., pp. 164 e 359, e DUARTE PINHEIRO, *Fase introdutória dos embargos de terceiro,* p. 48 e ss.

Sobre o actual artigo 357.º, n.º 1, consultar TEIXEIRA DE SOUSA, *Acção executiva singular,* p. 302.

Tem-se perguntado que tipo de *posse* é susceptível de fundamentar os embargos.

Só poderá embargar de terceiro aquele que seja, além de possuidor, titular do direito com base no qual possui — isto é, aquele que tenha uma *posse causal*?

Figuremos o seguinte exemplo: *A* vende a *B*, por simples escrito particular, um prédio rústico que imediatamente é ocupado pelo comprador. Sendo este prédio penhorado numa execução proposta contra *A*, poderá *B* defender a sua posse através de embargos de terceiro?

A posse de *B* fundamenta-se num direito aparente, pois sendo a venda nula por vício de forma (arts. 220.º e 875.º do C.C.), nenhum direito pode ter sido transmitido ao adquirente. Logo, *B* é um mero possuidor formal.

Mas este facto não pode, obviamente, impedir a dedução de embargos de terceiro.

Questão diferente é a da procedência, nestes casos, dos embargos. Isto porque, levantando o embargado a denominada *exceptio dominii*, os embargos podem vir a ser julgados improcedentes [235].

Outro problema discutido é o de saber se pode embargar de terceiro, com fundamento na posse, aquele que não seja titular de uma *posse efectiva* [236][237].

---

[235] *Vide* CASTRO MENDES, ob. cit., p. 399 e ss., e G. MARQUES DA SILVA *Curso de processo civil executivo*, p. 96.

[236] Enquanto "para a posse efectiva ou material é *indispensável* e *essencial* a existência de uma acção directa do *agente* (possuidor) sobre a coisa (...) objecto da posse — escreve COUTO ROSADO, *Embargos de terceiro no Código de Processo Civil*, p. 28 —, para a posse civil essa acção directa é *totalmente dispensada*, sendo somente necessário que a lei lhe confira existência legal."

O Autor recorda que o problema de saber qual destas posses é susceptível de fundamentar os embargos surgiu com a entrada em vigor do Código de Processo Civil de 1876. Na verdade, contrariamente ao artigo 635.º da Novíssima Reforma Judiciária — que exigia, de forma expressa, a posse efectiva ("effectiva posse na cousa penhorada") —, o artigo 922.º do Código de 1876

Consideremos a seguinte situação: *A*, proprietário de um andar, arrenda-o a *B*, passando este a gozar a coisa.

Sendo o andar indevidamente penhorado em determinada execução, poderá o proprietário embargar de terceiro?

Se se entender que somente a posse efectiva é susceptível de fundamentar os embargos, *A*, no exemplo apresentado, não poderá defender-se com base na posse, uma vez que não exerce, efectivamente, poderes de facto sobre a coisa penhorada; não é titular, noutros termos, de uma posse efectiva. A única via aberta consistiria, neste caso, na prova do direito de propriedade.

O conceito de posse, no entanto, não se esgota numa ideia de posse efectiva, sendo incorrecto defini-lo ou delimitá-lo à luz da linguagem corrente, que alia à posse — como é sabido — a ideia de uma "retenção" material da coisa.

O conceito jurídico parte sempre — no nosso sistema — do *corpus* e do *animus*, mas, em certos casos, o *corpus* é pressuposto ou ficcionado. Quer dizer, ao *corpus possessionis* pode não corresponder uma efectiva apreensão material da coisa ou um exercício de poderes de facto sobre ela.

Como escrevem PIRES DE LIMA e ANTUNES VARELA [238], "o *corpus* é apresentado neste artigo — os Autores referem-se ao artigo 1251.º do C.C. — como elemento essencial da posse, o que não impede que, excepcionalmente, em casos de *posse derivada*, a lei pressuponha o *corpus* independentemente da apreensão material da coisa."

---

deixou de fazer referência a tal tipo de posse, empregando este conceito no seu sentido genérico.

Nascia assim o problema em análise, como se comprova pelo número de decisões judiciais divergentes a que COUTO ROSADO faz exaustiva referência nas pp. 30 a 37.

Problema, diga-se, que se manteve no domínio do Código de Processo Civil de 1939 (o art. 1036.º referia-se, tão-somente, à "posse de terceiro") e que, não sendo resolvido no Código de 1961, nem pela Reforma de 1995--96, ainda hoje é objecto de controvérsia.

[237] Sobre este problema, *vide* CASTRO MENDES, ob. cit., p. 410 e ss.
[238] *Código Civil anotado*, vol. III, p. 5.

Ora, nos casos em que os embargos de terceiro visem, em geral, a tutela do possuidor, a lei processual não impõe — nem haveria, diga-se, qualquer interesse relevante nesse sentido — a limitação destes embargos às situações de posse efectiva.

No primeiro caso apresentado, *A* é titular de uma posse fundada no direito de propriedade e *B*, como arrendatário, um mero detentor.

Não pode dizer-se que *A* seja titular de uma posse efectiva, uma vez que não exerce poderes de facto sobre a *res* ([239]).

Há, contrariamente, quem afirme que o proprietário, nesta hipótese, continua a ter a *posse efectiva*, exercendo-a através daquele que possui em seu nome, isto é, através, neste caso, do arrendatário. É a posição defendida por ALBERTO DOS REIS ([240]) e que, segundo outros, se pode hoje basear no n.º 1 do artigo 1252.º do C.C. ([241]). De acordo com esta norma, "a posse tanto pode ser exercida pessoalmente como por intermédio de outrem."

Será aceitável este entendimento?

Não nos parece.

Esta concepção mais não faz do que desvirtuar a noção de posse efectiva. É evidente que esta só pode pertencer ou ser atribuída àquele que exerça, efectivamente, poderes de facto sobre uma coisa. Aliás, é precisamente desta ideia que o legislador parte logo no n.º 2 do artigo 1252.º do C.C., ao estabelecer que "em caso de dúvida, presume-se a posse naquele que exerce o poder de facto (...)."

([239]) "Posse efectiva, escreve OLIVEIRA ASCENSÃO, *Direito civil — reais*, p. 102, é a que tem correspondência na situação de facto."

([240]) *Processos especiais*, vol. I, p. 404 e ss., e R.L.J., ano 87.º, p. 180 e s.

([241]) Orientação seguida no Ac. da Relação do Porto de 12 de Abr. de 1983, sumariado no B.M.J., n.º 326, p. 525: "Quando o possuidor cede a detenção ou a fruição real e efectiva a alguém que fica possuindo em seu nome, não perde essa posse — artigo 1252.º, n.º 1, do Código Civil. É o caso do senhorio, em relação ao locatário. Este exerce a posse em nome daquele, ou, por outras palavras, o senhorio exerce a posse do locado (posse real e efectiva) através do arrendatário (...)."

Quer dizer, o exercício de poderes de facto que caracteriza a posse efectiva pertence, no caso, unicamente ao inquilino (*B*), daí derivando, até, uma presunção de posse que pode ser ilidida pelo senhorio, provando que existe um contrato de arrendamento e, consequentemente, uma mera detenção ([242]).

Mas nenhuma dúvida pode haver de que o senhorio é, ele próprio, possuidor nos termos do direito de propriedade. Ora, ao afirmar-se — com base na lei (art. 1252.º, n.º 1, do C.C.) — que o *corpus*, relativo à posse do senhorio, ainda existe, está a recorrer--se a uma ficção, na medida em que os poderes de facto relativos à coisa não são exercidos por ele, mas por outrem em seu nome.

A pressuposição ou a ficção do *corpus* — que, na realidade, não pertence a *A* — permite afirmar que o senhorio continua a ser possuidor, mas, obviamente, nos termos de uma posse jurídica (incorporal), e não de uma posse efectiva ou de facto. Trata-se, fazendo uso da terminologia italiana, de um "possessore non detentore" ([243]).

Isto, porém, não o impede de recorrer aos embargos de terceiro, defendendo a sua posse ([244]) contra uma qualquer diligência judicial e furtando-se à maior complexidade que reveste a alegação e a consequente prova do direito de propriedade ([245])([246]).

([242]) Cfr. Pires de Lima/Antunes Varela, *Código Civil anotado*, vol. III, p. 8.

([243]) A hipótese apresentada configura, para a doutrina italiana, um caso de posse indirecta ou mediata. Existe uma posse "senza potere di fatto proprio."

Como escreve R. Sacco, *Il possesso*, p. 13, "a ingerência do detentor constitui um limite à ingerência do possuidor indirecto."

([244]) Esta defesa, uma vez julgada procedente, acaba por beneficiar o "possuidor" imediato.

([245]) Neste sentido, Lebre de Freitas, *A penhora de bens na posse de terceiros*, R.O.A., 1992, p. 320, nota 18, onde escreve: "Indiferente é também que a posse do embargante seja efectiva ou meramente jurídica, isto é, independente do contacto material com a coisa (cf. arts. 1264.º e 1255.º CC); ou que seja exercida directamente ou por intermédio de outrem (art. 1252.º-1 CC)."

Em defesa desta posição, Sá Carneiro, *Dos meios possessórios (embargos de terceiro)*, R.O.A., 1950, p. 416.

Acrescente-se que o locatário tem a obrigação, nos termos da al. *h*) do artigo 1038.º do C.C., de avisar o locador da ofensa ou ameaça de violação da posse, a fim de que o segundo possa defendê-la, designadamente, quando for caso disso, através de embargos de terceiro.

Dirigindo-se os embargos contra um *esbulho*, perguntar-se-á: como pode, afinal, o possuidor indirecto ser esbulhado por um acto judicial?

O esbulho priva alguém, contra a sua vontade, do poder que exerce sobre uma coisa ([247]).

Ora, como acabámos de ver, o possuidor indirecto ou mediato só ficticiamente é titular de um *corpus possessionis*.

A dúvida é, no entanto, ultrapassável.

([246]) O Ac. da Relação do Porto de 11 de Jun. de 1987, C.J., 1987, t. III, p. 193 e ss., recaiu sobre um caso em que, contra a penhora de três imóveis, foram deduzidos embargos de terceiro por alguém que se afirmava possuidor nos termos de um direito de nua propriedade.

A penhora fez-se como se os imóveis pertencessem em propriedade plena à executada, que era usufrutuária, não se tendo respeitado, portanto, o direito do nu proprietário.

O juiz da primeira instância indeferiu liminarmente os embargos porque, em seu entender, o embargante não fizera referência a actos materiais integradores do *corpus*.

A Relação atendeu o agravo interposto pelo terceiro e revogou o despacho recorrido. E decidiu bem.

Como justamente se afirma no texto do Ac., "os factos alegados na petição integram uma situação jurídica de posse (...)."

Escreve-se também que o "embargante, como titular do direito de nua propriedade, tem a respectiva posse mas exerce-a através de representante, ou seja, através da usufrutuária, como permite o art. 1252.º, n.º 1, do Cód. Civil. É o fenómeno da representação na posse (...)."

Quer dizer, o embargante não só tinha o *animus*, como o *corpus* relativo à posse nos termos do direito de nua propriedade.

Note-se, contudo, que o nu proprietário não tem, ao contrário do usufrutuário, qualquer domínio de facto sobre os bens a que o seu direito se reporta, ou seja, não é titular de uma posse efectiva. O *corpus* é, deste modo, à luz do artigo 1252.º, n.º 1, do C.C., ficcionado e a posse a defender por embargos uma posse meramente jurídica e não efectiva.

([247]) *Vide*, sobre a noção de esbulho, para além dos autores já citados, L. Barassi, *Diritti reali e possesso*, vol. II, p. 326 e ss.

Segundo o entendimento que se nos afigura correcto, a noção de esbulho deve acompanhar a própria noção de posse. Quer dizer, onde haja uma posse jurídica (não factual), o esbulho não se traduz, relativamente ao possuidor mediato, numa violação dos poderes de facto, mas, antes, numa ofensa da posse jurídica ([248]).

Mas, concretamente, que tipo de ofensa?

Como explica R. Sacco, "o esbulho deve ser [também] averiguado com referência à situação jurídica a que corresponde a posse (indirecta) do sujeito lesado: portanto, o esbulho inicia-se no momento em que o comportamento (...) do terceiro seja incompatível com a subsistência da posse indirecta" ([249]).

Mas a verdade é que, independentemente da reacção do locador, a lei confere ao locatário a possibilidade de embargar de terceiro, não para defesa da posse daquele em cujo nome possui, mas, ao invés, para defesa da sua própria situação de detenção (art. 1037.º, n.º 2, do C.C.). A este ponto havemos de regressar numa fase ulterior do trabalho.

Outra situação em que não existe posse efectiva é a do chamado *constituto possessório*, regulado no artigo 1264.º do C.C.

Suponhamos que *A*, proprietário de um prédio rústico, o vende a *B*, mas acorda com o comprador continuar a cultivar o imóvel como arrendatário. Sendo o prédio penhorado numa execução instaurada contra *A*, poderá *B*, com fundamento na posse, deduzir embargos de terceiro?

B, após a alienação efectuada, passa a ser proprietário e possuidor. Mas à entrada na posse — posse, refira-se, nos termos do direito de propriedade —, por parte de *B*, não correspondeu um efectivo empossamento.

Mais uma vez, excepcionalmente, a lei pressupõe o *corpus*, para que, deste modo, *B* possa ser considerado possuidor.

Perante uma penhora e, portanto, perante uma ofensa da posse, *B* tem a faculdade de embargar de terceiro, para além, já

([248]) Observemos que o legislador, no artigo 351.º, não fala em esbulho, mas em ofensa da posse.

([249]) *Il possesso*, p. 71.

o sabemos, do próprio arrendatário, que pode igualmente, através de embargos, defender a sua detenção.

Devemos, assim, concluir que os embargos, fundados na posse, só devem ser indeferidos, por falta de alegação de factos materiais integradores do *corpus*, nos casos em que não tenha sido alegada uma posse jurídica, ou seja, aquela posse em que o *corpus* é ficcionado pela lei ([250]).

([250]) O Ac. da Relação de Évora de 7 de Fev. de 1985, C.J. 1985, t. I, p. 310 e ss., ao contrário daquilo que, estranhamente, nele se afirma, incidiu sobre um caso em que não coincidiam a posse jurídica e a posse efectiva.

O caso concreto era o seguinte: realizado um inventário obrigatório, foram adjudicados determinados bens a certas pessoas.

Os bens em causa vieram a ser penhorados numa execução proposta contra um terceiro e os adjudicatários deduziram embargos.

Estes embargos foram rejeitados pelo tribunal da primeira instância, fundamentando-se o juiz na circunstância de os embargantes não terem alegado factos integradores do conceito de posse e, portanto, de uma posse material.

Mas a decisão veio, fundadamente, a ser revogada pela Relação de Évora.

Segundo o artigo 2050.º, n.º 1, do C.C., "o domínio e posse dos bens da herança adquirem-se pela aceitação, independentemente da sua apreensão material."

Trata-se, pois, de mais um caso em que a posse prescinde do *corpus* ou de um exercício de poderes de facto sobre a coisa.

Como se sustenta no Ac., a penhora, ao recair sobre tais bens, ofendeu a posse dos terceiros e estes podiam embargar nos termos do artigo 1037.º, n.º 1 (actual art. 351.º).

Afirma-se expressamente no aresto:

"Nem temos de indagar se a posse dos embargantes se tem concretizado em actos de uso e fruição, isto é, se tem sido uma posse efectiva. Nem isso foi posto em causa pelos embargados, nem o citado art. 2050.º, n.º 1, do C.Civil o exige, pois que reconhece a posse dos bens da herança, quando aceite '*independentemente da sua apreensão material*'."

Desacertada e inconsequente é a conclusão, enunciada no texto do Ac., de que estamos perante um caso em que não se deve dissociar a posse jurídica da posse efectiva. O caso mostra, precisamente, o contrário: falta a posse efectiva, mas não deixa de haver uma situação possessória, embora, claro está, meramente jurídica.

No Ac. da Relação de Coimbra de 16 de Jun. de 1987, C.J., 1987, t. III, p. 39 e ss., entendeu-se que "quem invoca o seu direito de propriedade e a posse que, por inerência, lhe corresponde, não precisa de estar a descrever os factos materiais que pratica sobre a coisa, ou o modo como está a fruí-la.

f) Viabilidade da pretensão

Uma vez apreciada a petição inicial relativa aos embargos de terceiro, o juiz deve proferir, nos termos gerais, um *despacho liminar*, que tanto pode revestir a forma de um *despacho-convite*, sempre que a petição se apresente deficiente ou irregular ([251]), como dar origem ao *indeferimento liminar* da petição, com fundamento na 1.ª parte do artigo 354.º.

Mas pode, por último, traduzir-se num *despacho de deferimento*, através do qual o juiz ordena a inquirição das testemunhas indicadas pelo autor.

Após a apreciação da prova (testemunhal e documental), deve ser proferido um novo despacho — análogo ao despacho liminar ([252]) — de *recebimento* ou de *rejeição* dos embargos deduzidos pelo terceiro (art. 354.º, *in fine*).

À parte contrária — acrescenta-se — (...) competirá provar que não obstante a embargante ser proprietária, não exerce contudo a posse que pretende defender."

A solução — ainda segundo o Ac. — fundamenta-se nas "regras da experiência", uma vez que, segundo estas, o proprietário é possuidor.

O problema não está, em nosso entender, colocado nos seus devidos termos.

Se o embargante alega uma posse, tem necessariamente de indicar a respectiva causa de aquisição.

Depois, tendo em conta tal causa, tem de averiguar-se se o embargante caracterizou ou não devidamente o *corpus* relativo a essa concreta posse.

Não deve assim, sem mais, partir-se do direito de propriedade alegado para concluir — com base nas regras da experiência — que não é necessário exigir a descrição de factos demonstrativos de um determinado poder de facto.

([251]) A lei não prevê, é certo, esta possibilidade, mas regula, em termos muito genéricos o indeferimento liminar. Ora, dificilmente se compreenderia que o juiz pudesse — perante a petição de embargos — proferir um despacho de indeferimento liminar e estivesse inibido de convidar o autor a corrigir o articulado, tentando assegurar, desta forma, o regular andamento do processo.
Sobre o despacho de aperfeiçoamento, à luz da Reforma de 1995-96, vide ABRANTES GERALDES, *Temas da reforma do processo civil,* vol II, p. 73 e ss.

([252]) Como explica LOPES CARDOSO, *Manual da acção executiva*, p. 359, "o despacho de recebimento nada mais é do que um segundo e definitivo despacho de admissão da acção."

Tanto o despacho liminar, como o despacho de recebimento inserem-se na *fase introdutória* dos embargos. Nesta fase compete ao juiz fazer uma apreciação — ainda que sumária — das *condições mínimas de procedência* da pretensão do autor.

Consequentemente, o julgador deve ficar convencido quer quanto à posição jurídica do embargante, quer quanto à *viabilidade da pretensão* deduzida nos embargos.

A pretensão é *viável* quando o pedido de tutela formulado pelo embargante tem probabilidades de êxito.

O juízo sobre a viabilidade ou plausibilidade pode, em nosso entender, ser efectuado, no âmbito desta fase introdutória, em dois momentos:

1.º) No despacho liminar;
2.º) No despacho de recebimento.

Apesar de a Reforma de 1995-96 ter eliminado o indeferimento liminar, numa das suas inovações mais discutíveis ([253]), essa possibilidade mantém-se em certos casos (art. 234.º-A). É o que acontece nos embargos de terceiro, estabelecendo o art. 354.º (1.ª parte), em termos muito genéricos, a faculdade de o juiz indeferir liminarmente a petição dos embargos. E isso não pode deixar de acontecer quando, por exemplo, for evidente que a pretensão do autor não tem condições de procedência ([254]).

([253]) Sobre a muito criticável eliminação do despacho judicial de indeferimento liminar, *vide*, por todos, A. VARELA, *A Reforma do processo civil português — Principais inovações na estrutura do processo declaratório ordinário*, R.L.J., ano 130.º, p. 98 e ss.

([254]) Posição contrária — defendida por CASTRO MENDES, *Direito processual civil,* vol. III, p. 414 — foi seguida no Ac. da Relação do Porto de 16 de Jun. de 1987, C.J., 1987, t. III, p. 204.

"Na problemática de saber se o tribunal poderá proferir despacho de indeferimento liminar nos embargos de terceiro — dizia o Ac. —, ter-se-ão de ter presentes os casos enunciados no artigo 474.º do C. P. Civil [art. revogado pela Reforma de 1995-96], sendo certo que afastada fica a hipótese consignada na segunda parte da al. *c*) daquela disposição legal, por se tratar de processo especial e a ele se aplicar, subsidiariamente, as disposições próprias do processo sumário (art. 463.º, n.º 1, do C.P. Civil)."

Se, porventura, o juiz não se aperceber, imediatamente, da inviabilidade dos embargos, pode, após a apreciação da prova, rejeitá-los com esse fundamento. Na verdade, a rejeição — regulada na 2.ª parte do artigo 354.º — deverá ocorrer sempre que não exista "probabilidade séria da existência do direito invocado pelo embargante."

Esta formulação necessita de ser interpretada com cuidado, pois pode haver uma probabilidade séria da existência do direito e o juiz, apesar disto, ver-se obrigado a rejeitar os embargos. Não basta, pois, para o recebimento, a probabilidade séria da existência do direito, tornando-se necessário verificar se o direito é susceptível

---

Acrescentava-se que "uma das normas a aplicar é a do artigo 784.º (...), a qual tem sido interpretada no sentido de não ser possível o indeferimento liminar com o fundamento na inconcludência manifesta da pretensão do autor (leia-se embargante)."

E concluía-se nos seguintes termos: "Colocada assim a questão, ter-se-á de aceitar que não poderá haver lugar ao indeferimento *in limine*, em embargos de terceiro, com o fundamento de inconcludência da pretensão do embargante."

Não parecia fundada esta argumentação.

O processo dos embargos só seguia a forma sumária após ser proferido o despacho de recebimento da petição.

Era bem claro o disposto no artigo 1042.º: "recebidos os embargos, observar-se-á o disposto nos artigos 1033.º a 1036.º(...)."

Até ser proferido tal despacho, aplicavam-se as regras próprias dos embargos e, na falta de disposição especial, observava-se o que se achasse estabelecido para o processo ordinário (art. 463.º, n.º 1).

Não havia, deste modo, qualquer fundamento para afastar a aplicação do disposto na segunda parte da al. c) do revogado artigo 474.º, n.º 1.

Aliás, já Alberto dos Reis, precisamente a propósito dos embargos de terceiro, sustentava, *Processos especiais,* vol. I, p. 440, que "o despacho regulado no artigo 481.º [correspondente ao revogado art. 474.º] visa cortar o passo à causa quando ocorre alguma das circunstâncias mencionadas nos n.ᵒˢ 1.º, 2.º e 3.º; (...)." Ora, neste n.º 3 permitia-se, tal como hoje, o indeferimento *in limine* da petição quando fosse evidente, por qualquer motivo, a improcedência da pretensão do autor.

Admitindo o indeferimento liminar dos embargos à luz do revogado artigo 474.º, n.º 1, al. *c*), *in fine, vide* o Ac. da Relação de Lisboa de 2 de Fev. de 1995, na C.J., 1995, t. I, p. 113.

Sobre o âmbito actual do indeferimento liminar nos embargos de terceiro, *vide* Salvador da Costa, *Os incidentes da instância,* p. 196 e s.

de ser oposto à execução — se é, numa palavra, incompatível com o processo executivo em curso.

Assim, por exemplo, os embargos deduzidos por um terceiro comodatário, contra uma penhora, não devem ser recebidos, apesar de o juiz ficar convencido da qualidade do embargante.

Veremos, mais adiante, porquê.

Sintetizando: tanto no despacho liminar, como no despacho de recebimento, podem os embargos ser, respectivamente, indeferidos ou rejeitados nas hipóteses em que se revelem inviáveis ou, à partida, sem qualquer probabilidade de êxito ([255]).

A conclusão de que os embargos são inviáveis ou infundados implica um juízo sobre o *fundo ou mérito* da pretensão. O juiz, não se satisfazendo com o facto de o embargante se apresentar como terceiro e possuidor ou titular do direito, deve tentar sempre averiguar se se verificam as *condições* indispensáveis para a procedência do pedido formulado pelo embargante.

Mas que condições devem ser tidas em conta pelo juiz no momento em que formula o *juízo de prognose* relativo à viabilidade da pretensão?

Inserindo-se o acto judicial no âmbito de um *processo executivo para entrega de coisa certa*, deve o juiz pôr em confronto a concreta situação alegada pelo terceiro embargante ([256]), e o direito que o exequente pretende efectivar.

([255]) O juiz convence-se, na feliz expressão de ALBERTO DOS REIS, ob. cit., p. 443, de que os embargos estão "condenados a naufrágio certo."

E acrescenta: "Temos, pois, que o juiz pode rejeitar os embargos não só com o fundamento de não estar feita a prova da posse ou de estar à vista que o embargante não é terceiro, senão também com qualquer outro fundamento que demonstre a fragilidade do meio possessório empregado pelo embargante.

Por outras palavras, ao pronunciar o despacho de recebimento ou rejeição, o juiz tem diante de si este problema: os embargos apresentam condições de êxito, os embargos são *viáveis*?

Se sim, recebe; se não, rejeita."

"Pretensão evidentemente inviável — escreve o mesmo Autor, *Código de Processo Civil anotado,* vol. II, p. 379 — é a pretensão a que falta, manifestamente, alguma das condições indispensáveis para que o tribunal, ao julgar do mérito, possa acolhê-la."

([256]) Como já se disse, o terceiro pode hoje limitar-se a alegar a titularidade de um direito, não tendo de fazer alusão a qualquer situação possessória.

Interessa saber, *sumariamente*, se, em face do direito substantivo, o embargante se apresenta como titular de uma situação oponível ao exequente.

Já nos casos em que a oposição do terceiro se dirige contra uma penhora (ocorrida num *processo executivo para pagamento de quantia certa*), não é suficiente a oponibilidade do direito do embargante.

Deve, também, averiguar-se — de forma sumária e sempre que isso seja possível — se o direito nos termos do qual o terceiro possui ou detém (ou se o direito invocado, nos casos em que não haja alegação de qualquer posse) é susceptível de caducar por efeito da venda executiva.

Deve, por outras palavras, atender-se — no momento em que se formula o juízo sobre a viabilidade dos embargos — ao disposto no n.º 2 do artigo 824.º do C.C., relativo aos efeitos da venda executiva [257][258].

---

[257] A tese segundo a qual, no estrito domínio da penhora, só pode embargar de terceiro aquele cuja posse se fundamenta num direito que subsista após a venda executiva é defendida por TEIXEIRA DE SOUSA.

"(...) A tutela concedida à posse do terceiro — escreve o Autor, *A penhora de bens na posse de terceiros*, R.O.A., 1991, p. 79 — depende, primordialmente, do destino dessa posse após a venda executiva da coisa penhorada, pois que a admissibilidade da sua defesa pressupõe que aquela posse se mantém após a venda judicial e a extinção dessa posse através daquela venda executiva permite apenas uma tutela indirecta ou reparatória dessa posse."

Em nosso entender tem de separar-se a questão da *admissibilidade*, da questão da *procedência* dos embargos.

O critério da caducidade do direito do embargante, por efeito da venda executiva, pode, na verdade, não ter qualquer relevância na determinação da procedência ou da improcedência dos embargos. Mas este ponto há-de ser tratado mais tarde.

[258] Contra a tese segundo a qual a questão relativa à admissibilidade dos embargos de terceiro, discutida na fase introdutória, se resolve à luz do critério da subsistência ou da extinção do direito de fundo por efeito da venda executiva, pronuncia-se LEBRE DE FREITAS, *A penhora de bens na posse de terceiros*, R.O.A., 1992, p. 320.

Fundamenta o Autor esta posição no facto de o embargante possuidor não ter de alegar a causa da sua posse, "estando para o efeito equiparados o possuidor causal e o possuidor formal."

Estabelece este preceito que "os bens são transmitidos livres dos direitos de garantia que os onerarem, bem como dos demais direitos reais que não tenham registo anterior ao de qualquer arresto, penhora ou garantia, com excepção dos que, constituídos em data anterior, produzam efeitos em relação a terceiros independentemente de registo."

O julgador, com base nesta norma, pondo em confronto o direito de garantia do exequente e o direito nos termos do qual o terceiro se afirma possuidor ou detentor (ou o direito alegado pelo embargante que não invoque qualquer posse), pode ficar, em certos casos, em condições de ajuizar se o direito do embargante é susceptível de se manter após a venda executiva [259].

Se esse direito for susceptível de se manter após a venda executiva, os embargos devem ser recebidos.

Se, ao invés, a venda executiva conduzir à caducidade do direito alegado, não deve ser tutelada a posse do embargante e os embargos devem ser logo indeferidos ou rejeitados.

Deverá entender-se que o embargante que se apresenta, em juízo, com uma pretensão manifestamente inviável é alguém a quem falta *interesse processual*?

Afirma, ainda, que, no plano da admissibilidade, "cuida-se tão-só da posse do embargante e, com o limite do disposto no artigo 1041.°-1 C.P.C., abstrai-se inteiramente da titularidade do direito de fundo e, portanto, do destino que este possa vir a ter com a venda executiva."

É exacto que, na defesa possessória, como já tivemos oportunidade de explicar, não há que alegar o modo legítimo com base no qual se adquiriu o direito que fundamenta a posse e, portanto, não tem de alegar-se uma posse causal (no sentido de ter de indicar a causa de aquisição do direito nos termos do qual se possui).

No entanto, o possuidor tem de fazer referência, na sua petição de embargos, ao *animus* correspondente à posse que exerce sobre a coisa e, portanto, ao direito com base no qual exerce os poderes sobre a *res*. Ora, esta referência pode colocar o juiz em condições de formular um juízo sobre os efeitos que a execução em curso é susceptível de vir a desencadear no direito que sustenta a posse do embargante e, por consequência, sobre a admissibilidade dos próprios embargos.

[259] Analisaremos, mais tarde, o problema da caducidade dos direitos reais à luz do artigo 824.° do C.C.

Sobre esta complexa questão importa dizer, sinteticamente, o seguinte: a viabilidade dos embargos relaciona-se com o mérito (fundo) da acção. Por isso, no juízo de previsão — relativo ao êxito dos embargos — está em causa saber se o pedido do terceiro, em face do direito material, é susceptível de vir a ser julgado procedente.

Ora, o interesse processual deve ser visto, de acordo com o entendimento que se nos afigura acertado, como um pressuposto processual.

Quer isto dizer que o interesse não se situa no plano do mérito, sendo, afinal, mais um requisito "de cuja verificação depende o dever de o juiz proferir decisão sobre o pedido formulado, concedendo ou indeferindo a providência requerida" ([260])([261]).

Como, lapidarmente, explica E. GRASSO, não deve confundir-se o interesse processual com a "possibilità giuridica del provvedimento voluto" ([262]).

Quando o réu contesta o interesse processual — sublinha, entre nós, TEIXEIRA DE SOUSA — não está a pôr em causa o mérito ou o fundamento da acção; antes pretende afirmar que "o autor não necessita da tutela judicial requerida ou que o meio processual escolhido não é o adequado a essa tutela" ([263]).

Veremos, mais adiante, em que casos é lícito afirmar que o embargante se apresenta, em juízo, desprovido de interesse processual.

([260]) Cfr. ANTUNES VARELA/MIGUEL BEZERRA/SAMPAIO E NORA, *Manual de processo civil,* p. 104.

([261]) No sentido de que o interesse processual (*Rechtsschutzbedürfnis*) deve ser analisado antes do mérito da acção, A. SCHÖNKE, *Il bisogno di tutela giuridica,* R.D.P., 1948, p. 137, e ROSENBERG/SCHWAB/GOTTWALD, *Zivilprozeßrecht,* p. 517.

Para uma análise da concepção que entendia o *interesse em agir* como uma condição da acção, *vide* A. NASI, "Interesse ad agire", in *E.D.,* vol. XXII, p. 37 e ss.

Veja-se ainda, sobre a distinção entre o interesse processual e o interesse substancial, E. GARBAGNATI, *Azione ed interesse,* Jus, 1955, p. 320 e ss.

([262]) *Note per un rinnovato discorso sull'interesse ad agire,* Jus, 1968, p. 368.

([263]) *O interesse processual na acção declarativa,* p. 14.

g) Efeitos do recebimento

Nos termos do artigo 355.º, "a rejeição dos embargos (...) não obsta a que o embargante proponha acção em que peça a declaração da titularidade do direito (...) ou reivindique a coisa apreendida."

Mas já o *recebimento dos embargos repressivos* tem como efeito a suspensão do processo quanto ao bem atingido pela execução, permitindo a lei que seja pedida pelo terceiro a *restituição provisória da posse,* podendo neste caso o juiz obrigar o requerente ao pagamento de uma caução (art. 356.º) [264].

O *recebimento dos embargos preventivos*, por sua vez, faz com que o acto, do qual poderia resultar a ofensa da posse, fique suspenso até à decisão final (art. 359, n.º 2) [265].

h) *Exceptio dominii*

Uma vez recebidos os embargos, são o exequente e o executado notificados para os contestar (art. 357.º, n.º 1).

À fase introdutória — na qual, como acabámos de ver, se pretende resolver a questão da admissibilidade dos embargos — segue-se, portanto, uma fase com contraditório, destinada a decidir sobre a *procedência* ou *improcedência* da oposição deduzida pelo terceiro.

Após o recebimento dos embargos — e só a partir deste momento —, o processo segue a forma ordinária ou sumária, conforme o valor (art. 357.º, n.º 1).

---

[264] Sobre este ponto, *vide* COUTO ROSADO, *Embargos de terceiro no Código de Processo Civil*, p. 129 e s., e A. DA PALMA CARLOS, *Direito processual civil* (*acção executiva*), p. 172.

[265] Como explica PAULO CUNHA, *Sobre a função preventiva dos embargos de terceiro*, R.D.E.S., 1945/1946, p. 79, "a mera sustação provisória da realização da diligência, determinada pela dedução dos embargos, só se converterá em demorada suspensão (suspensão até à decisão final) *se for proferido despacho de recebimento dos embargos.*"

Quando os embargos apenas se fundem na invocação da posse, a qualquer dos réus é permitido, se para isso tiver fundamento, deduzir a denominada *exceptio dominii*, nos termos do n.º 2 do artigo 357.º ([266]).

Em que consiste esta *exceptio*?

O embargado pode, na *contestação*, além de impugnar a posse invocada pelo terceiro ([267]), afirmar, como executado, que tem o *direito de propriedade* sobre o bem, objecto da acção, e formular o pedido de reconhecimento desse direito ([268]). Note-se que também o exequente tem a faculdade, nos termos da parte final do n.º 2 do artigo 357.º, de alegar que o direito de propriedade "pertence à pessoa contra quem a diligência foi promovida", ou seja, ao executado.

Neste caso, o exequente, embora actue em seu nome e no seu próprio interesse, litiga sobre direito alheio, tornando-se, desta forma, um substituto processual ([269]).

Em que casos a *exceptio* alegada é susceptível de conduzir à improcedência da pretensão formulada pelo autor dos embargos?

Devem distinguir-se duas situações.

([266]) A possibilidade de, nos embargos, se levantar a questão da propriedade não estava prevista no Código de Processo Civil de 1876. Foi o Código de 1939 (art. 1040.º) que veio permitir a invocação, pelo embargado, da *exceptio dominii*.

([267]) Alegando, por exemplo, que o embargante não tem sobre a coisa, objecto da execução, qualquer posse ou que a posse foi adquirida e registada após a penhora do bem, sendo, deste modo, inoponível ao exequente.

Sobre este último ponto, *vide* TEIXEIRA DE SOUSA, *A penhora de bens na posse de terceiros,* R.O.A., 1991, p. 75.

([268]) A contestação passa a funcionar como petição inicial — o pedido formulado pelo embargado não é mais do que um pedido reconvencional. Cfr. ALBERTO DOS REIS, *Processos especiais,* vol. I, p. 391.

([269]) Sobre a noção de substituição processual, *vide* ANTUNES VARELA//MIGUEL BEZERRA/SAMPAIO E NORA, *Manual de processo civil,* p. 732 e s.

Classificando a situação em análise como um caso de substituição processual, *vide* ALBERTO DOS REIS, ob. cit., p. 457.

No mesmo sentido, TEIXEIRA DE SOUSA, *Estudos sobre o novo processo civil,* p. 191, e LEBRE DE FREITAS, *A acção executiva,* p. 251, nota 51.

Se o terceiro embargante invoca uma posse baseada no direito de propriedade, o embargado só poderá, por via da *exceptio*, afastar tal alegação, se afirmar que é ele o titular do domínio.

Mas se o embargante se limita a alegar uma posse nos termos de um direito real limitado, o embargado, querendo ver a pretensão alheia julgada improcedente, terá de alegar que é titular de um direito de propriedade plena sobre a coisa. Quer dizer, o embargado, quando deduza a *exceptio dominii*, tem de alegar sempre a titularidade de um *direito incompatível* com a posse invocada pelo terceiro embargante ([270]).

Mas terá, igualmente, de fazer a prova da existência deste seu direito?

Deve responder-se afirmativamente ([271]). Levantada nos embargos de terceiro a questão do domínio dos bens, *recai sobre o embargado o ónus da prova do direito incompatível com a posse alegada pelo terceiro.*

Ao abrigo do regime que vigorava antes da Reforma de 1995-96, o embargado podia não ter de realizar tal prova, uma vez que, de acordo com o revogado artigo 1035.º, n.º 1, se o autor (embargante) não impugnasse o direito propriedade invocado pelo réu (embargado), era logo declarado improcedente o pedido do autor e procedente o do réu, ainda que este não tivesse contestado a posse daquele ([272]).

([270]) Sobre este ponto, cfr. HENRIQUE MESQUITA, *Acção possessória e invocação do direito de propriedade. Servidão constituída por destinação do pai de família*, R.D.E.S., 1973, Abr./Dez., p. 339 e ss.

([271]) Como dispõe o artigo 342.º, n.º 1, do C.C. "àquele que invocar um direito cabe fazer a prova dos factos constitutivos do direito alegado."

([272]) Se o autor (embargante) não impugna o direito de propriedade invocado pelo réu, o juiz — explicava ALBERTO DOS REIS, ob. cit., p. 392 — "profere logo sentença, julgando procedente a acção de propriedade proposta pelo réu e condenando o autor nas custas. A acção de posse é, em tal caso, absorvida pela acção de propriedade."

Era de sentido ambíguo a primeira alínea do artigo 1034.º do Código de Processo Civil de 1939. Aí se afirmava que "se o autor não impugnar o direito de propriedade invocado pelo réu, o processo findará imediatamente, sendo o autor condenado nas custas."

Refira-se, no entanto, um ponto de primordial importância:

A *exceptio* considerava-se impugnada pelo terceiro embargante quando este, logo na petição inicial, tivesse alegado o seu direito de propriedade como causa da posse que, pelos embargos, pretendesse fazer valer (art. 1035.º, n.º 2) ([273]).

Nos casos, porém, em que o terceiro, além de não alegar uma posse fundada no direito de propriedade — isto é, uma *posse causal* —, não impugnasse a *exceptio* deduzida pelo embargado, os embargos deviam imediatamente improceder.

A mera alegação, pelo embargado, do direito de propriedade, juntamente com a falta de impugnação deste direito pelo embargante, era suficiente para ilidir a presunção que, em benefício deste último, expressamente resulta do artigo 1268.º, n.º 1, do C.C.

Embora as opiniões não fossem unânimes, ALBERTO DOS REIS, ob. cit., p. 392 e s., interpretava o preceito em causa no sentido de que a lei queria "atribuir à falta de impugnação, por parte do autor, do direito de propriedade invocado pelo réu o efeito do reconhecimento deste direito."

Esta interpretação foi igualmente defendida por COUTO ROSADO, *Embargos de terceiro no Código de Processo Civil*, p. 141 e ss.

([273]) TEIXEIRA DE SOUSA, *Sobre a exceptio dominii nas acções possessórias e nos embargos de terceiro,* R.O.A., 1991, p. 641 e ss., analisava a hipótese em que o embargante não contestava a *exceptio dominii* alegada pelo embargado. Para os casos em que o embargante e o embargado invocassem o mesmo direito real de gozo como fundamento, respectivamente, da posse e da *exceptio dominii*, o Autor, procurando harmonizar os regimes que resultam dos artigos 1268.º, n.º 1, do C.C., e 1035.º, n.º 1, encontrava no n.º 2 do artigo 1035.º uma resposta para o problema:

"(...) A propriedade invocada pelo réu — escrevia TEIXEIRA DE SOUSA, est. cit., p. 643 — tem-se por impugnada pelo autor quando este a tenha alegado na petição inicial da acção possessória. Assim, se o autor tiver fundamentado a acção possessória na sua propriedade sobre o bem possuído, a não impugnação por esse autor da *exceptio dominii* alegada pelo réu não justifica a imediata procedência dessa *exceptio.*"

Deste modo, "enquanto o réu não provar que é proprietário do bem possuído pelo autor ou titular do mesmo direito real alegado pelo demandante, esta parte continua a beneficiar da presunção, enunciada no art. 1268.º, n.º 1, CC, de que é proprietário ou titular de outro direito real."

Perante a revogação do disposto no artigo 1035.º, n.º 1, e beneficiando o embargante possuidor da presunção resultante do artigo 1268.º, n.º 1, do C.C., incumbe ao embargado ilidir esta presunção, provando ser titular de um direito incompatível com o direito presumido do terceiro embargante ([274])

Diz-se, por um lado, que "o possuidor goza da presunção da titularidade do direito, excepto se existir, a favor de outrem, presunção fundada em registo anterior ao início da posse."

E dispõe-se, por outro lado, no artigo 350.º, n.º 1, do C.C. que "quem tem a seu favor a presunção legal escusa de provar o facto a que ela conduz."

Isto implica que o embargado tem de provar a titularidade de um direito incompatível com a posse invocada pelo embargante.

Ficando o juiz em dúvida acerca da existência deste direito, deve decidir — estando convencido acerca da posse — em benefício do terceiro embargante, julgando improcedente a *exceptio* e procedente a acção possessória.

Faça-se, por último, uma breve referência aos casos em que o embargado não contesta a posse alegada, mas invoca, simplesmente a *exceptio dominii*.

Como parece evidente, nesta hipótese, enquanto não se resolver a questão introduzida pela *exceptio* — e uma vez que a posse não foi posta em causa pelo embargado — tem de assegurar--se ao terceiro embargante a posse de que é titular. Por isso, se a questão atinente à *exceptio* não puder ser resolvida logo no despacho saneador, dispõe o artigo 510.º, n.º 5, que "o juiz ordena a imediata manutenção ou restituição da posse, sem prejuízo do que venha a decidir-se a final quanto à questão da titularidade do direito."

([274]) Nos casos em que o embargante não se fundamenta na posse, mas na titularidade de determinado direito, tem de fazer a prova da titularidade deste direito, não gozando de nenhuma presunção.

i) **Procedência**

Sempre que, na sentença final, os embargos de terceiro sejam julgados *procedentes*, o juiz não faz mais do que confirmar o despacho que recebeu os embargos e deverá, conforme os casos, *ordenar o levantamento definitivo da diligência ofensiva da posse* (ou, em termos gerais, do direito) ou *impedir a concretização da diligência judicial* ([275]).

Ora, sendo a restituição ou a simples manutenção da posse os dois objectivos imediatos dos embargos de terceiro de natureza

---

([275]) O embargante pretende sempre que o tribunal declare a existência de uma determinada situação oponível ao embargado. Mas a sentença relativa aos embargos, em caso de procedência, não se esgota nesta mera declaração.

Desde logo, nos embargos *repressivos* o autor pede o levantamento da diligência judicial ofensiva da posse ou da detenção (ou do direito). Não se pretende, em princípio, a condenação de quem quer que seja, como na acção de restituição de posse (art. 1278.º do C.C.), mas, rigorosamente, a *revogação da apreensão judicial ilegítima*. Pede-se, por outras palavras, que fique sem efeito a diligência efectuada. Assim, por exemplo, a coisa previamente penhorada deixará de estar sujeita ao vínculo imposto pela penhora.

Ora, neste aspecto, os embargos procedentes originam uma sentença de natureza *constitutiva*.

No estrito domínio dos *embargos preventivos*, o embargante pede que não se execute o despacho ordenatório da diligência ofensiva da posse ou da detenção (ou do direito). Também aqui se pretende que seja declarado sem efeito este despacho (e não já a própria diligência ofensiva), evitando-se, deste modo, a consumação do esbulho.

Estes embargos têm, indiscutivelmente, uma função cautelar, mas também, em bom rigor, se podem considerar uma acção de natureza *constitutiva*: destinam--se a declarar sem efeito o despacho ordenatório da apreensão judicial.

No sentido da natureza constitutiva da oposição do terceiro, pode ver--se, na doutrina italiana, F. CARNELUTTI, *Lezioni di diritto processuale civile (processo di esecuzione)*, p. 209, e C. PUNZI, *L'applicabilità dell'opposizione di terzo (ex art. 619 C.P.C.) all'esecuzione in forma specifica,* R.T.D.P.C., 1960, p. 1016.

Na doutrina alemã é controvertida a classificação da *Widerspruchsklage* regulada no § 771 da ZPO. Assim, por exemplo, para J. GOLDSCHMIDT, *Derecho procesal civil*, p. 596 e s., trata-se de uma *actio negatoria (Abwehranspruch)*. Não é, segundo o Autor, rigorosamente, uma acção de condenação ordinária, antes se destinando a obter uma "proibição de executar para os órgãos executivos."

Para L. ROSENBERG, *Derecho procesal civil*, vol. III, p. 126, "a finalidade da oposição do terceiro é a de declarar inadmissível a execução num determinado objecto."

possessória ([276]), pode afirmar-se que estes efeitos não têm sempre o mesmo alcance.

Em certas hipóteses, a procedência dos embargos acaba por conduzir ao afastamento do acto executivo que incide sobre a coisa. A coisa não pode, licitamente, ser objecto da execução (o terceiro é titular de uma posição incompatível com a *realização* da diligência).

Noutros casos, a restituição ou a mera manutenção não conduzem à exclusão da coisa do processo executivo, mas, tão-só, à salvaguarda de uma posição (direito) que o terceiro detém sobre o objecto da execução e que legitima a sua posse ou detenção (o terceiro é titular de uma posição incompatível apenas com o *âmbito* da diligência).

21. Protesto no momento da apreensão

A tutela da posse ou da detenção legítima de um terceiro — no âmbito do processo executivo — faz-se essencialmente através dos embargos de terceiro.

O Autor classifica a acção como "constitutiva processual". Igualmente para A. BLOMEYER, *Zivilprozeßrecht (Vollstreckungsverfahren)*, p. 150, a especificidade da oposição do terceiro assenta no seu efeito constitutivo (*Gestaltungswirkung*). E no sentido de que a oposição, regulada no citado § 771, se traduz numa *Gestaltungsklage*, *vide*, ainda, G. LÜKE, *Zwangsvollstreckungsrecht*, p. 127, e BAUMBACH/LAUTERBACH/ALBERS/HARTMANN, *Zivilprozeßordnung*, p. 1826.

([276]) Poderá o terceiro que, através da apreensão judicial, sofreu um dano patrimonial (*dano da privação da posse*), pedir, na petição de embargos, uma *indemnização* contra aquele que tenha promovido a diligência ofensiva da posse?

COUTO ROSADO, *Embargos de terceiro no Código de Processo Civil*, p. 110 e s., rejeitava, com base no artigo 274.º do Código de Processo Civil de 1939, esta possibilidade.

Afirmava o Autor: "a lei não permite a cumulação do pedido de restituição da posse com o pedido de indemnização, em virtude de a eles corresponder uma forma de processo diferente."

Hoje, porém, não é assim. Dispõe o artigo 470.º, n.º 1, que o autor pode "deduzir cumulativamente contra o mesmo réu, num só processo, vários pedidos que sejam compatíveis, se não se verificarem as circunstâncias que impedem a coligação" (*vide* o disposto no art. 31.º).

Sobre o problema da responsabilidade proveniente de uma penhora ilegítima, *vide* A. GUALANDI, *Responsabilità per l'espropriazione e per il sequestro dei beni di un terzo*, R.T.D.P.C., 1960, p. 1442 e ss.

Estes embargos podem ser deduzidos, como foi assinalado, em dois momentos distintos: ou antecedem o acto ofensivo, procurando impedir a sua prática (art. 359.º), ou, sendo posteriores a esse acto, visam a reintegração da situação violada (art. 351.º).

Se o terceiro não teve conhecimento do despacho ordenatório da apreensão, a defesa só se torna possível — através de embargos repressivos — após a prática do acto judicial ofensivo da posse, não se evitando, assim, a produção de um dano imediato.

Em face disto, pergunta-se: não será admissível uma oposição contemporânea da diligência ofensiva da posse, uma defesa do terceiro relativa a uma apreensão judicial em curso de realização?

Ou, por outras palavras, não poderá o terceiro possuidor ou detentor que, ignorando o despacho do juiz, não reagiu através de embargos preventivos, evitar a ofensa ou o esbulho, manifestando a sua *oposição perante o funcionário judicial*?

O nosso sistema não é alheio a esta forma de defesa.

Senão vejamos.

a) **Protesto no âmbito da acção de despejo**

No domínio da *acção de despejo*, se o arrendatário, uma vez condenado à entrega do imóvel, não a efectua voluntariamente, o senhorio pode, como já tivemos oportunidade de explicar, requerer o denominado mandado de despejo (art. 59.º, n.º 1, do R.A.U.), mandado que, nos termos do artigo 60.º, n.º 1, do R.A.U. "é executado seja quem for o detentor do prédio" ([277]).

Mas se, sobre o imóvel a apreender, existirem situações de posse ou de detenção oponíveis ao exequente, a tutela de ambas as situações contra actos judiciais ofensivos é possível mediante a dedução de *embargos de terceiro* (art. 351.º).

([277]) Acrescente-se que o funcionário encarregado da execução pode, nos casos em que haja uma resistência do obrigado ou de terceiro à entrega, "requisitar a intervenção da força pública e a assistência de qualquer autoridade administrativa" (art. 59.º, n.º 3, do R.A.U.).

No entanto, o artigo 60.º do R.A.U., que corresponde ao revogado artigo 986.º, consagra a figura do *protesto* do terceiro perante o funcionário encarregado da efectivação do despejo.

O terceiro com disponibilidade material sobre o imóvel, e "não ouvido e convencido" na acção, pode provocar a suspensão da execução do despejo se exibir, nos termos da alínea *a)* do n.º 2 do artigo 60.º do R.A.U., "título de arrendamento ou de outro gozo legítimo do prédio, emanado do exequente" ou, com base na alínea *b)*, "título de subarrendamento ou de cessão da posição contratual, emanado do executado, e documento comprovativo de haver sido requerida no prazo de 15 dias a respectiva notificação ao senhorio ou de o senhorio ter especialmente autorizado o subarrendamento ou a cessão, ou de o senhorio ter reconhecido o subarrendatário ou cessionário como tal."

Quer dizer, permite-se uma defesa verbal, acompanhada da apresentação de documentos, perante o funcionário encarregado da apreensão [278]. O executor pode não acatar o protesto. Nesta hipótese, ao terceiro é ainda assegurada a possibilidade de se defender mediante embargos repressivos, após a efectivação do despejo.

Mas se o funcionário decide, com base no protesto apresentado, sobrestar na execução, tem de lavrar uma certidão relativa à defesa apresentada e juntar-lhe os documentos que tenham sido exibidos (art. 60.º, n.º 3, do R.A.U.).

A execução do despejo será, no entanto, efectuada se o terceiro, no prazo de cinco dias, não requerer, perante o juiz, a confirmação da suspensão do despejo (art. 60.º, n.º 4, do R.A.U.). O tribunal tem de decidir sumariamente no sentido de a suspensão ser mantida ou o despejo ser realizado com a efectiva expulsão do terceiro.

O despejo material pode ainda ser sustado pelo funcionário judicial nos casos em que, "tratando-se de arrendamento para

---

[278] Sobre esta defesa, *vide* ANSELMO DE CASTRO, *A acção executiva singular, comum e especial,* p. 405 e s.

habitação, se mostre, por atestado médico, que a diligência põe em risco de vida, por razões de doença aguda, a pessoa que se encontra no local" (art. 61.º, n.º 1, do R.A.U.) ([279]).

A suspensão, também neste caso, tem de ser confirmada, *a posteriori*, pelo tribunal.

b) **Protesto previsto no artigo 832.º do Código de Processo Civil**

Embora com uma configuração diversa, o meio do protesto está previsto no artigo 832.º, n.º 1.

Estabelece esta norma que, "se, no acto da penhora, o executado, ou alguém em seu nome, declarar que os bens visados pela diligência pertencem a terceiro, cabe ao funcionário averiguar a que título se acham os bens em poder do executado e exigir a apresentação dos documentos que houver, em prova das alegações produzidas."

Após o recebimento do protesto, o funcionário pode deixar de efectuar a penhora se se convencer de que a titularidade do bem pertence a um terceiro.

Se, pelo contrário, o funcionário não se convence de que a coisa pertence ao terceiro, a penhora deve ser efectuada; se tiver dúvidas, deve, de acordo com o regime introduzido pela Reforma de 1995-96, efectuar a penhora, cabendo posteriormente ao tribunal decidir sobre a sua manutenção (art. 832.º, n.º 2) ([280]).

([279]) A tendência para *humanizar* o despejo tem sido assinalada pela doutrina francesa. Refira-se, aliás, no direito francês, o disposto no artigo 62 da Lei n.º 91-650, de 9 de Jul. de 1991, segundo o qual o juiz pode, por exemplo, com base nas condições atmosféricas existentes, adiar o despejo por um período não superior a três meses. Vide J. BEAUCHARD, "Le logement et les procédures civiles d'exécution", in *La réforme des procédures civiles d'exécution*, p. 110 e ss., e J. VINCENT/J. PRÉVAULT, *Voies d'exécution et procédures de distribution*, p. 22.

Sobre a protecção da dignidade humana (*Schutz der Menschenwürde*) no processo executivo, *vide* W. HENCKEL, *Prozessrecht und materielles Recht*, p. 357 e ss.

([280]) E o tribunal somente deve deferir a oposição, como se explica no Ac. da Relação de Lisboa de 21 de Nov. de 1996, C.J. 1996, t. V, p. 108,

Quais, afinal, as semelhanças e as diferenças entre o protesto estatuído no R.A.U. e estoutro regulado no Código de Processo Civil?

Examinemos, sucintamente, os *pontos comuns*:

1.º — A defesa de um direito, por via do protesto, implica a alegação desse direito e do respectivo título;

2.º — O protesto dirige-se directamente ao executor ou ao funcionário encarregado da prática do acto judicial;

3.º — O fim é o mesmo nas duas modalidades de protesto: destinam-se, ambas, a fazer sustar, *in extremis*, o acto de apreensão de uma coisa;

4.º — Atribui-se ao funcionário judicial um autêntico poder apreciativo e decisório. Nos casos em que o executor decide, não obstante o protesto, efectuar a apreensão, não pode reagir-se contra esta decisão. Só após a apreensão efectiva é admissível uma reacção pela via dos embargos repressivos;

Atentemos, agora, nos *pontos divergentes* que se nos afiguram relevantes:

1.º — Tem legitimidade para protestar contra o despejo o terceiro possuidor ou detentor que, sendo estranho ao processo em curso, esteja em risco de sofrer, materialmente, o acto da apreensão. Ao invés, a legitimidade para protestar ao abrigo do artigo 832.º pertence — como resulta literalmente da lei — ao executado, isto é, àquele contra quem tenha sido apresentado o requerimento inicial da execução, ou a alguém que actue em nome deste;

2.º — Enquanto o fundamento do protesto regulado no R.A.U. assenta num título de arrendamento ou de outro gozo legítimo emanado do exequente (proprie-

---

"quando as diligências efectuadas em consequência das dúvidas suscitadas quanto à titularidade dos bens conduzam à conclusão segura de que os bens cuja penhora fora ordenada não pertencem ao executado."

tário), ou num título de subarrendamento ou de cessão da posição contratual emanado do executado e eficaz perante o exequente, o protesto permitido pelo artigo 832.º tem de basear-se num documento demonstrativo de que a propriedade da coisa — imóvel ou móvel — pertence, não ao executado, mas a um terceiro;

3.º — Nos casos em que o funcionário decide sustar a execução (a apreensão), o R.A.U. exige a confirmação da decisão pelo juiz, sob pena de ser efectuado o despejo material.

Ao contrário, à luz do Código de Processo Civil, a suspensão da execução pelo funcionário não tem de ser confirmada pelo tribunal, embora o exequente tenha o direito de reagir contra tal decisão ([281]).

c) Âmbito de aplicação de cada protesto

Fixados estes pontos essenciais, que apreciação deve fazer-se do protesto?

O protesto assegura, como é fácil de ver, o contraditório no momento da apreensão judicial, evitando que o desapossamento seja um mal necessário nas hipóteses em que o terceiro, desconhecendo o despacho ordenatório da apreensão, não reagiu através de embargos preventivos.

Ora, não sendo o título executivo eficaz em relação ao detentor material da coisa que se pretende apreender, o recurso ao meio do protesto poderá fazer sustar um acto que, por ser susceptível de ofender uma situação possessória ou de mera detenção, teria posteriormente de ser corrigido.

Ao regular o meio do protesto, o legislador, por um lado, confere uma acentuada autonomia ao funcionário judicial (*maxime* nas situações em que o executor decide não suspender a diligência

---

([281]) *Vide*, sobre este ponto, LOPES CARDOSO, *Manual da acção executiva*, p. 351.

de que foi incumbido); por outro lado, esforça-se por articular a actividade do funcionário com a função jurisdicional do juiz.

Assim, por exemplo, no âmbito do R.A.U., o acto sustatório tem de ser confirmado pelo juiz e, no domínio do protesto regulado no artigo 832.º, após a realização de penhora, todas as possíveis dúvidas deverão ser apresentadas pelo funcionário ao tribunal, num sistema de diálogo muito vantajoso entre o executor e o juiz (art. 832.º, n.º 2).

Ocupemo-nos agora do *âmbito de aplicação* da figura do protesto, regulada, para situações diversas, no R.A.U. e no artigo 832.º.

O *protesto admitido na execução do mandado de despejo* é insusceptível, por ser objecto de uma regulamentação especial, de valer, por via analógica, para outros casos.

Isto quer dizer que, estando em causa a apreensão de um imóvel, mas correndo a execução sob a forma comum, não pode um terceiro possuidor ou detentor protestar contra o acto judicial, restando-lhe, claro está, a via dos embargos preventivos ou repressivos. Como veremos mais tarde, afigura-se-nos criticável esta limitação do protesto à execução especial do despejo.

Com o *protesto regulado no artigo 832.º* pretende-se, como se viu, evitar a penhora ([282]) nas hipóteses em que a coisa a apreender pertença em propriedade a um terceiro.

Dirigindo-se o acto de apreensão contra aquele que tenha sido demandado, como executado, no requerimento inicial, este pode, protestando, afirmar perante o funcionário que a coisa que se quer apreender pertence a um terceiro, estranho ao processo em curso ([283]).

([282]) A regra é aplicável, por força do artigo 466.º n.º 2, tanto à execução para entrega de coisa, como à execução para prestação de facto. Consequentemente, pode protestar-se contra a apreensão de uma coisa levada a cabo no âmbito de qualquer destas execuções.

([283]) No sistema germânico não pode o executado fazer sustar a apreensão alegando que a coisa pertence a um terceiro.

Pressuposto para uma válida apreensão é, tão-só, como já tivemos oportunidade de referir, a disponibilidade material (*Gewahrsam*) do devedor (executado) sobre a coisa.

Ora, pensamos que, neste ponto, se deve ir mais longe na interpretação da lei.

O meio do protesto regulado no artigo 832.º deve estender-se ao terceiro proprietário. Se a lei permite que o executado proteste contra a apreensão de bens que não lhe pertencem a ele, mas a terceiro, por maioria de razão se deve conferir o meio do protesto a este último. Em que casos?

Em primeiro lugar, naqueles casos em que, não estando embora na posse material da coisa, o terceiro proprietário está, na prática, em condições de apresentar o protesto perante o funcionário judicial ([284]).

Exemplo: perante a apreensão do recheio de uma ourivesaria, um cliente, proprietário de determinada peça, afirma que esta, ali entregue uns tempos antes a fim de ser consertada, lhe pertence e não deve ser apreendida.

Os Autores referem que, quando a coisa a apreender seja um imóvel, não surgem dificuldades, uma vez que o livro fundiário (*Grundbuch*) dá informação acerca da titularidade do bem. Cfr. P. ARENS/W. LÜKE, *Zivilprozeßrecht*, p. 396.

"Tratando-se de uma apreensão de coisa móvel, o funcionário judicial — como explicam os Autores citados, p. 396 — tem apenas de certificar-se de que existe a disponibilidade material do devedor (executado) sobre o bem a apreender." O devedor não pode impedir a apreensão judicial, afirmando que a propriedade pertence a um terceiro. A apreensão é, nestes casos, plenamente eficaz (*voll wirksam*) e fundamenta a venda posterior.

Qual a *ratio* deste sistema?

Ela assenta no princípio da economia processual. Uma cuidada averiguação sobre a titularidade dos bens demoraria demasiado tempo (*viel zu viel Zeit*).

No entanto, como já foi referido, a ZPO coloca à disposição do terceiro, cujo direito de propriedade tenha sido violado pela apreensão judicial, o meio regulado no § 771 (*Drittwiderspruchsklage*).

([284]) Refira-se que, no estrito domínio da penhora mobiliária, o § 253, par. 3, da *Executionsordnung* austríaca, de 27 de Maio de 1896, permite a apresentação de um "protesto" ao terceiro que, sobre a coisa em poder do devedor (executado), seja titular de um direito susceptível de impedir a realização da execução.

Este "protesto" deve ser anotado no termo da penhora (*Pfändungsprotokoll*), termo que, segundo o § 254, é entregue no tribunal da execução.

Sobre o sistema austríaco, *vide* as referências feitas por G. TARZIA, *L'oggetto del processo di espropriazione*, p. 157 e ss.

Em segundo lugar, a este terceiro deve igualmente estender--se o meio agora em análise nas hipóteses em que — encontrando--se a coisa em seu poder — a apreensão, erroneamente, se dirige contra ele ([285]).

A interpretação por nós propugnada adequa-se não só à *ratio* do artigo 832.º, mas também ao próprio sistema ou contexto da lei.

O legislador pretende, claramente, evitar que a apreensão seja um acto inútil e ofensivo do direito de propriedade de pessoas que nada têm a ver com o processo executivo que corre contra outrem. E a verdade é que, se se apreende uma coisa pertencente ao património de um terceiro, não demandado expressamente para a execução, e, além disso, não responsável pelo cumprimento da obrigação que constitui o objecto do processo, ele acaba — em termos materiais ou de facto — por se transformar, injustamente, num autêntico executado.

A tutela oficiosa decorrente das normas do C.R.P. (arts. 92.º, n.º 2, al. *a*), e 119.º), e que vale para as hipóteses em que a penhora incide sobre imóveis ou móveis registados em nome de terceiro alheio ao processo, não torna, obviamente, inútil a interpretação que defendemos para o artigo 832.º.

Desde logo, o protesto — nos casos em que a coisa se encontra em poder do terceiro proprietário — permite salvaguardar a disponibilidade material. Ora, o controlo fundado no registo, porque feito no nosso sistema, em princípio, já depois de efectuada a apreensão, não é susceptível de evitar a ofensa daquela disponibilidade.

([285]) A *Corte di Cassazione*, por sentença de 20 de Jan. de 1951, R.D.P., 1951, p. 230, veio, recordando outras decisões deste tribunal supremo italiano, afirmar que o esbulho, praticado pelo funcionário judicial, pode ter origem no facto de se pretender apreender, *erroneamente*, no âmbito de uma execução para entrega, um objecto diferente daquele que o título contempla.

Sobre os *erros* materiais ocorridos no acto da apreensão judicial, *vide* C. PUNZI, *L'applicabilità dell'opposizione del terzo (ex art. 619 C.P.C.) all'esecuzione in forma specifica*, R.T.D.P.C., 1960, p. 979.

Depois, este controlo oficioso — feito no momento do registo da penhora — não abrange a apreensão de coisas móveis não sujeitas a registo ou de coisas imóveis não registadas, nem a apreensão levada a cabo no domínio da execução para entrega de coisa certa nem, finalmente, certo tipo de actos praticados no âmbito da execução para prestação de facto.

Suponhamos, por exemplo, que o tribunal ordena, através de sentença condenatória, a destruição de determinada obra.

Não tendo o condenado cumprido voluntariamente a decisão, e após ter sido instaurado o apropriado processo executivo (art. 941.º) ([286]), o funcionário judicial dirige-se ao local onde vai correr a demolição, mas, por manifesto erro, prepara-se para destruir uma obra pertencente a um terceiro.

Em nosso entender, não pode deixar de admitir-se o protesto do terceiro a fim de, por tal forma, se conseguir a suspensão de um acto ilícito e prejudicial ([287]).

Uma última palavra para dizer que ao terceiro proprietário, não responsável, está sempre aberta, antes ou após a apreensão judicial, a via dos embargos de terceiro.

([286]) Sobre esta execução relativa a uma obrigação de prestação de facto negativo, havendo uma situação ilícita perdurável e removível, *vide* CASTRO MENDES, *Direito processual civil,* vol. III, p. 535.

([287]) Contra esta interpretação do artigo 832.º, manifestou-se, recentemente, AUGUSTA PALMA, *Embargos de terceiro,* pp. 42-44 (em nota), criticando, em longas linhas, a nossa posição.

A Autora — reproduzimos a sua terminologia —, "mobiliza" não apenas um argumento "literal e histórico", mas também um "argumento lógico e teleológico."

A argumentação, porém, não se afigura convincente. Na verdade, o texto da norma deve ser apenas o ponto de partida, impondo-se a *extensão teleológica* quando "a própria razão de ser da lei postula a aplicação a casos que não são directamente abrangidos pela letra da lei mas são abrangidos pela finalidade da mesma" (cfr. BAPTISTA MACHADO, *Introdução ao direito e ao discurso legitimador,* p. 185 e s.).

Como acentua CASTANHEIRA NEVES, *Interpretação jurídica,* p. 69, "a compreensão prático-normativa e não apenas filológico-histórica ou dogmático--analítica das normas jurídicas implica o abandono de um sentido puramente hermenêutico (hermenêutico-exegético) e a assunção de um sentido verdadeiramente normativo (prático-normativo) na interpretação jurídica."

22. Meios de oposição previstos no Código dos Processos Especiais de Recuperação da Empresa e de Falência.

Ocorre, com frequência, serem indevidamente arrolados e apreendidos para a *massa falida* bens pertencentes a terceiros.

Ora, importa identificar e analisar os meios que o nosso sistema coloca ao dispor das pessoas que, não estando obrigadas a responder pelas dívidas do falido, acabam por ver os seus próprios bens ilegitimamente apreendidos.

Que meios são esses?

À partida, tudo levaria a crer que os embargos de terceiro seriam o meio apropriado para desencadear a justa reacção.

Ora, no que diz respeito ao âmbito de aplicação do artigo 832.º, porque é que o terceiro proprietário, contra quem o funcionário judicial erroneamente se dirige, não há-de poder apresentar, em seu nome, o protesto? Deverá o funcionário "tapar os ouvidos", porque o artigo 832.º apenas se refere, em termos literais, ao "executado" ou a "alguém em seu nome"?

A. PALMA invoca, em sua defesa, como acima se refere, um argumento "lógico e teleológico", explicitando-o do seguinte modo: " Qual a coerência de estender ao terceiro proprietário este meio de defesa — concernente à legitimidade subjectiva da execução —, quando a única alegação procedente consistiria na declaração, perante o funcionário judicial, de que os bens visados pela diligência pertencem a terceiro!"

Longe de qualquer argumento teleológico, a Autora continua a não ultrapassar, neste ponto, a pura letra da lei.

De facto, a análise cuidadosa e ponderada do elemento racional ou teleológico e, portanto, da razão de ser da lei, conduz-nos à abertura do meio do protesto ao terceiro: este afirmará, perante o funcionário encarregado de levar adiante o acto executivo, que os bens lhe pertencem (a ele, terceiro) e que, consequentemente, não deverá ser praticado o esbulho (ou, em certas hipóteses, a destruição da coisa).

A. PALMA tenta ainda legitimar a sua posição num Ac. do S.T.J. (Ac. de 9 de Fev. de 1999, C.J. — Acs. Do S.T.J. —, t. I, p. 92), mas o aresto nada, mas mesmo nada, tem a ver com a interpretação do artigo 832.º.

No sentido de que não deve ser feita uma interpretação puramente literal deste preceito e de que deve, portanto, alargar-se ao terceiro proprietário (não executado em sentido formal) o meio do protesto, *vide* as posições recentes de TEIXEIRA DE SOUSA, *Acção executiva singular*, p. 260 e REMÉDIO MARQUES, *Curso de processo executivo comum à luz do Código revisto*, p. 301 e ss.

A verdade, porém, é que o Código de Processo Civil, concretamente o artigo 351.º, n.º 2, afasta a possibilidade de recurso a estes embargos sempre que a apreensão ocorra no âmbito de um "processo especial de recuperação da empresa e de falência."

Este afastamento deve-se ao facto de o legislador ter criado, no C.P.E.R.E.F. ([288]), meios especiais de oposição intimamente relacionados com a tramitação do processo de falência.

Estes meios são dois:

1.º *A reclamação para restituição e separação de bens,* prevista no artigo 201.º;
2.º *A acção para restituição e separação de bens,* regulada no artigo 205.º

Torna-se, portanto, necessário determinar o âmbito de aplicação de ambos os meios.

Como foi dito, na parte final do capítulo anterior, a sentença declarativa da falência decreta a apreensão dos bens do devedor e designa, nos termos da al. *d)* do artigo 128.º, "prazo, até 30 dias, para a reclamação de créditos" ([289]).

Este prazo vale igualmente para as reclamações destinadas à "restituição e separação de bens" e cujo possível objecto se encontra definido nas quatro alíneas do artigo 201.º, n.º 1.

No que diz respeito à tramitação desta reclamação, o legislador remete-nos para as "disposições relativas à reclamação e verificação de créditos" (art. 201.º, n.º 1) e, por consequência, para os artigos 188.º e ss.

As várias fases do processo de reclamação podem, esquematicamente, sintetizar-se do seguinte modo:

a) Requerimento inicial (se vários requerimentos forem apresentados, eles dão origem a um único apenso ao processo de

---

([288]) As disposições doravante citadas neste número, sem menção do diploma a que pertencem, são do C.P.E.R.E.F.

([289]) Prazo cuja contagem se inicia a partir do dia em que a sentença é publicada no *Diário da República,* como se estabelece no n.º 2 do artigo 188.º.

falência); *b)* Elaboração, pelo liquidatário, de uma relação de reclamações; *c)* Notificação do requerimento ao falido e aos credores; *d)* Contestações; *e)* Resposta; *f)* Despacho saneador; *g)* Audiência final, devendo ser observadas as regras do processo sumário; *h)* Sentença.

Suponhamos, porém, que o terceiro proprietário de coisa indevidamente apreendida para a massa falida não deduz reclamação, dentro do prazo assinalado, para restituição e separação.

Poderá, mais tarde, fazer valer o seu direito e pedir a entrega do bem?

É claro que sim. Findo aquele prazo de trinta dias, o terceiro não está impedido de reagir contra a apreensão ilegítima.

Seria, de resto, um absurdo se o contrário ocorresse, uma vez que, na realidade, torna-se altamente provável o desconhecimento, pelo terceiro, da sentença declarativa da falência, apesar da sua publicitação ([290]).

Somos assim conduzidos para o segundo meio atrás apontado: *a acção para restituição e separação de bens.*

O artigo 205.º, n.º 1, dispõe que, "findo o prazo das reclamações, é possível reconhecer ainda novos créditos, bem como o direito à separação ou restituição de bens, por meio de acção proposta contra os credores, efectuando-se a citação destes por éditos de 10 dias."

Esta acção, que implica a assinatura de um termo de protesto no processo principal de falência (art. 207.º), corre com forma sumária e é apensada aos autos da falência.

Por esta via podem, em síntese, invocar-se dois tipos de direitos:

1.º Direitos de crédito;
2.º Direitos à restituição e separação de bens.

Problema muito importante que se tem colocado é o de saber se esta acção está sujeita a um limite temporal.

([290]) A publicitação da sentença é feita nos termos previstos no artigo 128.º, n.º 2.

O n.º 2 do artigo 205.º dá-nos a seguinte resposta: "A reclamação de novos créditos, nos termos do número anterior, só pode ser feita no prazo de um ano subsequente ao trânsito em julgado da sentença de declaração da falência."

Não pode haver dúvidas, portanto, de que a possibilidade de invocar *direitos de crédito* fica processualmente precludida uma vez ultrapassado o prazo referido.

Levanta-se, naturalmente, a seguinte questão: *este limite temporal valerá igualmente para aquele que se arroga titular do "direito à separação ou restituição" de determinado bem?*

Entre nós, Carvalho Fernandes e João Labareda sustentam posição afirmativa ([291]).

Em anotação ao artigo 205º, escrevem os Autores que "é sempre possível ao credor e ao titular do direito à restituição ou separação de bens formular o pedido que lhes interessa, desde que o façam, impreterivelmente, até ao limite de um ano subsequente ao trânsito em julgado da sentença declaratória da falência."

Para além deste limite temporal, qualquer terceiro ficaria impossibilitado de reagir contra a apreensão ilegítima de bens pertencentes ao seu património ([292]).

Começaremos por observar que a letra da lei não joga a favor desta tese.

O n.º 1 do artigo 205.º refere-se à possibilidade de ser proposta acção com o fim do reconhecimento judicial de novos créditos ou do direito à separação ou restituição de bens.

Ora, o n.º 2 do mesmo preceito estabelece que a reclamação de novos créditos — *sem se referir ao direito à separação* — somente

---

([291]) *Código dos Processos Especiais de Recuperação de Empresa e de Falência, anotado*, p. 493.

([292]) Para Carvalho Fernandes e João Labareda, ob. cit., p. 493, a razão de ser do artigo 205.º, n.º 2, que nada diz quanto ao prazo para o exercício do direito à separação, assenta "no facto de, a todo o tempo, observadas as condições do art. 203.º, ser possível o pedido de restituição ou separação, quando haja apreensão tardia de bens."

O artigo 203.º prevê a apreensão tardia de bens para a massa falida e a possibilidade de se reclamar.

pode ser feita no prazo de um ano subsequente ao trânsito em julgado da sentença de declaração da falência.

Pensamos que o *legislador não quis, intencionalmente,* tal como já resultava do anterior artigo 1241.º do Código de Processo Civil, *sujeitar a qualquer prazo preclusivo o exercício, através de acção, do direito à restituição* e *separação de bens.*

Solução contrária colide com o princípio segundo o qual as medidas de natureza executiva não devem prejudicar terceiros alheios ao processo e, muito principalmente, os titulares de um direito de propriedade (ou de outros direitos reais).

Estes devem ser tutelados não apenas enquanto o processo de falência está a correr, mas também após o termo deste.

Na primeira hipótese, devem, sob pena de existência de erro na forma de processo, recorrer à acção prevista no artigo 205.º, n.º 1.

Mas a argumentação não se afigura convincente. O legislador não podia estar a pensar na reclamação tardia regulada no artigo 203.º quando redigiu o n.º 2 do artigo 203.º. Porquê? Porque a acção regulada no artigo 205.º parte do princípio de que se esgotou o prazo para reclamar. E isto, acrescente--se, quer haja quer não haja apreensão tardia de bens.

As reclamações dos artigos 201.º e 203.º estão num plano; a acção prevista no artigo 205.º está noutro. E o problema está em saber, portanto, se, uma vez precludido o direito de reclamar (mesmo no caso, menos frequente, de apreensão tardia de bens), pode ainda ser proposta acção para restituição e separação após o decurso de um ano subsequente ao trânsito em julgado da sentença de declaração de falência.

Também não cremos que a interpretação defendida pelos mencionados Autores seja a única que confere sentido útil à alínea *b)* do artigo 206.º.

Com efeito, o conteúdo útil desta alínea não se perde quando interpretamos o artigo 205.º, n.º 2, no sentido de que o prazo de caducidade não se estende ao exercício, através de acção, do direito à separação ou restituição de bens.

O que a alínea *b)* do artigo 206.º prevê é uma sanção para o autor que, recorrendo à acção, acaba por, negligentemente, desrespeitar o disposto no n.º 3 do artigo 205.º, não assinando o termo de protesto ou deixando de promover os termos da causa durante trinta dias.

Ocorrendo alguma destas situações, a referida alínea *b)* prevê duas situações: 1.ª *Os bens não foram liquidados:* nesta hipótese, é ainda possível tornar efectivo o direito reconhecido pela sentença; 2.ª *A liquidação já ocorreu:* nesta segunda hipótese, estatui a lei que "o autor é apenas embolsado até à importância do produto da venda, podendo este ser determinado ou, quando o não possa ser, até à importância do valor que lhe tiver sido fixado na avaliação."

Na segunda hipótese, fica aberta a possibilidade de proporem uma acção de reivindicação com forma comum.

Não se estranhe esta reacção tardia, pois ela é admitida, em termos gerais, para o terceiro proprietário que, atingido por uma penhora, não deduz embargos de terceiro.

Mesmo tendo ocorrido a venda executiva, esta ficará sem efeito no caso de se provar, através de acção de reivindicação, que a coisa não pertencia ao executado (cfr. art. 909.º, n.º 1, al. *d*), do Código de Processo Civil).

A interpretação segundo a qual o efeito preclusivo previsto no artigo 205.º, n.º 2, deve limitar-se à pura reclamação de créditos, mas não à acção para separação e restituição de bens, tem sido sufragada pela nossa jurisprudência.

Muito recentemente, a Relação de Coimbra pronunciou-se neste sentido ([293]).

Em síntese, o caso foi o seguinte: ultrapassado o prazo de um ano após ter sido declarada a falência de certa empresa, veio uma sociedade propor, contra a massa falida e demais credores, acção na qual foram formulados dois pedidos:

1.º Pedido de reconhecimento do direito de propriedade sobre certos bens que se encontravam, no momento da apreensão, nos armazéns da falida;
2.º Pedido de separação e de restituição destes.

Apoiando-se no n.º 2 do artigo 205.º, a demandada alegou a caducidade do direito da sociedade autora, excepção que o tribunal julgou procedente.

Interposto recurso para a Relação de Coimbra, veio esta instância, e bem, revogar a decisão do tribunal a *quo*.

No Ac. pode ler-se: "O n.º 2 desse normativo (do art. 205.º) estipula (...) que a reclamação de novos créditos, nos termos do n.º anterior, só pode ser feita no prazo de um ano subsequente ao trânsito em julgado da sentença de declaração da falência.

([293]) Ac. de 3 de Out. de 2000, C.J. 2000, t. IV, pp. 32-33 (com voto de vencido que segue, fundamentalmente, a posição de CARVALHO FERNANDES e de JOÃO LABAREDA).

Como esta norma só se refere à reclamação de novos créditos, levanta-se a questão de saber se a norma se aplica também à reclamação e verificação do direito de separação e restituição de bens, como se decidiu na decisão recorrida, ou se em relação a esta última não há limite de prazo, como pretende a recorrente."

A Relação de Coimbra deu a seguinte resposta: "(...) Nós entendemos que tal norma se aplica apenas ao caso de reclamação de novos créditos e não ao de separação ou restituição de bens, já que é isso que resulta claramente da sua redacção."

E acrescenta: "(...) Como a autora pretende a restituição de bens móveis que, segundo alega, são sua propriedade, é manifesto que (...) se lhe não aplica a regra sobre caducidade desse n.º 2 (...)."

O S.T.J., em Ac. de 16 de Abr. de 1996, também já se pronunciou sobre o problema em análise ([294]), no sentido de que o efeito preclusivo previsto no artigo 205.º, n.º 2, deve restringir-se à pura reclamação de créditos.

"Percebe-se perfeitamente — escreve-se neste aresto — que o artigo 1241.º do CPC (como o art. 205.º do Código de 1993) tratasse diferentemente os casos de reclamação de créditos, dos de restituição e separação de bens."

"Há que não confundir — argumenta-se no texto do aresto — hipóteses cujos pressupostos são diferentes quanto a isto: nas reclamações de créditos estão, por natureza, em causa direitos obrigacionais creditícios (...).

Os casos de restituição ou separação de bens já pressupõem direitos reais dos reivindicantes, ora plenos e exclusivos (restituição), ora coexistentes com direitos do próprio falido (separação)."

E a concluir afirma-se que "o n.º 2 do art. 205.º do Código aprovado pelo DL 132/93 só se aplica a situações de reclamações de créditos; e não a casos em que o peticionante reivindica restituição ou separação de bens com base, directa ou imediata, em direito real."

É esta, sem dúvida, a interpretação correcta da lei.

([294]) Ac. de 16 de Abr. de 1996, C.J. (Acs. do S.T.J.), 1996, t. II, pp. 17-19.

PARTE II

CAPÍTULO I

OPOSIÇÃO DE TERCEIRO NO ÂMBITO DA EXECUÇÃO PARA PAGAMENTO DE QUANTIA CERTA

SUMÁRIO: 23 — A coisa, objecto da penhora, pertence ao executado, mas sobre ela incide: I) a *posse* de um terceiro, nos termos de um *direito real (limitado) de gozo*; II) a *posse* de um terceiro, nos termos de um *direito real de garantia*: *a*) inadmissibilidade da defesa através de embargos de terceiro; *b*) o promitente-comprador titular de um direito de retenção; III) a mera *detenção* de um terceiro — análise de algumas situações: *a*) o promitente-comprador titular de um direito pessoal de gozo e o promitente-comprador titular do direito à execução específica; *b*) o locatário; *c*) o comodatário; *d*) o depositário; *e*) o parceiro pensador; *f*) o credor consignatário; *g*) o cônjuge detentor; *h*) o adquirente de coisa vendida com reserva de propriedade; 24 — A coisa, objecto da penhora, pertence a um terceiro não titular da responsabilidade executiva: *a*) controlo oficioso da titularidade do direito; *b*) embargos de terceiro; *c*) revogação, pela Reforma de 1995-96, do regime constante do artigo 1041.º, n.º 1, 2.ª parte; *d*) embargos deduzidos pelo proprietário não inscrito no registo; *e*) embargos deduzidos pelo proprietário reservatário; *f*) embargos deduzidos pelo terceiro detentor ou possuidor em nome do terceiro proprietário; *g*) embargos deduzidos pelo proprietário de uma coisa incorpórea. 25 — A coisa, objecto da penhora, pertence a um terceiro, titular efectivo da responsabilidade executiva.

23. A coisa, objecto da penhora, pertence ao executado, mas sobre ela incide: I) a posse de um terceiro, nos termos de um direito real (limitado) de gozo

É possível, como sabemos, a coexistência, sobre a mesma coisa, de direitos pertencentes a diversos titulares ([295]).

Tais direitos tanto podem ter o mesmo género, como podem ser diferentes no género e na função que os caracteriza.

Analisemos, para já, a primeira hipótese.

Recaindo uma penhora sobre coisa (imóvel ou móvel) cuja propriedade pertença ao executado, qualquer terceiro que, sobre essa coisa, exerça uma posse nos termos de um *direito real limitado de gozo* pode defender a sua situação possessória se se vir injustamente ameaçado ou esbulhado por efeito de tal penhora.

Suponhamos que, encontrando-se determinado prédio onerado com um direito de usufruto, alguém instaura uma execução contra o proprietário da raiz, na qual vem a ser penhorado o imóvel sem ter em conta o direito do usufrutuário. O imóvel, por outras palavras, é penhorado como se pertencesse em propriedade plena ao executado.

Ou suponhamos que a penhora incidiu sobre o direito de usufruto como se este pertencesse, não a um terceiro, mas ao executado.

Não se respeitando, em qualquer dos casos, o direito do terceiro usufrutuário, este poderá defender a sua posição através de embargos de terceiro ([296])([297]).

([295]) A esta possibilidade de compatibilização entre os vários tipos de direitos reais se refere ORLANDO DE CARVALHO, *Direito das coisas,* p. 230 e s.

([296]) "Havendo sobre a mesma coisa dois direitos reais de gozo (propriedade e usufruto, superfície e fundo, etc...) — escreve CASTRO MENDES, ob. cit., p. 366 e s. — pode, em regra, penhorar-se *cada um,* mas este acto de penhora não se alarga ao outro; senão, o respectivo titular pode usar de embargos de terceiro.

Pode penhorar-se, assim, a nua propriedade (da raiz), mas não por desapossamento do usufrutuário, senão este poderá reagir por embargos de terceiro."

No mesmo sentido, LEBRE DE FREITAS, *A acção executiva,* p. 285.

Na realidade, ele é possuidor em nome próprio quanto ao direito de usufruto ([298]) e vê a sua posse ofendida, ou em vias de o ser (penhora ordenada, mas não efectivada), por um acto judicial.

O terceiro, no caso em análise, não pode pretender excluir a coisa da execução, mas, tão-só, exigir que não ocorra o seu desapossamento e que no decurso do processo se tenha presente que essa mesma coisa se encontra onerada com um direito de usufruto constituído em seu benefício, direito que não pode ser judicialmente afectado.

À luz do actual artigo 351.º, o usufrutuário — e o que se diz vale, igualmente, para qualquer outro titular de um direito real limitado de gozo — tanto pode alegar e provar factos, nos embargos, demonstrativos da sua posse, como limitar-se a invocar e a fazer prova da titularidade do "direito incompatível com a realização ou o âmbito da diligência."

Recordemos que o possuidor goza de uma presunção, ilidível, da titularidade do direito (art. 1268.º, n.º 1, do C.C.).

A *improcedência* dos embargos — nas hipóteses em análise — pode decorrer de dois motivos:

1.º — O terceiro não consegue provar a posse alegada ou o direito real limitado directamente invocado na petição dos embargos;

2.º — O embargante faz a prova da *posse*, mas vem a provar--se, após alegação nesse sentido (veja-se o n.º 2 do art. 357.º), que o executado é o proprietário pleno da coisa.

A propósito dos critérios de que o julgador se deve servir no julgamento da procedência ou da improcedência dos embargos,

---

([297]) Sobre este ponto, escreve C. PUNZI, *La tutela del terzo nel processo esecutivo*, p. 233 : "Tendo sido instaurada uma execução contra o proprietário da coisa, surgirá um conflito entre os credores e o usufrutuário, nos casos em que a coisa é penhorada sem se ter em conta que sobre ela incide um direito de usufruto pertencente a um terceiro."

([298]) E, acrescente-se, mero detentor relativamente ao direito de nua propriedade.

importa perguntar que relevância assume o critério da *caducidade* do direito do terceiro, por efeito da venda executiva (art. 824.º, n.º 2, do C.C.) ([299]).

([299]) A venda executiva, para além de fazer caducar os direitos reais de garantia — ponto que, mais tarde, desenvolveremos — pode fazer caducar os direitos reais de gozo existentes sobre a coisa penhorada. Quais?
Todos aqueles que sejam constituídos após a efectivação de uma penhora válida e eficaz ou posteriormente a qualquer garantia (do exequente ou de terceiro) feita valer em juízo. Para uma análise destas situações, *vide* LEBRE DE FREITAS, ob. cit., p. 286 e s.
Subsistem, ao invés, todos os direitos reais de gozo cuja constituição seja anterior à penhora ou a qualquer outra garantia feita valer na execução.
Como explica LEBRE DE FREITAS, ob. cit., p. 285, para que o direito real de gozo subsista, "é preciso (...) que os direitos de garantia de todos os credores (incluindo o exequente) sejam de data posterior à do direito real de gozo (ex: usufruto) dum terceiro."
Sendo indevidamente penhorado o direito real de gozo, pode o terceiro reagir através de embargos.
No que diz respeito aos direitos que caducam, dispõe o artigo 824.º, n.º 3, do C.C., que tais direitos "transferem-se para o produto da venda dos respectivos bens."
Qual o significado desta transferência?
LEBRE DE FREITAS, ob. cit., p. 288 e s., refere duas hipóteses:
1.ª — O direito real de gozo é posterior ao direito real de garantia feito valer no processo pelo exequente ou por qualquer credor reclamante, *mas é anterior à penhora ocorrida no processo executivo*. Neste caso, o respectivo titular do direito real de gozo tem "(...) direito a receber a sua parte do produto da venda do bem, com respeito pela ordem decorrente das datas de constituição (ou registo) dos vários direitos em causa."
2.ª — O direito real de gozo *é posterior à penhora (ou ao seu registo)*.
Independentemente da caducidade do direito real de gozo, e à luz do artigo 824.º, n.º 3, do C.C., ao titular deste direito deve ser assegurada a transferência do seu direito para o remanescente do produto da venda — um usufruto que caduque, por exemplo, passará a incidir sobre este remanescente.
Para LEBRE DE FREITAS, ob. cit., p. 289, "não há razão alguma para que a sub-rogação do objecto do direito não tenha lugar." Mas, acrescenta, o beneficiário da sub-rogação (titular do direito real) "só pode fazer valer o seu direito (...) enquanto o remanescente da venda não for recebido pelo executado ou, uma vez recebido, enquanto for possível provar a origem da quantia em dinheiro à qual se arroga direito."
Na prática, no entanto, como observa o Autor, ob. cit., p. 289, nota 33, é "raro que algo sobre para o executado do produto da venda executiva."

TEIXEIRA DE SOUSA, referindo-se expressamente aos direitos reais de gozo cuja posse se quer defender por embargos, entende que a posse defensável "é somente (...) a que resulta de um desses direitos que não caduca necessariamente com a venda executiva" (300).

Por outras palavras, e ainda segundo o Autor, "a tutela concedida à posse do terceiro depende primordialmente do destino dessa posse após a venda executiva da coisa penhorada(...)" (301).

Caducando o direito nos termos do qual o terceiro se diz possuidor, não pode obter tutela, pela via dos embargos, a posse que assentava nesse mesmo direito. E o mesmo valerá nos casos em que o embargante, sem invocar a posse, se fundamenta directamente no direito real limitado de gozo.

Mas se o direito do terceiro é, à partida, insusceptível de caducar por efeito da venda, os embargos só poderão ter um desfecho: o da procedência.

Para decidir à luz do n.º 2 do artigo 824.º do C.C., o juiz tem, necessariamente, de pôr em confronto *dois direitos*: o direito real limitado de gozo alegado pelo terceiro e o direito de garantia do exequente.

Trata-se de averiguar — estando em causa bens registáveis, normalmente com base nas regras do registo —, qual dos direitos deve prevalecer. A não prevalência do direito do terceiro embar-

---

No sentido, porém, de que os direitos reais de gozo, ineficazes perante o exequente, caducam no verdadeiro sentido da palavra, e nunca se transferem para o produto da venda, *vide* CASTRO MENDES, *Direito processual civil,* vol. III, p. 467, nota 442. Em sentido contrário podem ver-se, ainda, ANSELMO DE CASTRO, *A acção executiva singular, comum e especial,* p. 231 e s., e PIRES DE LIMA//ANTUNES VARELA, *Código Civil anotado,* vol. II, p. 99.

Resta acrescentar que, na fase da venda judicial, "após o pagamento do preço e do imposto devido pela transmissão, são oficiosamente mandados cancelar os registos dos direitos reais que caducam, nos termos do n.º 2 do artigo 824.º do Código Civil, entregando-se ao adquirente certidão do respectivo despacho" (cfr. art. 888.º).

(300) *A penhora de bens na posse de terceiros,* R.O.A., 1991, p. 81.
(301) Est. cit., p. 79.

gante — porque constituído ou registado após o direito do exequente — implica, por efeito da venda, a sua caducidade ([302]).

Mas este critério da caducidade pode não ter qualquer relevância no julgamento dos embargos. Assim acontecerá nos casos em que o embargante alegue uma *posse* fundada num direito a que deva conferir-se prevalência sobre o do exequente e o embargado se lhe oponha invocando a chamada *exceptio dominii* ([303]).

Conforme sublinhámos já, é sobre os embargados (executado ou exequente) que recai o ónus de alegar e provar a existência de um direito incompatível com a posse do embargante.

O julgamento de tal *exceptio* não implica, por parte do juiz, o recurso ao critério da subsistência ou da extinção do direito do terceiro por efeito da venda executiva ([304]) ([305]).

([302]) "Se (...), explica TEIXEIRA DE SOUSA, est. cit., p. 82, a posse do terceiro se baseia num direito real de gozo que caduca com a venda executiva — seja porque, embora constituído antes do registo da penhora, o seu registo é posterior, seja porque o direito, embora oponível a terceiros independentemente do registo, foi constituído depois da penhora (art. 824.º, n.º 2 do CC) —, então esse terceiro não pode defender a sua posse, porque, como esse direito caduca com a venda executiva, a posição daquele possuidor nunca prevalece sobre a do credor exequente."

([303]) Esta *exceptio*, recordamos, tanto se pode traduzir na alegação de que a propriedade da coisa penhorada não pertence ao terceiro embargante, mas ao executado, como na alegação de que ao executado pertence a titularidade de um direito mais amplo, impeditivo da existência do direito menor alegado pelo embargante.

([304]) Em sentido contrário, TEIXEIRA DE SOUSA, *Acção executiva singular*, p. 304. Segundo este Autor, "a *exceptio dominii* só pode ser considerada procedente quando a posse do terceiro não seja oponível à execução, ou seja, quando ela se deva extinguir com a venda executiva (cfr. art. 824.º, n.º 2, CC); se essa posse se mantiver depois daquela venda, isso significa que ela é oponível à execução e, por isso, não pode ser afectada pela *exceptio dominii*."

E logo a seguir: "Assim, as condições de procedência da *exceptio dominii* determinam-se pelo seguinte critério: a propriedade do executado sobre os bens penhorados prevalece sobre a posse do terceiro quando esta se baseia num direito que, por ter sido registado ou constituído depois do arresto, penhora ou garantia, é inoponível à execução e, por isso, se extingue com a venda executiva (...)."

([305]) *Vide* ainda sobre este ponto, e no sentido do texto, REMÉDIO MARQUES, *Curso de processo executivo comum à face do Código revisto*, p. 318, nota 901.

Não estão em confronto, em tal julgamento, o direito do embargante e o direito de garantia registado do exequente ([306]). Em jogo está o direito do embargante (nos casos em que se fundamenta na posse, beneficia da presunção da titularidade correspondente à posse invocada, nos termos do art. 1268.º, n.º 1, do C.C.) e o eventual direito incompatível invocado na contestação dos embargos.

O juiz julgará os embargos em função da prova que for produzida, sem ter de recorrer ao critério da caducidade consagrado no n.º 2 do artigo 824.º do C.C.. Se resultar dessa prova que o executado é titular do direito que invoca ([307]), os embargos serão julgados improcedentes.

Exemplo: No âmbito de uma execução, proposta por *A* contra *B*, é penhorado um imóvel do executado. Após a efectivação e o registo da penhora, *C* vem deduzir embargos de terceiro, alegando ser possuidor nos termos de um direito de usufruto ou de um direito de superfície.

B contesta tais embargos de terceiro, baseando-se no facto de ser *proprietário pleno* do imóvel penhorado (*exceptio dominii*). O tribunal dá razão ao executado porque, por exemplo, a posse do embargante não tinha a duração necessária para conduzir à usucapião.

Nesta hipótese, a *exceptio dominii* vai ser julgada procedente, sem necessidade de se atender ao disposto no artigo 824.º, n.º 2, do C.C..

Isto não significa, no entanto, que o critério constante do n.º 2 do artigo 824.º do C.C. não sirva, em muitos casos, para julgar os embargos procedentes ou improcedentes.

([306]) É perfeitamente possível que a *exceptio dominii* venha a ser julgada sem que tenha sido feito o registo da penhora em benefício do exequente ou, inclusivamente, sem que tenha sido efectuada qualquer penhora (embargos de terceiro preventivos).

([307]) Tanto pode tratar-se, repetimos, do direito correspondente à posse alegada pelo embargante, como de um direito mais amplo com ele incompatível (o embargante, por exemplo, alega a posse de um direito real limitado sobre a coisa penhorada e prova-se que esta pertence, em propriedade plena, ao executado).

Imaginemos que o embargante alega o exercício de uma posse fundada num direito real limitado de gozo ou, apenas, a titularidade deste direito.

Se o embargado (exequente), na contestação, vier alegar que procedeu ao registo da penhora antes da data em que teve início a posse invocada pelo embargante ou antes do momento do nascimento do direito real, é evidente que os embargos têm de ser julgados improcedentes ([308]).

([308]) E devem ser julgados procedentes na hipótese inversa.

Do confronto entre o presumido direito real de gozo do terceiro embargante (nos casos em que se fundamente na posse) e o direito de garantia do exequente pode, na verdade, ter de concluir-se pela subsistência do primeiro. Os embargos devem, nesta eventualidade, ser julgados procedentes.

Parece, no entanto, que essa subsistência, numa hipótese muito particular, pode vir, mais tarde, a ser posta em causa. Referimo-nos ao caso em que o direito real de gozo do terceiro é "anterior à constituição (ou registo) de qualquer direito real do exequente, mas posterior à constituição (ou registo) de direito real de garantia invocado por um dos credores reclamantes"(cfr. LEBRE DE FREITAS, *A acção executiva*, p. 286).

Exemplifiquemos: *A* hipoteca, em 1990, em benefício de *B*, um imóvel. No ano seguinte, *A* constitui, sobre esse mesmo imóvel, um usufruto em benefício de *C*.

D, credor de *A*, instaura contra este, em 1992, uma acção executiva para pagamento de quantia certa.

Ora, se nesta acção executiva a penhora vier a incidir sobre o imóvel, como se pertencesse em plena propriedade a *A*, o usufrutuário (*C*) pode recorrer aos embargos de terceiro com o objectivo de tutelar *o seu direito*.

No entanto, *B*, titular de uma garantia real, tem o direito de, mais tarde, vir reclamar o seu crédito na execução instaurada por *D*, sendo certo que, juridicamente, o usufrutuário não tem um direito oponível a este credor hipotecário.

Razão assiste, por isso, a LEBRE DE FREITAS, *A penhora de bens na posse de terceiros*, R.O.A., 1992, p. 324, e *A acção executiva*, p. 276, quando defende, na esteira de CASTRO MENDES, *Direito processual civil*, vol. III, p. 470 e ss., que o credor com garantia real pode, uma vez citado, requerer a extensão do objecto da penhora, de modo que esta possa abranger o objecto total da sua garantia.

O credor hipotecário conseguirá, desta forma, pagar-se à custa da venda da coisa, sem se restringir a alienação à nua propriedade.

Decorre desta solução que o direito real de gozo do terceiro acaba, afinal de contas, por caducar, não podendo, na prática, ser mantida a decisão que julgou os embargos procedentes.

Qual é, neste caso, o fundamento da decisão do juiz? Precisamente o artigo 824.°, n.° 2, do C.C.

Deve, assim, concluir-se, em primeiro lugar, que se o embargante deduzir a *exceptio dominii*, não há que recorrer, para a julgar, ao critério do n.° 2 do artigo 824.° do C.C.

Em segundo lugar, deve dizer-se que o juiz pode fazer apelo a tal critério, para resolver o problema da procedência dos embargos, nos casos em que estejam em confronto o direito (presumido ou não presumido) do terceiro e o direito de garantia do exequente.

II) **A posse de um terceiro, nos termos de um direito real de garantia:**

a) **Inadmissibilidade da defesa através de embargos de terceiro**

É sabido que os *direitos reais de garantia* conferem ao respectivo titular o poder de realizar determinado valor à custa de uma coisa.

A hipoteca e os privilégios creditórios não implicam a entrega da coisa ao credor e, por conseguinte, este nunca poderá invocar uma situação ou relação de posse.

Mas já o mesmo não acontece com o *direito de penhor* (art. 669.° e ss. do C.C.) e com o *direito de retenção* (art. 754.° e ss. do C.C.).

Ocupemo-nos, por isso, para já, destas duas garantias.

O problema que neste momento se coloca é o de saber se, no âmbito de uma execução para pagamento de quantia certa, pode a coisa — sobre a qual o terceiro exerce poderes de facto correspondentes a um direito de penhor ou a um direito de retenção — ser objecto de actos executivos e, mais concretamente, ser judicialmente retirada a esse terceiro alheio à execução.

Sabendo-se que o processo em causa se destina a obter o cumprimento de obrigações pecuniárias, executando-se, com vista a esse fim, o património do executado, interessa averiguar, em primeiro lugar, se aquela posição do terceiro é susceptível de impedir a penhora.

E deve perguntar-se, em segundo lugar, se, não sendo susceptível de a impedir, pode o terceiro ser mantido na posse da coisa até ao termo do processo executivo ([309]).

À primeira questão deve responder-se de forma negativa. A penhora pode incidir sobre a coisa objecto da garantia do terceiro. O facto de existir, a favor de pessoa alheia à execução, um direito de garantia não implica nem o afastamento da coisa do património do devedor ([310]), nem, de outro modo, a impossibilidade de a coisa vir a ser alienada ou sujeita a novas onerações ([311])([312]). Consequentemente, essa mesma coisa pode ser penhorada no âmbito de uma execução instaurada por qualquer credor.

Por conseguinte, a existência sobre a coisa de uma posse alheia fundada num direito de garantia não constitui qualquer entrave à sua apreensão judicial.

A lei processual estabelece, no artigo 831.º, que "os bens do executado são apreendidos ainda que, por qualquer título, se encontrem em poder de terceiro, sem prejuízo, porém, dos direitos que a este seja lícito opor ao exequente."

Torna-se claro que este preceito não permite a prática de actos ilícitos, a ofensa de situações subjectivas cuja titularidade pertença a terceiros, podendo estes — através dos meios próprios — defender os direitos violados.

Nos casos em análise, porém, a penhora e a posterior apreensão não podem ser afastadas, pois são lícitas e insusceptíveis de causar qualquer prejuízo ao titular de uma posse radicada num direito real de garantia.

Vejamos porquê.

([309]) Lembramos, uma vez mais, que partimos, para já, de hipóteses em que à titularidade da garantia real se alia uma situação possessória.

([310]) *Vide* os artigos 601.º e 817.º do C.C.

([311]) Na eventualidade de a coisa vir a ser nomeada à penhora pelo exequente, sempre se pode dizer que este agiu legitimamente em vez do executado.

([312]) Os vários direitos de garantia não são, entre si, incompatíveis. Apenas há que graduá-los.

Em primeiro lugar, a perda da posse — a que a penhora pode conduzir — não implica a perda do direito de garantia do terceiro.

Pode objectar-se que, nos termos do artigo 761.º do C.C., a entrega da coisa faz extinguir o direito de retenção e que, segundo o artigo 677.º do mesmo Código, o penhor se extingue pela "restituição da coisa empenhada."

Deve, no entanto, entender-se que a entrega ou a restituição previstas nestas disposições são apenas aquelas que o titular do direito de garantia efectua voluntariamente ([313])([314]).

Não abdica, assim, do direito de garantia aquele que, numa execução para pagamento instaurada por outrem, se vê obrigado a entregar a coisa penhorada sobre a qual incide o seu direito real.

Em segundo lugar, e uma vez que o n.º 2 do artigo 824.º do C.C. dispõe que "os bens são transmitidos livres dos direitos de garantia que os onerarem" ([315]), o nosso sistema processual, em

---

([313]) Pergunta CASTRO MENDES, *Direito processual civil*, vol. III, p. 366: "Pode penhorar-se um objecto empenhado?" E responde de imediato: "Parece que sim, tendo o credor pignoratício o direito de reclamar o pagamento do seu crédito na execução, nos termos dos arts. 864.º, n.º 1, alínea b), e segs.

E o regime — acrescenta o Autor — aplica-se ao retentor, *ex vi* do art. 758.º do Código Civil.

A disposição do art. 761.º, *in fine,* do mesmo diploma ('o direito de retenção extingue-se (...) pela entrega da coisa') entende-se referido à entrega *voluntária*."

([314]) No direito italiano tem-se igualmente entendido que a perda da posse da coisa implica a perda do direito de retenção apenas se desta perda se puder deduzir uma implícita renúncia à garantia.

E sustenta-se, concretamente, que "a entrega do bem a um depositário, a um órgão executivo ou a um funcionário judicial não pode equiparar-se à entrega voluntária a qualquer terceiro."

Cfr. C. PUNZI, *La tutela del terzo nel processo esecutivo,* p. 276.

([315]) A venda executiva faz caducar tanto os direitos de garantia anteriores à penhora, como os posteriores (ineficazes perante o exequente e perante qualquer terceiro que seja titular de garantia anterior sobre a mesma coisa).

Ora, nos termos do artigo 824.º, n.º 3, do C.C., "os direitos de terceiro que caducarem (...) transferem-se para o produto da venda dos respectivos bens."

Que quer isto dizer?

Quer dizer, muito simplesmente, que o terceiro pode pagar-se à custa do produto obtido pela venda da coisa. Em rigor, explica CASTRO MENDES,

matéria de execução, não se limita a atribuir aos terceiros em causa o direito de intervirem na execução, mas impõe-lhes essa intervenção no caso de quererem realizar o seu direito de crédito, podendo dizer-se que recai sobre os titulares de direitos de garantia um autêntico *ónus de reclamação*.

Note-se que, nos termos do artigo 865.°, n.° 1, "só o credor que goze de garantia real sobre os bens penhorados pode reclamar, pelo produto destes, o pagamento dos respectivos créditos", devendo, para isso, ser citado para a execução (art. 864.°) ([316])([317]).

Diferente era o regime do Código de Processo Civil de 1939, cujo artigo 864.° permitia que todos os credores do executado interviessem na execução reclamando os seus créditos.

Tais credores tinham, aliás, o poder de, nos termos do artigo 870.°, "nomear à penhora outros bens além dos já penhorados."

---

ob. cit., p. 465, o direito de garantia "não caduca, mas (...) transfere-se do bem vendido (...) para o produto da venda." Ocorre, afinal de contas, uma sub-rogação objectiva. Cfr. LEBRE DE FREITAS, *A acção executiva*, p. 288.

De caducidade, no verdadeiro sentido da palavra, só pode falar-se — segundo CASTRO MENDES, ob. cit., p. 465 — nos casos em que o direito de garantia é registado após a penhora, ou nas hipóteses em que o titular da garantia não reclama o crédito na execução (*vide* também, quanto a este último ponto, ANSELMO DE CASTRO, *A acção executiva singular, comum e especial*, p. 228).

([316]) São citados pessoalmente os credores conhecidos (arts. 864.°, n.° 1, al. *b*), e 864.°, n.° 2, 1.ª parte) e editalmente os que forem desconhecidos e os sucessores de credor conhecido (arts. 864.°, n.° 1, al. *d*), e 864.°, n.° 2, 2.ª parte).

No núcleo dos credores desconhecidos — referidos na al. *d*) do artigo 864.°, n.° 1 —, sublinha ANTUNES VARELA, R.L.J., ano 126.°, p. 20, nota 1, "tem o Código de Processo de 1961 especial e destacadamente em vista os credores com garantia real sobre os bens penhorados, cuja garantia não conste do registo, como explicitamente se declara no n.° 2 (2.ª parte) do mesmo artigo 864.°." A Reforma de 1995-96 não trouxe, neste ponto, qualquer alteração.

([317]) Abre-se, deste modo, o denominado concurso de credores. Como explica LEBRE DE FREITAS, ob. cit., p. 268 e s., este concurso "é processado por apenso ao processo de execução (art. 865-4). Trata-se de mais um processo declarativo de estrutura autónoma, mas funcionalmente subordinado ao processo executivo."

O Código de 1961 apresenta, neste ponto, nas palavras de ANTUNES VARELA, uma "limitação drástica" ([318]), circunscrevendo o chamamento aos credores munidos de garantia real sobre os bens penhorados.

A reclamação depende, portanto, de dois requisitos fundamentais.

O credor reclamante tem de ser titular de um direito de garantia e, para além disso, estar munido de um título executivo. Caso não disponha de título, o credor pode requerer que a graduação dos créditos, relativamente aos bens abrangidos pela sua garantia, fique a aguardar que ele obtenha na acção própria uma sentença exequível (art. 869.º, n.º 1).

À reclamação segue-se a *verificação* (reconhecimento judicial do crédito) e a *graduação* do direito (art. 868.º) ([319]).

Pode concluir-se, de tudo isto, que tanto o *credor pignoratício*, como o *retentor* têm de reclamar os seus créditos na execução instaurada por terceiros, sob pena de verem caducar os seus direitos.

Existindo oportuna reclamação, o direito real de garantia extingue-se com a venda judicial, transferindo-se para o produto da venda.

Sendo, portanto, o direito de garantia dos terceiros possuidores *compatível* com uma execução para pagamento de quantia certa, a penhora pode incidir, licitamente, sobre o objecto da garantia ([320])([321])([322]).

([318]) Cfr. R.L.J. cit., p. 20, nota 1.
([319]) "Logo que estejam verificados todos os créditos reclamados — escreve LEBRE DE FREITAS, ob. cit., p. 271 —, o juiz gradua-os, isto é, estabelece a ordem pela qual devem ser satisfeitos, incluindo o crédito do exequente, de acordo com os preceitos aplicáveis de direito substantivo."
([320]) C. PUNZI, *La tutela del terzo nel processo esecutivo,* p. 259 e ss., faz referência aos casos em que, no âmbito de um processo executivo, ocorre um conflito entre credores, sendo um deles exequente e o outro titular de um direito de garantia.

O Autor observa, em primeiro lugar, que tanto o penhor, como a hipoteca, como os privilégios e o direito de retenção não subtraem o bem ao património do devedor, nem originam a sua impenhorabilidade.

Questão diferente é a de saber se um terceiro — titular de um direito de garantia sobre o objecto penhorado — pode invocar a sua posição com o único objectivo de se manter na posse da coisa até ao termo do processo executivo (art. 356.º, 2.ª parte).

Os embargos teriam, nesta hipótese, a função anómala de assegurar *provisoriamente* ao embargante os poderes de facto que exerce sobre a coisa.

Por outro lado, refere-se PUNZI ao facto de os titulares destes direitos não terem qualquer interesse em impedir a execução do objecto da garantia. Antes pelo contrário, o seu interesse há-de ser o de que a execução venha a desenvolver-se de forma a garantir os direitos que lhes assistem ou, noutros termos, a satisfação dos respectivos direitos de crédito.

No mesmo sentido observa E. FAZZALARI, *Lezioni di diritto processuale civile*, vol. II, p. 149, que o titular de um direito real de garantia sobre o bem submetido à execução não é titular de um direito incompatível e, consequentemente, não pode opor-se à execução. Apenas lhe é permitido, como explica, "satisfazer-se, intervindo na execução."

([321]) Sobre este ponto pronuncia-se TEIXEIRA DE SOUSA, *A penhora de bens na posse de terceiros,* R.O.A., 1991, p. 83, nos seguintes termos: "O penhor e o direito de retenção atribuem ao credor pignoratício e ao retentor a posse sobre o bem onerado (arts. 699.º, n.º 2 e 754.º CC). Assim, se a posse do terceiro se baseia num desses direitos reais de garantia, o terceiro deve reclamar o respectivo crédito na execução pendente (art. 864.º, al. *b*), CPC).

Esse possuidor — conclui — não pode embargar de terceiro, dado que o seu direito real de garantia, quando não devidamente reclamado, caduca com a venda executiva nos termos do art. 824.º, n.º 2, CC."

Também para LEBRE DE FREITAS, ob. cit., p. 242, a posse que se baseie em direito real de garantia (credor pignoratício ou titular do direito de retenção "não é, em regra, ofendida pela penhora, pois tem mero fim de garantia dum crédito do possuidor e, reclamando-o no processo de execução, o credor verá o seu interesse totalmente satisfeito."

"Mas pode haver casos — acrescenta — em que se vislumbre um interesse jurídico do credor em embargar. É o que acontece quando o prazo para o cumprimento é estabelecido no interesse, ainda que não exclusivo, do credor pignoratício ou consignatário."

([322]) Pelo que respeita à jurisprudência, pode ver-se, por exemplo, o Ac. da Relação de Évora de 26 de Jan. de 1983, C.J., 1983, t. I, p. 291 e s., onde se escreve:

"Nada impede, pois, que o bem dado em penhor seja objecto de penhora em processo de execução. Neste caso, o credor pignoratício conserva a sua garantia, traduzida em direito de preferência sobre o produto da liquidação."

Ora, a verdade é que os embargos devem ser usados apenas nos casos em que o terceiro pretende manter o exercício de poderes de facto sobre a coisa, mesmo após a extinção do processo executivo.

A penhora que retire a coisa da disponibilidade material de um terceiro possuidor, titular de um direito real de garantia, não lhe causa nenhum prejuízo, pois a coisa encontra-se em seu poder, não para lhe proporcionar a respectiva fruição, mas para lhe assegurar a realização de determinado valor.

Apesar da perda dos poderes de facto, o processo executivo não deixa de assegurar ao titular da garantia real aquilo a que ele tem unicamente direito — a satisfação do seu crédito à custa da coisa e não o exercício de poderes de facto sobre a coisa à custa do alegado direito de garantia. O terceiro apenas poderá manter a coisa em seu poder se for — no âmbito da execução — nomeado depositário, o que é perfeitamente possível com base nas disposições que regulam o depósito da coisa penhorada (arts. 839.º e 848.º).

Qual a consequência da dedução de embargos de terceiro por alguém que invoque uma posse baseada num direito real de garantia?

Atendendo à posse invocada e à execução em causa — concretamente aos efeitos que advêm da venda executiva da coisa — o juiz deve, desde logo, formulando um juízo sobre a *viabilidade* da pretensão, indeferir *in limine* tais embargos (art. 354.º) [323].

Quanto a nós, deve mesmo entender-se que, nestas hipóteses, o embargante se apresenta desprovido de interesse processual. O terceiro, com efeito, não necessita da tutela judicial requerida, dispondo, como referimos, de um meio apropriado para a realização do seu direito de crédito: a reclamação, nos termos do artigo 865.º.

---

[323] Em defesa desta solução, pode ver-se o Ac. da Relação do Porto de 26 de Set. de 1996, C.J. 1996, t. IV, p. 201.

Acabámos de analisar os casos em que o embargante invoca uma *posse* nos termos de um direito real de garantia.

Que acontecerá quando, sem se alegar qualquer posse, os embargos forem fundamentados unicamente na titularidade de uma garantia real?

A solução em nada diverge da anterior. Os embargos estarão condenados ao insucesso, uma vez que, pelas razões atrás apontadas, as garantias reais não são incompatíveis com a execução para pagamento de quantia certa.

II — *b)* **O promitente-comprador titular de um direito de retenção**

O contrato-promessa, regulado nos artigos 410.º a 413.º do C.C. ([324]), é a "*convenção pela qual ambas as partes, ou apenas uma delas, se obrigam, dentro de certo prazo ou verificados certos pressupostos, a celebrar determinado contrato (...)*" ([325]).

Este contrato, como é sabido, tanto pode ter eficácia meramente *obrigacional*, como eficácia *real*.

Na primeira hipótese, o contrato vincula apenas as partes.

Na segunda, o contrato é oponível a terceiros.

Imaginemos agora o seguinte caso: *A* celebra com *B* um contrato-promessa bilateral de compra e venda de um imóvel, ocorrendo a imediata *tradição* da coisa para o promitente-comprador (*B*). O negócio tem *eficácia meramente obrigacional*.

Entretanto, *C*, credor de *A,* instaura contra este uma acção para pagamento de quantia certa e o tribunal prepara-se para penhorar ou penhora efectivamente o imóvel, objecto do contrato prometido.

([324]) *Vide*, também, os artigos 441.º e s., 755.º, n.º 1, al. *f)*, e 830.º do mesmo Código.

([325]) Cfr. ANTUNES VARELA, *Das obrigações em geral,* vol. I, p. 308.

Sobre a noção e os interesses subjacentes ao contrato-promessa, *vide* RUI DE ALARCÃO, *Direito da obrigações,* p. 131 e ss.

Como atrás se assinalou, da penhora pode resultar que *B* venha a perder os poderes de facto que exerce sobre a coisa ([326]).

Pergunta-se: poderá o promitente-comprador, alegando a existência de uma disponibilidade material, evitar ou afastar a penhora do imóvel?

Importa determinar, antes de tudo, os direitos que pertencem ao promitente-comprador e averiguar se, de facto, ele pode, como detentor, recorrer aos embargos de terceiro.

Em primeiro lugar, o facto de o contrato-promessa ser dotado de eficácia meramente relativa não retira ao promissário, como é sabido, o denominado direito de *execução específica* ([327])([328]). Nos

---

([326]) Sobre aquilo que pode acontecer, por via da penhora, ao terceiro promitente-comprador, atentemos nas palavras esclarecedoras do Ac. da Relação de Lisboa de 14 de Nov. de 1991, C.J. 1991, t. V, p. 132 e ss.:

"Não nos podemos esquecer que a penhora dos imóveis é feita mediante termo no processo, pelo qual os bens se consideram entregues ao depositário (n.º 2 do art. 838.º do C.P.C.); o depositário é nomeado, sob informação da secretaria (...) (n.º 1 do art. 831.º do C.P.C.); se o depositário encontrar dificuldades em tomar conta dos bens (...) pode requerer que um funcionário se desloque ao local da situação dos prédios, a fim de lhe fazer a entrega efectiva (n.º 1 do art. 840.º do C.P.C.). Só se os bens estiverem arrendados, o depositário deles será o arrendatário (n.º 1 do art. 841.º do C.P.C.).

Portanto, o detentor do locado, em caso de penhora, logo na efectivação da mesma (...) pode ficar sem a coisa — para o que basta a secretaria desconhecer a sua existência ou, sabendo dela, informe outra pessoa para ser depositário do objecto a penhorar, seguindo-se os termos dos arts. 839.º e 840.º do C.P.C."

([327]) Refira-se que o "direito à execução específica aproveita aos dois contraentes e não depende de uma prévia entrega do prédio ao promitente--adquirente." Cfr. ALMEIDA COSTA, *Contrato-promessa. Uma síntese do regime vigente,* p. 56.

Defendendo, na vigência do Dec.-Lei n.º 236/80, de 18 de Jul., que o exercício do direito à execução específica não dependia da prévia tradição da coisa, pode ver-se LEBRE DE FREITAS, *O contrato-promessa e a execução específica (comentário a uma decisão judicial),* B.M.J., n.º 333, p. 16 e s.

([328]) "(...) A chamada execução específica — escreve CALVÃO DA SILVA, *Sinal e contrato-promessa,* p. 140 — é, em última instância, no plano funcional, a mesma coisa que a acção de cumprimento: apenas esta se dirige à condenação do devedor no adimplemento da prestação, enquanto aquela produz imediatamente os efeitos da declaração negocial do faltoso (sentença constitutiva)."

termos do artigo 830.º, n.º 1, do C.C., "se alguém se tiver obrigado a celebrar certo contrato e não cumprir a promessa, pode a outra parte, na falta de convenção em contrário, obter sentença que produza os efeitos da declaração negocial do faltoso, sempre que a isso não se oponha a natureza da obrigação assumida."

Supondo que, no caso apresentado, não está afastada a possibilidade de requerer a execução específica ([329]), e tendo sido o imóvel — como se disse — objecto de uma penhora, no âmbito de determinada execução instaurada por um terceiro, poderá o promitente-comprador reagir contra tal diligência através de embargos de terceiro?

Efectuada e registada a penhora, o exequente passa a ser titular de um direito real de garantia oponível *erga omnes* — o direito de se pagar à custa da coisa. Ora, o direito de execução específica — direito de natureza creditória — não é oponível ao direito de natureza real que nasce com a penhora em benefício do exequente. Fica, deste modo, isto é, com fundamento apenas no *direito à execução específica*, afastada qualquer possibilidade de se tutelar a detenção que pertencia ao promitente-comprador e que tinha sido originada pela tradição da coisa, objecto do contrato prometido.

Suponhamos, agora, que antes de ter sido registada a penhora do imóvel, o promissário instaurou e registou uma acção na qual foi formulado o pedido de execução específica do contrato-promessa.

([329]) Pode ser afastada, como refere a lei, mediante "convenção em contrário."

Escreve ALMEIDA COSTA, ob. cit., p. 54 e s.: "Entende-se que há convenção em contrário, se existir sinal (arts. 440.º a 442.º) ou se houver sido fixada uma pena para o não cumprimento da promessa (art. 830.º, n.º 2). Presume-se, em tais casos, que as partes quiseram que esse fosse o critério de reparação e a única consequência do inadimplemento. Trata-se de meras presunções ilidíveis (art. 350.º, n.º 2).

Todavia — acrescenta o Autor —, elimina-se a possibilidade de exclusão, expressa ou presumida, da alternativa da execução específica, quanto às promessas respeitantes a contratos onerosos de transmissão ou de constituição de direitos reais sobre edifícios, ou suas fracções autónomas, já construídos, em construção ou a construir (art. 830.º, n.º 3)."

Prevalecerá, nesta hipótese, sobre o direito de garantia que com a penhora se formou em benefício do exequente, a sentença constitutiva que decretar a execução específica?

Entendemos que sim.

Como esclarece ALMEIDA COSTA, o registo da acção *visa ampliar os efeitos da respectiva sentença*, tornando-a eficaz, não só entre as partes, mas também relativamente a terceiros que tenham adquirido direitos sobre a coisa na pendência do pleito ([330])([331]).

([330]) Cfr. *Contrato-promessa. Uma síntese do regime vigente*, p. 63, nota 97. Neste sentido, na doutrina italiana, pode ver-se PROTO PISANI, *La trascrizione delle domande giudiziali,* p. 362.

([331]) Embora a acção de execução específica se destine a obter o cumprimento coercivo de uma obrigação (a obrigação de o promitente faltoso emitir a declaração negocial necessária à realização do contrato prometido), parece não poder pôr-se em dúvida que a lei a sujeita a registo — quando, bem entendido, estejam em causa bens imóveis (ou móveis registáveis).

Com efeito, o artigo 3.º, n.º 1, al. *a*), do C.R.P. impõe o registo das acções "que tenham por fim, principal ou acessório, o reconhecimento, a constituição, a modificação ou a extinção de algum dos direitos referidos no artigo anterior."

O legislador, no fundo, sujeita a registo todas as acções que, directa ou indirectamente, possam ter reflexos na *titularidade*, no *conteúdo* ou na *existência* de *direitos reais* sobre imóveis (ou móveis registáveis).

Ora, da sentença que decrete a execução específica de um contrato-promessa de compra e venda resulta, para o autor da acção, a aquisição do direito de propriedade sobre o objecto do contrato prometido.

A consequência da omissão do registo é a de que "as acções sujeitas a registo não terão seguimento após os articulados sem se comprovar a sua inscrição (...)" (art. 3.º, n.º 2, do C.R.P.).

O registo é feito provisoriamente (art. 92.º, n.º 1, al. *a*), do C.R.P.), convertendo-se em definitivo após o trânsito em julgado da sentença que venha a decretar a execução específica (arts. 3.º, n.º 1, al. *c*), e 101.º, n.º 2, al. *b*), do C.R.P.).

E, nos termos do artigo 6.º, n.º 3, do C.R.P., "o registo convertido em definitivo conserva a prioridade que tinha como provisório."

No sentido de que a acção de execução específica está sujeita a registo, *vide*, na doutrina, OLIVEIRA ASCENSÃO/PAULA COSTA E SILVA, *Anotação ao Ac. do S.T.J. de 8 de Maio de 1991*, R.O.A., 1992, pp. 202 a 205, e CALVÃO DA SILVA, *Sinal e contrato-promessa*, p. 149 e s., e, na jurisprudência, o Ac. da Relação de Lisboa de 23 de Fev. de 1995, C.J., 1995, t. I, p. 133 e s.

Em sentido contrário, Ac. da Relação de Lisboa de 5 de Fev. de 1990, C.J., 1990, t. I, p. 158 e ss.

Problema de solução mais difícil, e muito controvertido, é o de saber que efeitos decorrem do registo de uma acção de execução específica.

O registo da acção permite alargar a terceiros os efeitos da sentença que decrete a execução específica e, portanto, certas transmissões da coisa (objecto do contrato prometido) são ineficazes perante o autor da acção.

Mas quais as transmissões que devem considerar-se ineficazes?

O entendimento dominante é o de que *são ineficazes perante o autor da acção todas as transmissões da coisa registadas após o registo da acção*. Neste sentido, GALVÃO TELLES, *Registo de acção judicial*, O Direito, ano 124.°, p. 495 e ss., OLIVEIRA ASCENSÃO/PAULA COSTA E SILVA, est. cit., p. 205 e ss., e CALVÃO DA SILVA, ob. cit., p. 151 e ss.

Segundo este último Autor, das soluções consagradas no C.R.P., em especial no artigo 6.°, resulta que *"o registo da sentença favorável ao promitente--comprador prevalece sobre o registo da aquisição de terceiro ao promitente-vendedor feito depois do registo da acção, ainda que a venda tenha sido anterior"* (ob. cit., p. 123). O n.° 1 do mencionado preceito estabelece que "o direito inscrito em primeiro lugar prevalece sobre os que se lhe seguirem relativamente aos mesmos bens, por ordem da data dos registos e, dentro da mesma data, pelo número de ordem das apresentações correspondentes." E o n.° 3 estatui que "o registo convertido em definitivo conserva a prioridade que tinha como provisório." "Tudo se passa — nas palavras de CALVÃO DA SILVA, ob. cit., p. 152 —, para efeitos de aplicação da prioridade do registo, como sendo o próprio promitente vendedor a alienar a coisa ao promitente-comprador na data do registo da acção de execução específica."

Em sentido diferente e baseando-se no artigo 271.° do Código de Processo Civil, sustenta ALMEIDA COSTA, *Anotação ao Ac. do S.T.J. de 15 de Mar. de 1994*, R.L.J., ano 127.°, p. 215 e ss., que o registo das acções, no nosso direito, tem por única função acautelar o autor contra transmissões da coisa litigiosa (isto é, transmissões ocorridas na pendência da causa) com registo posterior ao registo da acção. Do registo de uma acção de execução específica, portanto, nenhum efeito ou vantagem resultaria, para o autor do pleito, contra uma alienação anterior, não registada, do objecto do contrato prometido.

O invocado preceito do Código de Processo Civil, porém, não derroga as regras consagradas no Código do Registo Predial, pois tem apenas por objectivo ampliar a eficácia da sentença, tornando-a oponível, quando a acção tenha sido registada, a quem adquira a coisa litigiosa na pendência do pleito (a sentença vale, neste caso, como título executivo, contra o terceiro "avente causa"). E o que naquelas regras se estabelece é, por um lado, que "os factos

Problema diferente é o de saber se poderá o promitente-comprador que, à data da penhora, já requerera a execução específica, recorrer aos embargos de terceiro, com o objectivo de tutelar a detenção que exerce sobre a coisa.

A resposta a esta complexa questão fica, para já, em suspenso. No âmbito da matéria que tratamos neste momento, apenas nos interessa a situação jurídica do promitente-comprador enquanto titular de uma posse fundada num direito real de garantia. Passemos, portanto, à análise deste ponto.

---

sujeitos a registo só produzem efeitos contra terceiros depois da data do respectivo registo" (art. 5.º, n.º 1) e, por outro lado, que "o direito inscrito em primeiro lugar prevalece sobre os que se lhe seguirem relativamente aos mesmos bens" (art. 6.º, n.º 1).

As soluções constantes do C.R.P. (em especial, as que se retiram do art. 6.º) foram deixadas na sombra pelo Ac. uniformizador de jurisprudência n.º 4/98, de 5 de Nov. (publicado no D.R. n.º 291, I Série-A, de 18 de Dez. de 1998), onde se firmou jurisprudência no sentido de que "a execução específica do contrato-promessa sem eficácia real, nos termos do artigo 830.º do Código Civil, não é admitida no caso de impossibilidade de cumprimento por o promitente-vendedor haver transmitido o seu direito real sobre a coisa objecto do contrato prometido antes de registada a acção de execução específica ainda que o terceiro adquirente não haja obtido o registo da aquisição antes do registo da acção; o registo da acção não confere eficácia real à promessa."

Segundo o Supremo, "não se concebe que se possa executar especificamente um contrato cuja impossibilidade de cumprimento já ocorrera num momento anterior" (através da venda da coisa, objecto do contrato prometido, a terceiro).

Mas o argumento não se afigura convincente.

Do que se trata é de saber se o adquirente de determinada coisa (coisa imóvel ou coisa móvel registável) que não registou a aquisição poderá opor o seu direito a um promitente-comprador que requereu a execução específica do contrato-promessa e registou a respectiva acção, relativa à mesma coisa.

Se a execução específica vier a ser decretada, a sentença produzirá os seus efeitos desde a data do registo da acção e, por conseguinte, o direito de propriedade, nascido por efeito da sentença na esfera do titular do direito à execução específica, deve prevalecer, sobre o direito de propriedade (ou outro) de terceiro que não se deu ao cuidado de proceder ao registo da sua aquisição.

Com seis vigorosos votos de vencido, o S.T.J. entendeu — no referido Ac. uniformizador — dever trilhar outro caminho e dar protecção ao adquirente não registante contra o autor de acção de execução específica devidamente registada.

Não podendo ou não querendo o promitente-comprador, por qualquer motivo, fazer valer o direito à execução específica, a lei faculta-lhe a satisfação do crédito resultante do incumprimento do contrato-promessa.

Havendo sinal — neste caso, em princípio, não será possível requerer a execução específica —, o lesado tem a "faculdade de exigir o dobro do que prestou" (art. 442.º, n.º 2, do C.C.).

Tendo ocorrido a tradição da coisa, tem a possibilidade de exigir, em vez do sinal em dobro, o valor da coisa "determinado objectivamente, à data do não cumprimento da promessa, com dedução do preço convencionado, devendo ainda ser-lhe restituído o sinal e a parte do preço que tenha pago" (art. 442.º, n.º 2, do C.C.) [332][333].

Não existindo sinal, "a indemnização apura-se de harmonia com as regras gerais da responsabilidade civil e tende a cobrir os danos efectivos" [334].

Ora, nos termos do artigo 755.º, n.º 1, al. *f)*, do C.C., é atribuído um *direito de retenção* ao "beneficiário da promessa de transmissão ou constituição de direito real que obteve a tradição da coisa a que se refere o contrato prometido, sobre essa coisa, pelo crédito resultante do não cumprimento imputável à outra parte, nos termos do artigo 442.º" [335].

---

[332] Sobre este ponto, *vide* ALMEIDA COSTA, ob. cit., p. 68 e ss.
Criticando o regime consagrado no Dec.-Lei n.º 236/80, de 18 de Jul., que, a este respeito, se referia, tão-só, ao valor que a coisa tivesse ao tempo do incumprimento, *vide* VASCO LOBO XAVIER, *Contrato-promessa: algumas notas sobre as alterações do Código Civil constantes do Dec.-Lei n.º 236/80, de 18 de Julho*, p. 33 e ss.

[333] Sobre o âmbito de aplicação da 2.ª parte do n.º 2 do artigo 442.º, *vide* CALVÃO DA SILVA, ob. cit, p. 75 e ss.

[334] Cfr. ALMEIDA COSTA, ob. cit, p. 66.

[335] "O beneficiário da promessa de transmissão ou constituição de direito real que não obteve a tradição da coisa, escreve CALVÃO DA SILVA, *Sinal e contrato-promessa*, p. 162, não goza de direito de retenção — o que é óbvio, por definição, visto que um dos pressupostos necessários para que o direito de retenção exista é que o devedor esteja obrigado a *entregar* a coisa que detém, lícita e legitimamente, à pessoa de que é simultaneamente credor."

O promitente-comprador é, portanto, titular de um direito real de garantia e, consequentemente, possuidor nos termos deste direito real ([336]). O direito de retenção garante-lhe, como é sabido, a efectiva satisfação da pretensão creditória que resulta do incumprimento do contrato por parte do promitente-vendedor ([337]).

([336]) Escreveu-se no Ac. da Relação de Lisboa de 21 de Nov. de 1991, C.J. 1991, t. V, p. 136, que a "passagem da coisa das mãos do promitente--vendedor para as do promitente-comprador, em consequência da celebração de um contrato-promessa de compra e venda, é quanto basta para este passar a exercer posse sobre a coisa e a ser titular de um direito de retenção sobre esta."

Este nascimento "automático" da posse — da posse em termos do direito de retenção — é posto em causa por CALVÃO DA SILVA, ob. cit., p. 215, nota 55. Para o Autor, " o facto de o legislador de 80 ter vindo conceder ao promitente-comprador o direito de retenção, não qualifica necessariamente o poder deste sobre a coisa como posse (...)." E logo acrescenta: "É visível que pode haver direito de retenção sem *animus possidendi* — como, aliás, acontecerá via de regra."

Pode, na verdade, ocorrer que o exercício de poderes de facto sobre a coisa, objecto do contrato prometido, não seja acompanhado pela consciência efectiva da titularidade de um direito real de garantia (no caso, um direito de retenção). Mas que relevância prática terá, afinal de contas, esta falta de *animus?*

Torna-se sempre extremamente fácil a prova, pelo promitente-comprador, da sua qualidade de possuidor.

Em primeiro lugar, pressupondo o direito de retenção a *traditio,* o promitente-comprador exerce necessariamente poderes de facto sobre a coisa.

Em segundo lugar, é preciso ter em conta o modo através do qual o direito foi adquirido. Ora, estamos perante um caso em que é a própria lei que, de forma inequívoca, atribui o direito de retenção ao promitente-comprador.

Por último, o artigo 1252.º, n.º 2, do C.C. dispõe que "em caso de dúvida, presume-se a posse naquele que exerce o poder de facto (...)."

([337]) Como explica CALVÃO DA SILVA, ob. cit., p. 162, "(...) o direito de retenção existe para garantia do crédito resultante do *não cumprimento* imputável à parte que promete transmitir ou constituir um direito real. Vale dizer, por outras palavras, que está em causa o crédito (dobro do sinal, valor da coisa, indemnização convencionada nos termos do n.º 4 do art. 442) derivado do incumprimento definitivo."

Criticando o acerto da solução legislativa que confere o direito de retenção ao promitente-comprador, *vide* ANTUNES VARELA, *Sobre o contrato--promessa*, pp. 106 e ss, e 154 e ss., e A. LUÍS GONÇALVES, *O direito de retenção e a sua aplicação aos contratos de promessa*, R.D.E.S., Jul./Set. 1988, p. 282 e s.

Pergunta-se: poderá o promitente-comprador, como titular de um direito de retenção, e apenas nessa qualidade, reagir contra a penhora do objecto do seu direito de garantia?

Será juridicamente fundada a dedução de embargos de terceiro com a finalidade imediata de evitar a perda da posse (embargos preventivos) ou de conseguir a sua recuperação (embargos repressivos), mas com o objectivo último de afastar ou retirar a coisa do processo executivo em curso, de a tornar, numa palavra, impenhorável?

E poderá o retentor embargar com o mero intuito de se manter no gozo da coisa até ao termo da execução?

A resposta a dar a estas duas questões em nada diverge daquilo que foi dito acerca dos terceiros possuidores e titulares de direitos de garantia em geral.

Desde logo, o facto de alguém ter sobre uma coisa um direito real de garantia não torna essa coisa impenhorável numa execução instaurada por quem quer que seja ([338]).

Depois, mesmo vendo-se forçado a abrir mão da coisa, o retentor não perde o direito de se pagar à custa dela, devendo, para tal efeito — como, aliás, já foi assinalado —, reclamar o seu crédito na execução, sob pena de caducidade daquele direito (art. 865.º).

Uma vez que a reclamação tem de assentar num título exequível, o promitente-comprador pode requerer, dentro do prazo facultado para a reclamação, que a graduação dos créditos — relativamente ao objecto da sua garantia — fique a aguardar a obtenção de uma sentença (art. 869.º, n.º 1).

Impõe-se, portanto, concluir que os embargos de terceiro deduzidos contra uma penhora pelo titular de um direito de retenção (no caso, promitente-comprador) devem — por manifesta falta de fundamento — ser indeferidos liminarmente, nos termos do artigo 354.º ([339]).

([338]) Neste sentido se pronuncia ANTUNES VARELA, *Anotação ao Ac. do S.T.J. de 25 de Fev. de 1986,* R.L.J., ano 124.º, p. 351.

([339]) A Relação de Lisboa (Ac. de 15 de Dez. de 1994, C.J. 1994, t. V, p. 131 e s.) adoptou uma solução contrária àquela que defendemos.

É que o poder de realizar à custa da coisa determinado valor não é afectado pela penhora. A execução não causa ao promitente--comprador qualquer prejuízo — apenas o força ou incita a reclamar o seu crédito nesse mesmo processo ([340]). A garantia,

---

Por apenso aos autos de uma execução ordinária, vieram dois indivíduos (marido e mulher) deduzir embargos de terceiro, alegando serem promitentes--compradores de um andar pertencente à executada. O contrato, com eficácia meramente obrigacional, tinha sido acompanhado pela tradição da coisa.

Os embargos foram logo indeferidos liminarmente, entendendo o juiz que o eventual direito de retenção não dá aos embargantes, nestes casos, o direito de não entregarem o imóvel, "mas apenas o de serem pagos com preferência aos demais credores do devedor (n.º 1 do art. 759.º do C.C.); teriam, em tal caso, de reclamar o seu crédito em concurso de credores."

Interposto recurso de agravo, pelos embargantes, a Relação veio, erroneamente, revogar o despacho de indeferimento. Com que argumentos?

Escreve-se no Ac. que "o direito de retenção constitui o promitente--comprador na posse legítima da coisa transmitida" e conclui-se, de imediato, que o terceiro "pode defender a sua posse mediante embargos de terceiro (...)."

Referindo que a questão é controversa, a Relação de Lisboa entendeu que "não terá sido curial indeferir liminarmente a petição inicial", à luz do artigo 474.º, n.º 1, al. c) (preceito revogado pela Reforma de 1995-96).

Não temos a mais leve dúvida em considerar, contra o Ac. em análise, inteiramente acertado o despacho proferido pelo tribunal de primeira instância.

Sem querermos, agora, repetir os argumentos que deixámos explicitados no texto, apenas insistimos no facto de não ter qualquer sentido o deferimento liminar ou o recebimento dos embargos nos casos em que a oposição esteja, indubitavelmente, condenada à improcedência. E era o caso.

Em defesa, numa situação análoga, do indeferimento liminar da petição de embargos de terceiro, *vide* o Ac. da Relação de Lisboa de 17 de Nov. de 1994, C.J. 1994, t. V, p. 110 e ss.

([340]) Neste sentido, o Ac. da Relação de Lisboa de 12 de Abr. de 1988, sumariado no B.M.J., n.º 376, p. 646.

Segundo este aresto, "o direito de retenção e a posse sobre a coisa imóvel de que goze o promitente-comprador da mesma (artigo 755, n.º 1, alínea f), do Código Civil) não são afectados pelo mero acto de penhora em execução instaurada contra o seu dono, promitente-vendedor, razão por que devem ser indeferidos liminarmente os embargos de terceiro por aquele deduzidos."

E igualmente o Ac. da Relação do Porto de 23 de Mar. de 1989, C.J., 1989, t. II, p. 207 e ss., explica que "se o promitente-vendedor é desapossado da coisa para ser vendida em hasta pública, o direito de retenção não dá ao

numa palavra, é *compatível* com a execução ([341]), não se preenchendo, consequentemente, o fundamento constante do artigo 351.º, n.º 1.

Quanto ao problema de saber se o promitente-comprador pode usar dos embargos com o objectivo, não de excluir a coisa do processo executivo, mas de se manter no respectivo gozo até ao termo da execução, a resposta também não deve ser diferente

---

promitente-comprador o direito de a não entregar mas apenas de ser pago com preferência aos demais credores do promitente-vendedor, para o que deverá reclamar o seu crédito em concurso de credores."

Ainda no mesmo sentido, pronunciou-se o Ac. do S.T.J. de 31 de Mar. de 1993, C.J. (Acs. do S.T.J.), 1993, t. II, p. 44 e ss.

A "Caixa Económica de Lisboa" intentou, contra certa empresa de construções, uma acção ordinária para pagamento de quantia certa.

Tendo, no âmbito deste processo, sido penhorada determinada fracção autónoma de um prédio, veio um terceiro deduzir embargos contra a penhora da fracção, afirmando-se promitente-comprador do imóvel e titular do direito de retenção, nos termos do artigo 755.º, alínea *f)* do C.C.

Os embargos foram julgados procedentes na primeira instância, mas a Relação revogou a sentença. E o S.T.J. confirmou o Ac. da segunda instância, concluindo nos seguintes termos:

"1. A coisa objecto do direito de retenção pode, em princípio, ser defendida por meio de acções possessórias;

2. O credor que goza de direito de retenção tem preferência no pagamento feito em execução;

3. Essa preferência existe, mesmo sobre a de credor hipotecário;

4. Daí que tal coisa possa ser objecto de penhora;

5. O credor com direito de retenção sobre o bem penhorado deve ser chamado ao concurso de credores, eventualmente com outros credores desconhecidos;

6. Por tudo isto, num caso como o dos autos, devem ser julgados improcedentes os embargos de terceiro (...)."

Contra, Ac. da Relação de Lisboa de 21 de Nov. de 1991, C.J., 1991, t. V, p. 135 e ss., onde se decidiu:

"O promitente-comprador que obteve a entrega de uma fracção habitacional, em consequência da celebração dum contrato-promessa de compra e venda, pode lançar mão dos embargos de terceiro para defesa da sua posse."

"(...) A penhora dessa fracção, em acção executiva movida contra o seu dono, promitente-vendedor, afecta sempre o seu direito de retenção e a posse do promitente-comprador."

([341]) Cfr., nesta linha de entendimento e usando esta formulação, o Ac. do S.T.J. de 26 de Maio de 1994, C.J. (Acs. do S.T.J.), 1994, t. II, p. 119.

daquela que se deu para os terceiros que, em geral, possuam nos termos de um direito de garantia.

Este direito apenas permite a realização, à custa da coisa, de determinado valor, não existindo nenhum direito pessoal de gozo susceptível de tutela ([342]).

Ora, uma vez que a execução para pagamento assegura ao promitente-comprador a satisfação do seu direito de crédito, mesmo no caso de ter perdido, no âmbito do processo executivo, a posse que exercia sobre a coisa, não tem tal promitente de ser mantido no gozo dessa coisa com base no alegado direito de retenção ([343]). O S.T.J. teve já oportunidade de esclarecer que "a

---

([342]) Neste sentido, Ac. da Relação de Lisboa de 19 de Jan. de 1995, C.J. 1995, t. I, p. 93.

([343]) Contra, Ac. da Relação de Lisboa de 14 de Nov. de 1991, C.J., 1991, t. V, p. 133.

Concordamos com o aresto quando nele se defende que "a posse da (...) fracção por quem tem direito de retenção não exclui a penhora que sobre a mesma seja efectuada em execução instaurada por outrem, contra o devedor (promitente-vendedor)."

Mas já não é aceitável, pelas razões invocadas, a inconsequente decisão de manter o promitente na posse da coisa "até que venha a entregá-la", com o argumento de que "a penhora da fracção, em acção executiva movida contra o respectivo dono (promitente-vendedor), afecta a posse do promitente--comprador e o respectivo direito de retenção."

Em sentido oposto pode ver-se ANTUNES VARELA, *Das obrigações em geral,* vol. I, p. 364.

"(...) Evidente é que — escreve este Autor — na hipótese de a penhora se efectuar, contra ela não procedem os embargos de terceiro eventualmente deduzidos pelo promitente-comprador, com base no seu direito de retenção. É que — acrescenta —, por detrás do direito de retenção do promitente--comprador não há nenhum direito *real* de gozo, que a penhora dos credores ofenda, mas um simples direito *real* de garantia (embora assente sobre um direito *pessoal* concomitante de gozo), que a penhora pode e deve respeitar.

Essencial é que o promitente-comprador, como credor titular da indemnização e como titular do direito real de garantia consubstanciado na retenção, possa intervir na execução, através do apenso destinado à convocação dos credores, à verificação e graduação de créditos, a que se refere o n.º 4 do artigo 865.º do Código de Processo Civil, para fazer valer o seu direito de crédito."

Pergunta, de seguida, ANTUNES VARELA, qual a consequência da falta de intervenção, no processo, do promitente-comprador titular do direito de reten-

retenção existe apenas para garantir o crédito do promitente-comprador a uma indemnização por incumprimento do contrato ([344]), e não para lhe facultar o uso da coisa prometida" ([345]). É este, de facto, o entendimento juridicamente correcto ([346]).

ção, escrevendo, a tal respeito, o seguinte: "(...) A (...) falta [do promitente-comprador] não obsta ao prosseguimento da execução, nem à venda do imóvel penhorado. Duvidosa será já a questão de saber se, nesse caso, o direito do promitente-comprador, como simples direito de garantia, se transfere apenas para o produto da venda do imóvel (art. 824.º, n.º 3, do Cód. Civil), ou se, como direito pessoal de gozo, deve impor-se ao próprio adquirente do imóvel, nos termos da excepção aberta na parte final do n.º 2 da mesma disposição legal."

Não existe, porém, fundamento na lei para qualquer destas soluções alternativas. O *direito de retenção* do promitente-comprador (não reclamante) não se transfere para o produto da venda (porque este produto só pode ser atribuído aos credores que concorreram à execução), nem se impõe a quem quer que seja; extingue-se pura e simplesmente, como consequência inevitável da falta de reclamação do crédito. E também o *direito pessoal de gozo* que assiste ao promitente-comprador, por se tratar de um direito inoponível a terceiros, se extingue necessariamente com a venda

([344]) Ocorrendo a penhora da coisa, objecto do contrato prometido, poderá dizer-se que o promitente-vendedor se coloca numa situação de incumprimento?

Deve entender-se que sim.

Pensemos, desde logo, nas hipóteses em que a coisa é nomeada à penhora pelo promitente-vendedor. Não há, rigorosamente, uma declaração antecipada de não cumprimento, mas existe um comportamento inequívoco da vontade de não cumprir (*vide*, sobre este comportamento, CALVÃO DA SILVA, *Sinal e contrato-promessa*, p. 129).

E nos casos em que a coisa não é nomeada à penhora pelo promitente-vendedor?

Nestas hipóteses, pode dizer-se que a nomeação efectuada por outrem resulta da inércia do devedor (executado). Ainda aqui se pode falar, em nosso entender, de impossibilidade culposa de cumprimento (art. 801.º do C.C.).

([345]) *Vide* o já citado Ac. de 26 de Maio de 1994, C.J. (Acs. do S.T.J.), 1994, vol. II, p. 119.

Neste sentido pode ver-se o Ac. da Relação de Lisboa de 4 de Mar. de 1997, C.J. 1997, t. II, p. 78.

([346]) A tese da inadmissibilidade dos embargos de terceiro deduzidos por promitente-comprador titular de um direito de retenção foi recentemente, e mais uma vez, reafirmada pelo S.T.J. no Ac. de 11 de Mar. de 1999, C.J. (Acs do S.T.J.), 1999, t. I, p. 137 e ss. (em especial, p. 139).

Não fica, com isto, claro está, excluída a possibilidade de o promitente-comprador vir, nos termos gerais, a ser nomeado depositário da coisa penhorada.

III — A mera detenção de um terceiro — análise de algumas situações

a) O promitente-comprador titular de um direito pessoal de gozo e o promitente-comprador titular do direito à execução específica

Analisada a hipótese em que o promitente-comprador, na qualidade de titular de um direito de retenção, pretenda opor-se à execução para pagamento de quantia certa, importa agora resolver três questões não menos complexas:

1.ª — Poderá o promitente-comprador, contra determinada diligência judicial e através de embargos de terceiro, alegar uma posse fundada no direito de propriedade?

2.ª — O direito pessoal de gozo, que resulta da *traditio*, será um direito que, por si só, legitima o recurso aos embargos de terceiro?

3.ª — Independentemente da existência de *traditio*, poderão os embargos basear-se na titularidade do direito à execução específica do contrato-promessa?

Respondendo directamente à primeira questão, deve dizer-se que o promitente-comprador, em regra, não exerce os poderes de facto com o *animus* de um proprietário, mas, tão-só, com a expectativa juridicamente fundada de vir a ser titular do direito de propriedade sobre a coisa, o que é diferente ([347]). Ora, a posse

---

([347]) Neste sentido, ANTUNES VARELA, *Anotação ao Ac. do S.T.J. de 2 de Nov. de 1989*, R.L.J., ano 128.º, p. 146.

Em sentido contrário, Ac. da Relação do Porto de 9 de Mar. de 1993, C.J., 1993, t. II, p. 190.

Pergunta-se no texto do aresto: "(...) qual a posição jurídica em que, relativamente à coisa, fica o promitente-comprador? Será um mero detentor,

— como diz claramente a lei — "é o poder que se manifesta quando alguém actua por forma correspondente ao exercício do direito de propriedade ou de outro direito real" (art. 1251.º do C.C.).

Em princípio, portanto, ao *corpus* possessório não corresponde o *animus possidendi* ([348]).

Isto não significa que, em casos excepcionais, não possa haver, por parte do promitente-comprador, o exercício de uma posse nos termos do direito real de propriedade.

PIRES DE LIMA e ANTUNES VARELA referem a hipótese em que o promitente-comprador paga a totalidade do preço e goza a coisa "como se sua fosse já e (...), neste estado de espírito, (...) pratica sobre ela diversos actos materiais correspondentes ao exercício do direito de propriedade" ([349]) ([350]).

Diga-se, no entanto, que o pagamento da totalidade do preço, na esmagadora maioria dos casos, não atribui ao promitente--comprador o denominado *animus possidendi*. Esta falha ao nível do *animus* é, muitas vezes, revelada através de cartas nas quais o promitente-comprador pede a marcação da escritura pública, mostrando receio de que a coisa venha a ser alienada a um terceiro.

---

isto é, um possuidor precário e em nome alheio, ou, pelo contrário, passa a ter uma posse em nome próprio?"

E responde-se do seguinte modo: "Cremos poder afirmar que a posse do promitente-comprador, no caso de *traditio*, é uma posse em nome próprio, já que é exercida no pressuposto de que o contrato será cumprido, antecipando-se o promitente-comprador a possuí-la como actual titular do direito à celebração do contrato definitivo, e como proprietário que não deixará de vir a ser."

([348]) *Vide*, a propósito, o Ac. da Relação de Évora de 12 de Dez. de 1996, C.J. 1996, t. V, p. 284, e, mais recentemente, ELISEU FIGUEIRA, *Função inovadora dos embargos de terceiro no Código de Processo Civil revisto*, C.J. (Acs. do S.T.J.) 1997, t.V, p. 6.

([349]) *Código Civil anotado*, vol. III, p. 6.

([350]) Para MENEZES CORDEIRO, *A posse: perspectivas dogmáticas actuais*, p. 77, "pode falar-se em posse em termos de propriedade" nos casos em que a *traditio* visa "antecipar o cumprimento do próprio contrato definitivo." O Autor refere-se, precisamente, à hipótese em que "o preço esteja todo ou quase todo pago."

Em nosso entender, isto é suficiente para ficar demonstrado que ao *corpus* não corresponde um verdadeiro *animus possidendi*.

Mas pode existir este *animus* se, como observa CALVÃO DA SILVA, o promitente-comprador praticar actos reveladores de uma inversão do título da posse (art. 1265.º do C.C.) ([351]).

Diga-se, para terminar, que o promitente-comprador que goza materialmente a coisa tem a posição facilitada quanto à prova do *animus*. O artigo 1252.º, n.º 2, do C.C. estabelece uma presunção de posse em nome próprio por parte daquele que exerce o poder de facto, ou seja, daquele que tem a detenção da coisa.

Por consequência, caberá aos embargados ilidir esta presunção relativa, através da prova do contrário.

No comum das situações, contudo, torna-se fácil convencer o juiz de que o promitente-comprador embargante não exerce qualquer posse com o *animus* de proprietário e que, portanto, não passa de um mero detentor.

Com a Reforma de 1995-96, a oposição mediante embargos de terceiro passou a poder ser feita com base em qualquer direito incompatível.

Importa averiguar se o *direito pessoal de gozo* do promitente--comprador, que surge com a *traditio*, legitima o recurso a estes embargos ([352]).

O direito de gozar autonomamente coisa alheia no interesse próprio não é oponível, em regra (exceptua-se o direito do locatário), a terceiros titulares de direitos reais incompatíveis com a existência do direito pessoal de gozo ([353]).

([351]) *Sinal e contrato-promessa*, p. 215, nota 55.

([352]) Sobre o direito pessoal de gozo do promitente-comprador, *vide* ANTUNES VARELA, *Anotação ao Ac. do S.T.J. de 25 de Fev. de 1986*, R.L.J., ano 124.º, p. 348 e s.

([353]) A moderna doutrina civilista tem insistido muito na figura dos *direitos pessoais de gozo* como categoria de direitos que não se identifica, pelo menos totalmente, nem com os direitos de crédito, nem com os direitos reais.

Os direitos pessoais de gozo atribuem ao respectivo titular o poder de agir directamente sobre uma coisa. A satisfação do interesse que visam pro-

Logo, se o promitente-comprador lança mão dos embargos, limitando-se a alegar a titularidade deste direito, a oposição deve ser indeferida ou rejeitada.

A detenção alegada ([354]), assente num direito pessoal de gozo, cede, juridicamente, perante a penhora (garantia real) constituída em benefício do exequente. Como explica LEBRE DE FREITAS, a detenção do promitente-comprador, exercida em nome do promitente-alienante, cede "perante a garantia constituída pela penhora (dum bem do executado)" ([355]).

Resta acrescentar que o exercício de poderes de facto, fundado neste direito pessoal de gozo, não se traduz em nenhuma situação possessória. Diferente entendimento foi defendido por VAZ SERRA.

---

porcionar obtém-se, precisamente, mediante a actuação *directa* e *autónoma* do titular sobre uma coisa. Cfr. HENRIQUE MESQUITA, *Obrigações reais e ónus reais*, p. 48 e s.

Distinguem-se dos direitos de crédito puros e simples, uma vez que o interesse do titular não é realizado ou satisfeito através de uma prestação de outrem (cfr. HENRIQUE MESQUITA, ob. cit., p. 49), embora geneticamente estejam dependentes do cumprimento de uma obrigação por parte do constituinte.

Por outro lado, não se torna difícil distingui-los dos direitos reais naquelas hipóteses em que se trate de direitos pessoais de gozo inoponíveis a terceiros (*v.g.*, o comodato).

Mais difíceis se afiguram as coisas nos casos em que o próprio direito pessoal de gozo é oponível *erga omnes* (caso do direito do locatário).

No entanto, ainda aqui é possível a distinção.

Nas palavras de HENRIQUE MESQUITA, ob. cit., p. 51, "o poder de gozo (...) tem por base ou fundamento uma relação obrigacional, da qual nunca se desprende. Já o mesmo não acontece com os direitos reais de gozo sobre coisa alheia (e também sobre coisa própria: direito de propriedade). Estes não pressupõem uma vinculação obrigacional de quem quer que seja. Não são, por outras palavras, direitos relativos. Uma vez constituídos (por contrato, testamento, usucapião, acessão, etc.), desligam-se da respectiva matriz e conferem ao seu titular uma posição jurídica que não depende de ninguém."

([354]) Nos casos em que a detenção se manifesta numa actividade correspondente ao exercício de um *direito pessoal de gozo*, a doutrina italiana fala em detenção qualificada (*detenzione qualificata* ou *nell'interesse proprio*). F. P. LUISO, *L'esecuzione ultra partes*, p. 365.

([355]) *A acção executiva*, p. 231, nota 24.

A posse, segundo este Autor, não se restringia aos direitos reais, mas abrangia, de igual forma, os direitos pessoais que se traduzissem no exercício de um poder sobre a coisa.

"(...) Todos os direitos pessoais de gozo — afirmava — são direitos susceptíveis de posse, a qual pode ser defendida pelos meios possessórios contra terceiros e contra o próprio concedente do gozo (locador, comodante, etc.) (...)" ([356]).

Referindo-se expressamente ao caso em que o promitente--vendedor entrega a coisa, objecto do contrato prometido, ao promitente-comprador, entendia VAZ SERRA que, com tal entrega, nascia um direito de uso e fruição relacionado com a coisa e uma situação possessória que podia ser defendida pelos meios (especiais) previstos no artigo 1276.º e ss. do C.C. ([357]).

Este entendimento, porém, não se harmoniza com a concepção de posse consagrada na lei portuguesa.

O promitente-comprador titular do direito pessoal de gozo não pode ser considerado, rigorosamente, um possuidor, pois, como já atrás se explicou, não exerce os poderes de facto com fundamento num qualquer direito de natureza real.

E mesmo que porventura se defendesse a extensão do conceito de posse aos titulares dos direitos pessoais de gozo, sempre teria de dizer-se que, no caso em análise, a situação possessória não poderia ser oposta a quem adquirisse, por via da penhora, uma garantia real.

Resta um último problema: poderão os embargos de terceiro fundar-se na titularidade do direito à execução específica do contrato-promessa?

A resposta a esta pergunta implica a análise de dois casos distintos, embora análogos:

1.º — *O contrato-promessa goza de eficácia meramente obrigacional.*
    Poderá o promitente-comprador que tenha instau-

([356]) Cfr. R.L.J., ano 110.º, p. 173.
([357]) Cfr. R.L.J., ano 112.º, p. 23.

rado e *registado* uma acção de execução específica defender-se contra a penhora posterior da coisa, objecto do contrato prometido?

2.º — *O contrato-promessa é dotado de eficácia real.* Poderá o promissário, neste caso, defender-se contra uma penhora ocorrida posteriormente no âmbito de uma execução instaurada contra o promitente-vendedor?

A pretensão de desafectar a coisa — objecto do contrato prometido — de uma qualquer execução ganha sentido, precisamente, nas hipóteses em que o promitente-comprador tem o direito de, por via da execução específica, se tornar, contra terceiros, proprietário da coisa.

O *direito à execução específica,* como é sabido, traduz o poder de o promitente-comprador, em caso de *mora* da contraparte, obter judicialmente uma decisão que produza os efeitos da declaração negocial do faltoso [358].

Ora, no âmbito de um *contrato-promessa dotado de eficácia meramente obrigacional,* não pode conseguir-se esta execução específica nos casos em que o promitente-vendedor aliena ou onera a coisa em benefício de outrem.

Importa, todavia, fazer uma importante ressalva: o direito à execução específica é assegurado sempre que a alienação ou a oneração sejam posteriores à propositura e ao *registo,* por parte do promitente-comprador, da acção de execução específica [359].

Uma vez julgada esta procedente, deve entender-se que a sentença é oponível a terceiros desde a data do registo provisório

---

[358] "O recurso à execução específica — escreve CALVÃO DA SILVA, *Sinal e contrato-promessa,* p. 107 — pressupõe um atraso no cumprimento ou provisório incumprimento (simples mora, recusa de cumprimento da promessa), e o credor lança mão dele para evitar o incumprimento definitivo ou falta definitiva de cumprimento, justamente porque ainda é possível e útil para si o resultado prático do cumprimento (execução) retardado."

[359] O mesmo vale, como defendemos, para as alienações anteriores, mas com registo posterior ao registo da acção de execução específica.

da acção. Quer dizer, todos os actos posteriores a este registo, praticados pelo promitente-vendedor, são *ineficazes* relativamente ao promitente-comprador.

Pensemos na penhora ou na venda da coisa, objecto do contrato prometido, ocorridas no âmbito de uma execução para pagamento de quantia certa. Tais actos, sendo posteriores ao registo de uma acção de execução específica julgada procedente, devem considerar-se ineficazes perante o promitente-comprador.

Ora, a questão a que queremos responder é a seguinte: poderá este promitente lançar mão dos *embargos de terceiro* com o intuito de fazer excluir a coisa de determinada execução?

Antes de responder a esta interrogação, interessa fazer uma breve referência à hipótese em que o *contrato-promessa é dotado de eficácia real*.

Nos termos do artigo 413.º, n.º 1, do C.C., "à promessa de transmissão ou constituição de direitos reais sobre bens imóveis, ou móveis sujeitos a registo, podem as partes atribuir eficácia real, mediante declaração expressa e inscrição no registo" [360].

Nesta hipótese, contrariamente à primeira, o direito de execução específica não é nunca posto em causa pela posterior alienação ou oneração da coisa a terceiro.

O direito ao cumprimento fica sempre assegurado. O promitente-comprador é, assim, titular de um direito de crédito [361] — o direito de exigir a celebração do contrato prometido — oponível, por efeito do registo, *erga omnes*.

---

[360] É necessário que se verifique, como explica Antunes Varela, *Das obrigações em geral*, vol. I, p. 329, um tríplice requisito: "a) constar a promessa de escritura pública, salvo se para o contrato prometido a lei não exigir escritura, porque nesse caso a lei se contenta com documento particular; b) pretenderem as partes atribuir-lhe eficácia real; c) serem inscritos no registo os direitos emergentes da promessa (art. 413.º)."

[361] Não se trata, em bom rigor, de um *ius in re* (designadamente de um *direito real de aquisição*, como a generalidade da doutrina nacional o tem qualificado). Sobre este ponto, *vide*, por todos, Henrique Mesquita, *Obrigações reais e ónus reais*, p. 239 e ss. e p. 252.

Desta oponibilidade resulta que a penhora efectuada após tal registo é *ineficaz* em relação ao promitente-comprador, independentemente de este ter instaurado e registado uma acção de execução específica.

Uma vez proposta esta acção, e sendo ela julgada procedente, o autor passa — por efeito da sentença — a ser o proprietário da coisa.

Enquanto, na primeira hipótese, o promitente-comprador faz valer, nas palavras de CALVÃO DA SILVA — "a prioridade do registo da sentença, reportada *ex lege* à data do registo da acção" [362], nesta segunda hipótese faz valer o próprio direito de crédito — direito de execução específica — dotado de "eficácia real" (art. 413.º do C.C.) ou, melhor, oponível a terceiros.

Repetimos, para esta segunda hipótese, a questão atrás colocada: poderá o promitente-comprador, sendo o contrato dotado de eficácia real, reagir, através de embargos de terceiro, contra a penhora posterior da coisa, objecto do contrato prometido [363]?

---

[362] *Sinal e contrato-promessa*, p. 152.

[363] LEBRE DE FREITAS, *A acção executiva*, p. 278, nota 3, citando CASTRO MENDES, *Direito processual civil,* vol. III, p. 458, entende que o promitente-comprador, no caso em que o contrato-promessa seja dotado de eficácia real, não pode opor-se à penhora. Razão: o processo executivo, mais concretamente a execução para pagamento de quantia certa, salvaguarda a posição deste promitente-comprador, uma vez que vai poder adquirir o bem "nos termos contratualmente acordados."

O Autor refere-se, de forma expressa, ao regime da venda executiva e ao artigo 883.º, n.º 2, al. *b*) [corresponde ao actual art. 886.º, n.º 3, al. *b*)], que se ocupa da venda extrajudicial e obrigatória da coisa penhorada "a entidades que tenham direito a adquirir determinados bens."

Esta via de resolução do problema, porém, afigura-se-nos criticável. Na verdade, não parece que o juiz da execução possa ordenar que a venda judicial da coisa se faça em benefício do promitente-comprador que tenha inscrito, no registo, o direito emergente da promessa.

O promitente-comprador só pode tornar-se proprietário da coisa por virtude de uma sentença que decrete a execução específica do contrato-promessa. Ora, para isso, terá de instaurar a necessária acção constitutiva, no âmbito da qual será salvaguardado o princípio do contraditório.

A al. *b*) do artigo 883.º, n.º 2, relacionava-se com casos, hoje sem importância, em que, por exigência das leis económicas, a venda tinha de

Analisemos, em primeiro lugar, a hipótese em que o contrato-promessa é dotado de eficácia meramente obrigacional.

O promitente-comprador, no caso do *contrato-promessa simples* em que foi já pedida judicialmente a execução específica e *registada* a respectiva acção, se obtiver ganho de causa, poderá opor a sua posição jurídica a todos aqueles que hajam adquirido qualquer direito incompatível, sobre o objecto do contrato prometido, posteriormente ao registo da acção.

Este direito à execução específica necessita, portanto, de ser efectivado através de uma acção judicial, após a alegação e a prova, em processo contraditório, dos pressupostos que o condicionam.

Assim sendo, se o promitente-comprador, estando já pendente a acção de execução específica, vier deduzir embargos de terceiro contra uma penhora que tenha atingido, entretanto, o objecto do contrato prometido, parece dever entender-se que os embargos têm fundamento legal. Só que o seu êxito está dependente da decisão que vier a ser proferida na acção de execução específica.

Por tudo isto, torna-se indispensável, em nosso entender, que o terceiro requeira, juntamente com a petição dos embargos, que estes, após o recebimento, sejam suspensos enquanto não for definitivamente julgada a acção de execução específica já proposta no tribunal competente.

Feita a prova de que esta acção se encontra a correr, os embargos não só devem ser recebidos, como deve ser ordenada a *suspensão* da instância a que dizem respeito.

---

fazer-se a certas entidades. ALBERTO DOS REIS, *Processo de execução,* vol. II, p. 321, apresentava um exemplo: o da venda de trigo. "Este produto — explicava o Autor — tem de ser entregue, por força da lei, à Federação Nacional dos Produtores de Trigo. Portanto — continuava — tendo-se penhorado uma porção de trigo, ou tendo os bens penhorados produzido trigo, o tribunal não pode ordenar a venda judicial ou a venda extrajudicial."

Em defesa da possibilidade de venda directa da coisa ao promitente-comprador, no caso de contrato promessa dotado de eficácia real, argumentando que o artigo 886.º, n.º 3, al. *b),* "tem potencialidades expansivas", pronuncia-se também REMÉDIO MARQUES, *Curso de processo executivo comum à face do Código revisto,* p. 323, nota 915.

Acrescente-se, apenas, que os embargos devem ser indeferidos ou rejeitados se o juiz, perfunctoriamente, puder concluir que a acção de execução específica está condenada ao fracasso ([364]). Se, ao invés, chegar a conclusão diversa, deve, como dissemos, receber os embargos e decretar a sua suspensão, com fundamento no artigo 279.º, n.º 1.

Segundo este preceito, "o tribunal pode ordenar a suspensão quando a decisão da causa estiver dependente do julgamento de outra já proposta ou quando ocorrer outro motivo justificado."

Ora, é precisamente isto que acontece no caso em análise: a decisão final dos embargos depende (causa dependente) do julgamento de uma causa de natureza prejudicial ([365]) — da acção em que o promitente-comprador pediu a execução específica do contrato-promessa ([366]) ([367]).

A procedência dos embargos fica na estrita dependência do resultado que vier a ser atingido na acção de execução específica ([368]).

---

[364] *Vide*, quanto a este ponto, R. VACCARELLA, *Titolo esecutivo, precetto, opposizioni,* p. 330.

[365] "Causa prejudicial — escreve MANUEL DE ANDRADE, *Lições de processo civil* (texto elaborado por T. MORENO/S. SECO/P. JUNQUEIRO), p. 491 — é (...) aquela cuja decisão pode prejudicar a decisão de outra causa, do seu julgamento dependendo a decisão desta outra. Verdadeira prejudicialidade e dependência só existirá quando na 1.ª causa se discuta em via principal uma questão que é essencial para a decisão da 2.ª, e que não pode resolver-se nesta em via incidental, como teria de o ser, desde que a 2.ª causa não é a pura e simples reprodução da primeira."

[366] A acção de execução específica, uma vez julgada procedente, dá origem a uma *sentença constitutiva*, sentença que produz os mesmos efeitos do contrato definitivo. Cfr. G. MONTELEONE, *Riflessioni sulla tutela esecutiva dei diritti di credito,* R.D. Comm., 1977, p. 69 e s.

[367] Embora não se referindo expressamente ao caso agora em análise, mas admitindo, em geral, a suspensão da instância quanto aos embargos opostos à execução, com base, precisamente, na existência de uma causa prejudicial, *vide* o Ac. do S.T.J. de 10 de Jan. de 1980, B.M.J., n.º 293, p. 227.

[368] A suspensão dos embargos cessa no dia em que estiver definitivamente julgada a causa prejudicial, ou seja, quando transitar em julgado a sentença da acção de execução específica.

Recordemos, ainda, que do recebimento dos embargos advêm importantes efeitos.

Sendo os embargos deduzidos após a realização da penhora, o seu recebimento implica — segundo o artigo 356.° — que os termos do processo ficam suspensos quanto aos bens a que os embargos dizem respeito. Mais: o terceiro pode requerer, mediante o pagamento de uma caução, a restituição provisória da "posse" (art. 356.°, *in fine*).

Por outro lado, o recebimento dos embargos de tipo preventivo tem o seguinte efeito: a diligência a que se refere o artigo 351.° fica suspensa até à decisão final (art. 359.°, n.° 2).

Estamos, por isso, inteiramente de acordo com C. PUNZI, quando, ao tratar o conflito que, no âmbito de uma execução, surge entre o titular do direito à execução específica e o credor que age *in executivis* sobre a coisa, objecto daquele direito, conclui que "o julgamento da oposição deverá ficar suspenso até à decisão da acção proposta pelo terceiro contra o promitente [promitente-vendedor] com base no artigo 2932 do Código Civil italiano" [369] [370].

Diferente será o caso em que ao contrato-promessa se atribuiu eficácia real. Aqui, o promitente-comprador tem, desde o registo do contrato-promessa, um direito que não pode ser inviabilizado por qualquer alienação ou oneração da coisa. É, em poucas palavras, titular de um direito (creditório) oponível a terceiros e que poderá efectivar-se pela via da execução específica.

Este direito é, por si só, oponível *erga omnes*, não estando esta oponibilidade dependente do exercício de uma acção de execução específica.

A instância dependente — esclarece ALBERTO DOS REIS, *Comentário ao Código de Processo Civil,* vol. 3.°, p. 313 — "volta a correr no dia seguinte àquele em que a sentença proferida na causa prejudicial transitar em julgado."

[369] *La tutela del terzo nel processo esecutivo,* p. 291.
[370] Em defesa desta solução, G. VERDE, *Pignoramento,* E.D., vol. XXXIII, p. 814 e s.

Logo, o direito decorrente de um contrato-promessa dotado de eficácia real deve considerar-se, para efeitos de dedução de embargos de terceiro, um direito incompatível com a efectivação sobre a coisa, objecto do contrato prometido, de uma penhora.

A Reforma de 1995-96 veio, assim, facilitar o recurso aos embargos e permitir a tutela do promitente-comprador, independentemente de este estar, no caso em análise, a gozar a coisa.

b) O locatário

Efectuada a penhora de um imóvel, o depositário, no âmbito da respectiva administração, tem a possibilidade de o arrendar a terceiros (art. 843.º, n.º 1). Refira-se, no entanto, que esta possibilidade não adultera — como explica OLIVEIRA ASCENSÃO ([371]) — a garantia assegurada pela penhora. É que, com fundamento na al. c) do artigo 1051.º do C.C., o arrendamento efectuado caduca com a cessação das funções do depositário.

Frequentemente, porém, a coisa, objecto da penhora, está já arrendada. Cabe averiguar se a penhora é susceptível de extinguir os poderes de facto exercidos pelo arrendatário e se, em caso de ofensa judicial ilícita, pode este recorrer aos embargos de terceiro.

A *detenção* que assenta numa relação jurídica de arrendamento pode, contra uma diligência ordenada judicialmente, ser defendida mediante embargos de terceiro, uma vez que se trata de uma posição incompatível com a diligência judicial.

Torna-se sempre necessário, porém, que se preencha, no caso concreto, o requisito da oponibilidade.

No entanto, acrescente-se, a possibilidade de os terceiros arrendatários se verem privados da coisa arrendada, no âmbito de uma acção executiva instaurada contra o próprio senhorio, é, na prática, muito difícil de ocorrer. A razão é simples: o legislador, no n.º 1 do artigo 841.º, estabelece que, no caso de os bens estarem arrendados, "o depositário deles será o arrendatário."

([371]) *Locação de bens dados em garantia*, R.O.A., 1985, p. 358 e s.

E o n.º 2 do mesmo artigo preceitua que, "estando o mesmo prédio arrendado a mais de uma pessoa, de entre elas se escolherá o depositário, que cobrará as rendas dos outros arrendatários" ([372]).

O legislador quer evitar que a acção executiva implique a perturbação ou a perda dos poderes de facto que o terceiro arrendatário exerça sobre a coisa penhorada.

Se, porventura, numa hipótese rara, a penhora, ilegalmente, vier a "desapossar" o arrendatário, este poderá recorrer aos *embargos de terceiro* com o objectivo de tutelar o direito que lhe assiste e a respectiva detenção ([373]) ([374]) ([375]). Não poderá, porém, pretender que a coisa seja retirada da execução ou, melhor, que sobre ela não incida a penhora.

([372]) "A penhora — como explica CASTRO MENDES, *Direito processual civil*, vol. III, p. 364 — não pode representar o desapossamento do inquilino da sua posse de arrendatário. Mostra-o claramente o artigo 841.º."

([373]) Atentemos nas palavras de ALBERTO DOS REIS, *Processos especiais*, vol. I, p. 145: "note-se que nem sempre a diligência judicial ofende o direito do arrendatário.

Vê-se pelo art. 841.º que a penhora de bens arrendados deve efectuar--se sem prejuízo da fruição do arrendatário (...).

Mas se a diligência ofender o direito emanado do arrendamento, o arrendatário serve-se dos embargos para defender o seu direito, caso tenha a posição de terceiro."

Vide, ainda, o mesmo Autor, na R.L.J., ano 87.º, p. 181.

([374]) "Se, numa execução proposta contra o proprietário — escreve TEIXEIRA DE SOUSA, *A penhora de bens na posse de terceiros*, R.O.A., 1991, p. 82 —, é penhorado e vendido um bem arrendado, o locatário, utilizando o disposto no art. 1037.º, n.º 2, CC, pode deduzir embargos de terceiro para obstar à desocupação do imóvel arrendado, porque o seu direito de arrendamento, que não é transmissível *ex contractu*, não é penhorável (...) e não pode ser objecto da transmissão operada pela venda executiva."

Veja-se, também, em idêntico sentido, SALVADOR DA COSTA, *Os incidentes da instância*, p. 186.

([375]) Sobre esta questão, escreve E. FAZZALARI, *Lezioni di diritto processuale civile*, vol II, p. 150: "Discute-se se o titular de um direito pessoal (não real) de gozo sobre o bem penhorado pode fazê-lo valer através de oposição. A resposta parece dever ser positiva: pense-se no locatário com um contrato com data certa anterior à penhora; este pode encontrar-se perante uma adjudicação do imóvel penhorado que não tenha tido em conta o seu direito e pode por isso ter interesse em opô-lo, antes que o imóvel seja vendido."

Tão-só poderá pedir a sua manutenção no gozo da coisa (durante e após a execução) ou, por outras palavras, que na execução se tenha em conta a existência do seu direito de arrendamento. Por consequência, o imóvel arrendado terá de ser vendido com o ónus da locação, o que poderá implicar uma diminuição do respectivo valor.

Para poder deduzir fundadamente embargos de terceiro, o embargante arrendatário tem de alegar e provar a titularidade de uma relação de locação que legitime a sua disponibilidade material [376]. Mais concretamente, tem de alegar e provar a existência de um contrato oponível e, portanto, eficaz em relação aos embargados [377]. Mas em que casos se verifica essa oponibilidade?

É preciso distinguir, consoante o arrendamento invocado esteja ou não sujeito a registo.

Na *primeira* hipótese [378], são oponíveis os arrendamentos registados antes da penhora.

Se o arrendamento, embora sujeito a registo, não tiver sido registado, o arrendatário apenas terá um direito oponível pelo prazo por que o arrendamento podia ser feito sem sujeição a registo.

Sendo esse prazo de seis anos, os arrendamentos cujo prazo seja superior serão oponíveis durante, precisamente, o prazo de seis anos [379].

---

[376] Cfr. HENRIQUE MESQUITA, R.L.J., ano 125.º, p. 283.

[377] Não estando aqui em causa uma posse, afastada fica, obviamente, a presunção fundada no artigo 1268.º, n.º 1, do C.C.

[378] Estão actualmente sujeitos a registo os arrendamentos por mais de seis anos (salvo o rural). Cfr. art. 2.º, n.º 1, al. *m*), do C.R.P.

[379] Segundo VAZ SERRA, *Realização coactiva da prestação*, p. 226, "(...) as locações imobiliárias sujeitas a registo, mas não registadas antes da penhora, não são oponíveis ao adquirente, que é um terceiro, a não ser pelo prazo por que poderiam ser feitas sem sujeição a registo. Supondo que esse prazo é de quatro anos (...), as locações por tempo superior valeriam até quatro anos. O art. 2923, alínea 2, do Código italiano considera-as oponíveis pelo prazo de nove anos (é aquele acima do qual estão sujeitas a registo, art. 2643, n.º 8) contado do início da locação; mas parece que devem ser oponíveis pelo prazo até ao qual não estão sujeitas a registo, contado esse prazo da data da penhora,

Se o terceiro invocar um arrendamento não sujeito a registo, deve averiguar-se se foi constituído em data anterior ou posterior ao registo da penhora ([380]).

No primeiro caso, o arrendatário é titular de uma posição oponível a quem adquira, no processo executivo, a coisa arrendada. O fundamento para esta afirmação pode encontrar-se na parte final do artigo 824.º, n.º 2, do C.C. Com efeito, o arrendamento não caduca por efeito da venda executiva ([381]) ([382]). No segundo

---

pois, de contrário, uma locação por longo prazo não registada poderia ser oponível só por prazo inferior àquele por que o poderia ser outra locação por prazo mais curto: feita a penhora, estão os credores e o adquirente expostos às locações até àquele prazo, não importando que elas tenham sido feitas há muito ou há pouco tempo."

Para OLIVEIRA ASCENSÃO, *Locação de bens dados em garantia,* R.O.A., 1985, p. 350, o problema deve resolver-se de modo diverso.

A expressão "direitos reais", contida no artigo 824.º, n.º 2, do C.C., abrange os arrendamentos sujeitos a registo. Ora, "se o direito não foi registado antes do arresto, penhora ou garantia — escreve o Autor na p. 352 —, o direito é inoponível ao adquirente; e se foi registado posteriormente será mandado cancelar." Nos termos do artigo 888.º, "após o pagamento do preço e do imposto devido pela transmissão, são oficiosamente mandados cancelar os registos dos direitos reais que caducam, nos termos do n.º 2 do artigo 824.º do Código Civil, entregando-se ao adquirente certidão do respectivo despacho."

([380]) O contrato de arrendamento deve — nos termos do artigo 7.º do R.A.U. — ser celebrado por escrito. Em certas hipóteses deve ser reduzido a escritura pública (art. 7.º, n.º 2, do R.A.U.).

Ora, a data da celebração, segundo a al. *d)* do artigo 8.º, n.º 1, do R.A.U., deve constar do contrato.

([381]) "Parece, com efeito, razoável — afirma VAZ SERRA, *ob. cit.,* p. 225 e s. — que as locações realizadas pelo executado antes da penhora (...) não sejam, em princípio, prejudicadas pelo facto da penhora e sejam, deste modo, oponíveis ao adquirente dos bens."

([382]) O arrendamento, nos casos em que não esteja sujeito a registo, subsume-se na parte final do artigo 824.º, n.º 2, do C.C.

Os direitos que este preceito faz caducar — como explica OLIVEIRA ASCENSÃO, est. cit., p. 365 — são os direitos inerentes, ou seja, os "direitos que seguem a coisa, de maneira a serem oponíveis ao adquirente dos bens."

O arrendamento, adianta o Autor, é um direito inerente. E explica: "O art. 1057.º do Código Civil tornou o arrendamento num direito inerente,

caso, não há qualquer possibilidade de tutelar a posição do terceiro arrendatário ([383]).

c) O comodatário

Hipótese enquadrável no grupo de casos agora em análise é aquela em que se pretende penhorar uma coisa (imóvel ou móvel não fungível) emprestada pelo executado (proprietário) a um terceiro.

Este empréstimo, é sabido, configura um *contrato de comodato*, ou seja, um "contrato gratuito pelo qual uma das partes entrega à outra certa coisa, móvel ou imóvel, para que se sirva dela, com a obrigação de a restituir" (art. 1129.º do C.C.) ([384])([385]).

A coisa é, assim, entregue para ser usada e só, acessoriamente, recai sobre o comodatário o dever de guarda ou de conservação ([386]).

---

seja qual for a precisa estrutura jurídica do fenómeno que desenha. Em consequência, não pode deixar de ficar submetido ao art. 824.º/2."

Ora, o direito de arrendamento não só se enquadra na parte do artigo 824.º, n.º 2, do C.C., que expressamente refere os direitos sujeitos a registo, mas também na parte final, ou seja, naquela em que são referidos os direitos que produzem efeitos em relação a terceiros independentemente de registo.

Como conclui OLIVEIRA ASCENSÃO, "o arrendamento está incluído na referência a direitos reais do art. 824.º/2. Está, quer quando sujeito a registo quer nos restantes casos."

([383]) *Vide*, a propósito, o artigo 2923 do C.C.I.

([384]) Trata-se de um contrato real *quoad constitutionem*.

Sobre este ponto, *vide* PIRES DE LIMA/ANTUNES VARELA, *Código Civil anotado*, vol. II, p. 741, e JOSÉ ANDRADE MESQUITA, *Direitos pessoais de gozo*, p. 47 (em especial, nota 71).

([385]) Como esclarecem PIRES DE LIMA/ANTUNES VARELA, ob. cit., p. 742 e s., "o objecto do contrato de comodato há-de ser *certa* coisa, móvel (neste caso não consumível) ou imóvel, e, portanto, uma coisa não fungível, dada a obrigação imposta ao comodatário de restituir *eadem rem*. Sendo a coisa fungível, isto é, apenas determinada pelo género, qualidade e quantidade (art. 207.º), o contrato será de mútuo."

([386]) Contrariamente àquilo que acontece no contrato de depósito (art. 1185.º do C.C.), no âmbito do qual a coisa (imóvel ou móvel) é entregue para ser guardada e não para ser usada.

Suponhamos, por exemplo, que *A*, na qualidade de comodante, entrega a *B* uma coisa móvel e, mais tarde, numa acção executiva instaurada por *C* contra *A*, é ordenada ou realizada a penhora da coisa objecto do contrato de comodato.

Poderá o comodatário (*B*) reagir contra a penhora através de embargos de terceiro preventivos ou repressivos?

O artigo 831.º prescreve que "os bens do executado são apreendidos ainda que, por qualquer título, se encontrem em poder de terceiro, sem prejuízo, porém, dos direitos que a este seja lícito opor ao exequente." Isto significa que tal apreensão pode ser posta em causa sempre que o detentor prove ser titular de uma relação incompatível com a realização ou o âmbito da diligência judicial (art. 351.º n.º 1).

A questão está, portanto, em saber se o direito de gozo do comodatário é susceptível de impedir a penhora do objecto comodatado.

Não sendo susceptível de a impedir, deverá, no entanto, assegurar-se ao comodatário a detenção da coisa?

Convém, para esclarecer estes pontos, distinguir duas hipóteses.

1.ª — O comodatário — embargante — alega a existência de um contrato no qual não foi estabelecido qualquer prazo para a restituição da coisa.

Nesta hipótese, sobre o comodatário recai a obrigação de restituir a coisa logo que lhe seja exigida (art. 1137.º, n.º 2, do C.C.).

Deve entender-se, por conseguinte, que, não estando o comodato sujeito a qualquer prazo, o tribunal, sub-rogando-se ao comodante, pode, legitimamente, penhorar a coisa que, pertencendo ao executado, se encontra na disponibilidade material do comodatário ([387])([388]).

([387]) *Vide* TEIXEIRA DE SOUSA, *A penhora de bens na posse de terceiros*, R.O.A., 1991, p. 78.

([388]) Como tivemos oportunidade de explicar, a execução não tem de ser proposta necessariamente contra o detentor (comodatário), embora este venha a ser afectado por ela. Trata-se de uma afectação legítima.

Deste modo, entendemos que os embargos deduzidos pelo comodatário devem ser indeferidos liminarmente.

2.ª — O comodatário invoca um contrato sujeito a determinado prazo.

Nesta hipótese, o comodatário somente é obrigado a restituir a coisa findo o contrato (art. 1135.º, al. *h*), do C.C.). Além disto, e uma vez que o prazo se tem por estabelecido em benefício do comodatário (art. 779.º, n.º 1, do C.C.), sobre o comodante recai a obrigação de, até ao termo do contrato, não exigir a restituição da coisa emprestada.

Pergunta-se: na eventualidade de ser penhorado o objecto do comodato, poderá o comodatário — na qualidade de terceiro — reagir, fundadamente, através de embargos?

A resposta continua a ser negativa ([389]).

Senão vejamos.

Em primeiro lugar, o direito de gozo proveniente do comodato é insusceptível de impedir a penhora da coisa. E isto porque o proprietário do objecto comodatado tem sempre legitimidade substantiva para o alienar ou onerar em benefício de quem quer que seja. Contra tais actos o comodatário nada pode fazer ([390]).

([389]) Analisando, precisamente, a hipótese em que se pretende embargar com base numa "posse em nome alheio, interessada, garantida convencionalmente durante certo prazo", escreve CASTRO MENDES, *Direito processual civil*, vol. III, p. 363: "Suscita-nos dúvida esta hipótese, porque a admissibilidade de penhora imediata (sem excussão do prazo concedido ao alugador ou comodatário) representa a imposição de um sacrifício a um credor (...) em benefício de outro (... exequente) e sem que haja razões muito fortes que quebrem a *par conditio creditorum*."

Acrescenta o Autor: "No entanto, esta solução parece adequar-se aos princípios (a penhora de *x* representa exercício sub-rogado da propriedade, direito *real*, a qual prevalece sobre o direito meramente obrigacional do comodatário a reter a coisa comodatada), e à lei."

([390]) Como explica F. P. LUISO, *L'esecuzione ultra partes*, p. 193, "o critério que permite justificar a existência de uma execução *ultra partes* sem contraditório consiste no facto de o executado ter o "poder de produzir, no património do terceiro, com actos de disposição, efeitos semelhantes àqueles que a execução produz."

Por conseguinte, não pode reagir contra a oneração resultante da penhora.

Tanto o executado (proprietário do objecto comodatado), como o exequente, em sub-rogação do primeiro, podem, legitimamente, nomear à penhora a coisa que se encontre na disponibilidade material de um terceiro comodatário.

Mas, sendo assim, não deverá assegurar-se a este terceiro, até ao termo do contrato de comodato, a detenção que exerce sobre a coisa?

Se a resposta for afirmativa, a penhora não pode conduzir ao "desapossamento" do depositário e os embargos tornam-se o meio próprio para assegurar tal disponibilidade de facto.

Mas o certo é que a penhora não tem de respeitar, na hipótese em análise, a detenção do comodatário, não sendo sequer obrigatória a sua nomeação como depositário da coisa penhorada. A razão principal é esta: sem embargo de o direito do comodatário ser oponível ao comodante, não deve deixar de atender-se ao facto de este direito não poder subsistir após a venda executiva da coisa — é sempre um direito pessoal inoponível a terceiros. Dito de outro modo, tal direito pessoal de gozo não é um direito "inerente", ou seja, um direito que siga a coisa, de forma a ser oponível a qualquer adquirente dela — como o direito do arrendatário.

O terceiro que adquira a coisa não fica obrigado, portanto, a respeitar a vinculação anteriormente assumida pelo comodante [391]. Esta solução fundamenta-se no artigo 406.º, n.º 2, do

---

[391] "(...) O adquirente a título singular — explica Vaz Serra, *Efeitos dos contratos (princípios gerais)*, no B.M.J., n.º 74, p. 338 — não sucede nas obrigações do alienante, ainda que criadas em consideração da coisa transmitida."

E na p. seguinte: "Se *A* constitui a favor de *B* um direito pessoal de gozo sobre uma coisa (*v.g.*, comodato) e a alienar a *C*, este não sucede na obrigação de *A*."

Para Menezes Cordeiro, para quem o direito do comodatário é um direito real, o terceiro adquirente, tendo conhecimento do prazo a que está sujeito o comodato, deve respeitar o contrato, excepto se tiver justa causa. Cfr.

C.C., onde se estabelece que, "em relação a terceiros, o contrato só produz efeitos nos casos e termos especialmente previstos na lei."

Impõe-se, assim, concluir que o tribunal, no caso de o embargante invocar um contrato de comodato sujeito a prazo, deve indeferir *in limine* os respectivos embargos de terceiro.

O terceiro comodatário apenas poderá exigir do comodante, com base no incumprimento do contrato, uma indemnização [392].

d) O depositário

Recaindo a penhora sobre um objecto pertencente ao executado, mas de que um terceiro é *depositário*, poderá este reagir contra a penhora através de embargos de terceiro?

No contrato de depósito "uma das partes entrega à outra uma coisa, móvel ou imóvel, para que a guarde, e a restitua quando for exigida" (art. 1185.° do C.C.). E estabelece o n.° 2 do artigo 1188.° do C.C. que "o depositário que for privado da detenção da coisa ou perturbado no exercício dos seus direitos

---

Direitos reais, vol. II, p. 1002. Em nosso entender, no entanto, o artigo 1140.° do C.C. aplica-se unicamente ao comodante e nada tem a ver com o terceiro que venha a tornar-se proprietário da coisa comodatada. Este, juridicamente, não fica vinculado pelo comodato.

[392] Referindo-se ao problema agora em análise, escreve TEIXEIRA DE SOUSA, *A penhora de bens na posse de terceiros,* R.O.A., 1991, p. 83: "(...) como a posse do terceiro se extingue por um facto que não lhe é imputável e que, além disso, lhe pode causar determinados danos, deve conceder-se a esse terceiro o direito a ser indemnizado pelo prejuízo resultante da impossibilidade de defender a sua posse sobre o bem penhorado."

Não acompanhamos, no entanto, o Autor quando defende a aplicação analógica — à segunda hipótese que analisamos em texto — do regime constante do artigo 824.°, n.° 3, do C.C., onde se estatui que "os direitos de terceiro que caducarem nos termos do número anterior transferem-se para o produto da venda dos respectivos bens."

Em primeiro lugar, não pode afirmar-se que estejamos perante um caso omisso. Depois, mesmo admitindo a existência de uma lacuna, não parece que o direito do comodatário se deva equiparar aos direitos — direitos reais — referidos no n.° 2 do artigo 824.° do C.C.

pode usar, mesmo contra o depositante, dos meios facultados ao possuidor nos artigos 1276.º e seguintes."

Poderá opor-se, por embargos, à penhora?

Não pode. Vejamos porquê.

Contrariamente ao comodatário, aquele que recebe uma coisa em depósito não tem, salvo autorização expressa do depositante, o direito de usar a coisa depositada (art. 1189.º do C.C.). Sobre o depositário recai a obrigação, não acessória, mas principal, de guarda ou de custódia do objecto depositado (art. 1187.º, al. *a*), do C.C.) ([393]).

Correndo uma execução contra o depositante (proprietário), não pode o depositário impedir a penhora da coisa ([394]), porque o depósito não retira ao titular do direito de propriedade a legitimidade substantiva para alienar ou onerar a coisa depositada.

Diga-se, em segundo lugar, que o depositário não pode querer assegurar, contra um pretenso "esbulho" judicial e através de embargos de terceiro, a detenção que exerce sobre a coisa.

Do citado artigo 1185.º do C.C. resulta claramente que sobre o depositário recai a obrigação de restituir a coisa quando isso lhe for exigido (art. 1187.º, al. *c*)) ([395]). Por conseguinte, terá de abrir mão dela nos casos em que a entrega lhe for exigida pelo tribunal, em sub-rogação do depositante ([396]).

([393]) Sobre as notas identificadoras do contrato de depósito, *vide* PIRES DE LIMA/ANTUNES VARELA, *Código Civil anotado*, vol. II, p. 832 e ss.

([394]) Como explica CASTRO MENDES, *Direito processual civil*, vol. III, p. 360 e s., aquilo que se penhora é a própria coisa e não o direito obrigacional do depositante à restituição da coisa depositada.

([395]) Sobre a obrigação de restituir que impende sobre o depositário, *vide* PIRES DE LIMA/ANTUNES VARELA, ob. cit., p. 838.

([396]) "A ordem jurídica não pode aceitar como tutelável — escreve TEIXEIRA DE SOUSA, *A penhora de bens na posse de terceiros*, R.O.A., 1991, p. 78 — uma posse à qual não corresponde qualquer interesse do respectivo titular ou, pelo menos, não pode sobrepor essa posse do terceiro ao interesse do credor exequente na satisfação do seu crédito."

E acrescenta, logo de seguida:

"Considere-se, por exemplo, a posse do depositário. Se essa posse é desinteressada — porque, por exemplo, o depositário não pode sequer usar a

E valerá a mesma solução para o depósito a prazo?

Há que distinguir conforme o depósito seja *gratuito* ou *oneroso*.

No primeiro caso, a solução deve ser idêntica. Contrariamente à regra geral, o legislador estabelece — na primeira parte do artigo 1194.º do C.C. — que "o prazo de restituição da coisa tem-se por estabelecido a favor do depositante." A fixação do prazo não retira, portanto, ao depositante o direito de exigir, em qualquer momento, a restituição da coisa ([397]).

No segundo caso, o depositário não pode, igualmente, deixar de abrir mão da coisa. A única nota divergente é a seguinte: ao depositário é assegurada uma indemnização. Existindo justa causa para o pedido de restituição, e tendo em conta a remuneração prevista, "pode o depositário exigir uma parte proporcional ao tempo decorrido (...)" (art. 1200.º, n.º 2, do C.C.).

Não ocorrendo justa causa, "o depositante satisfará por inteiro a retribuição do depositário (...)" (art. 1194.º, 2.ª parte, do C.C.).

Para além deste direito à retribuição devida, o depositário não pode recusar-se a restituir a coisa ao depositante e não pode também impedir que seja penhorada em execução instaurada pelos credores deste. Consequentemente, os embargos de terceiro deduzidos por alguém que se arrogue a qualidade de depositário devem ser indeferidos liminarmente ([398]).

---

coisa depositada (art. 1189.º CC) —, esse sujeito não pode defender a sua posse e, por isso, a hipótese não é enquadrável no disposto no art. 1188.º, n.º 2, CC (...)."

([397]) "Tendo-se estipulado um prazo para o depósito — escrevem PIRES DE LIMA/ANTUNES VARELA, ob. cit., p. 848 —, tem-se o prazo por estabelecido a favor do depositante (credor). Contraria-se agora a regra geral do artigo 779.º, segundo a qual o prazo se tem por estabelecido a favor do devedor. A natureza especial do contrato de depósito (o seu carácter *fiduciário* e a sua instituição no exclusivo ou predominante interesse do depositante) justifica plenamente o desvio.

Em consequência desta (...) regra, continua, não obstante a fixação do prazo, a facultar-se ao depositante o direito de pedir a todo o tempo a restituição da coisa."

([398]) Referindo-se à hipótese em que, no âmbito de um contrato de depósito, o depositante autoriza o uso da coisa pelo depositário (art. 1189.º

Diga-se, por fim, que o depositário pode tornar-se, na qualidade de retentor, possuidor do objecto dado em depósito.

Na verdade, para os créditos previstos nas três alíneas do artigo 1199.º do C.C., o artigo 755.º, n.º 1, al. *e*), do mesmo Código confere ao depositário um direito real de garantia — um direito de retenção.

Ora, na eventualidade de o depositário embargar, alegando uma posse fundada neste direito de garantia ou o próprio direito de garantia, os embargos devem, do mesmo modo, ser liminarmente indeferidos.

O problema foi já tratado, não necessitando, agora, de qualquer desenvolvimento.

Ao depositário, enquanto credor e retentor, apenas é assegurado o direito de intervir na execução em curso, reclamando o crédito de que é titular (art. 865.º) e não o direito de manter a coisa em seu poder à custa do referido direito de garantia.

e) O parceiro pensador

A *parceria pecuária* é definida, no artigo 1121.º do C.C., como "o contrato pelo qual uma ou mais pessoas entregam a outra ou outras um animal ou certo número deles, para estas os criarem, pensarem e vigiarem, com o ajuste de repartirem entre si os lucros futuros em certa proporção."

Ora, pode suceder que uma penhora venha a incidir sobre um ou vários animais que, pertencendo ao executado (parceiro proprietário), se encontrem em poder do parceiro pensador.

---

do C.C.), vindo, posteriormente, essa mesma coisa a ser penhorada, escreve TEIXEIRA DE SOUSA, est. cit., p. 79:

"Se (...) o depositário tem uma posse interessada sobre a coisa depositada (...), a sua posse merece a mesma tutela que a de qualquer outro possuidor com um título idêntico."

O Autor, remetendo para a p. 82 e s. do est. cit., acaba por defender, também para a hipótese agora em análise, que o depositário, não podendo defender a sua posse através de embargos, deve beneficiar da aplicação analógica do artigo 824.º, n.º 3, do C.C.

Assim sendo, cabe perguntar: pode a penhora pôr em causa a detenção e, portanto, a actividade desenvolvida, legitimamente, pelo parceiro pensador?

Não poderá este, vendo-se ameaçado ou privado do exercício dos seus direitos, reagir através de embargos preventivos ou repressivos?

Sabemos, por um lado, que sobre o parceiro pensador recai a obrigação, nos termos do artigo 1121.º do C.C., de criar, alimentar e vigiar os animais que lhe foram entregues e, por outro lado, que o texto do artigo 1125.º, n.º 1, do mesmo Código diz, claramente, que "o parceiro proprietário é obrigado a assegurar a utilização dos animais ao parceiro pensador."

Não podendo considerar-se um possuidor em nome próprio (não actua com o *animus* de um proprietário) (399), será o parceiro pensador titular de um direito incompatível com uma penhora que incida sobre o objecto do contrato de parceria?

O parceiro pensador não pode afastar esta penhora. O ponto parece-nos líquido (400).

Os embargos, na eventualidade de virem a ser deduzidos, estão, à partida, condenados à improcedência.

Em primeiro lugar, o parceiro pensador não pode evitar a penhora dos animais que pertençam ao executado (parceiro capitalista), assim como não pode opor-se a qualquer outra forma de oneração ou à própria alienação.

Depois, o direito pessoal de gozo do detentor não é susceptível de se manter após a venda executiva e de valer, por conseguinte, perante qualquer terceiro adquirente.

Naquelas hipóteses em que a penhora acaba por implicar, na prática, o desrespeito pelo prazo existente para a execução do

---

(399) Como explicam Pires de Lima/Antunes Varela, ob. cit., p. 736, "o parceiro pensador não é um possuidor em nome próprio dos animais (cfr. art. 1251.º); é um mero detentor ou possuidor precário (cfr. art. 1253.º, al. *c*))."

(400) Neste sentido *vide*, também, Couto Rosado, *Embargos de terceiro no Código de Processo Civil*, p. 74.

contrato — prazo convencionado no próprio contrato ou resultante dos usos da terra — ao parceiro pensador apenas deve ser assegurado o direito a uma indemnização.

O parceiro pensador não pode — nas palavras de PIRES DE LIMA e ANTUNES VARELA — "obstar à realização coactiva do direito dos credores do parceiro proprietário, nem ao exercício dos direitos reais (de gozo ou de garantia) que terceiros tenham sobre os animais" ([401]).

f) O credor consignatário

Questão complexa é a de saber se, estando os rendimentos de uma coisa consignados em benefício de determinada pessoa, pode esta reagir, e em que termos, contra a posterior penhora dessa mesma coisa.

A consignação de rendimentos encontra-se regulada no capítulo do Código Civil relativo às garantias especiais das obrigações.

Como funciona esta garantia?

O artigo 656.º, n.º 1, do C.C. preceitua que "o cumprimento da obrigação (...) pode ser garantido mediante a consignação dos rendimentos de certos bens imóveis, ou de certos bens móveis sujeitos a registo."

O credor, uma vez constituída a consignação, nos termos do artigo 660.º do C.C., não fica com o direito de promover a venda judicial da coisa — como acontece nas restantes garantias —, mas passa a poder pagar-se através dos *rendimentos* de tal coisa ([402]), o que é diferente ([403]).

---

[401] Ob. cit., p. 736.
[402] Rendimentos que são imputados nos juros e no capital em dívida.
[403] "O que há de *típico* e verdadeiramente *característico* na *consignação* (figura hoje em dia de escasso interesse prático) — escreve ANTUNES VARELA, *Das obrigações em geral*, vol. II, p. 520 — é o facto de a garantia consistir na *satisfação* gradual e assegurada do crédito à custa dos frutos de certos bens."

No âmbito do presente trabalho interessa-nos, em especial, a modalidade de consignação consagrada na alínea b) do artigo 661.º, n.º 1, ou seja, aquela em que *a coisa, cujos rendimentos são consignados, passa para o poder do credor ou para a sua disponibilidade material* ([404]).

Suponhamos a seguinte situação:

A, proprietário do prédio rústico x, consignou os rendimentos deste imóvel a B. A consignação não só se fez por escritura pública, como, nos termos do n.º 2 do artigo 660.º do C.C., foi devidamente registada.

Tendo o prédio passado para a administração de B ([405]), poderá vir a ser penhorado no âmbito de uma execução para pagamento instaurada, contra A, por um terceiro credor?

E implicará esta execução de terceiro a extinção do direito de garantia pertencente a B?

A primeira questão parece não oferecer grandes dificuldades.

O facto de uma coisa se encontrar onerada não impede que sobre ela, posteriormente, venham a ser constituídas outras garantias (no caso concreto, uma penhora).

Interessa, agora, saber que efeito pode desencadear o curso da execução (*maxime* a fase da venda executiva) no direito do consignatário.

Não há na doutrina, para esta questão, uma resposta uniforme, sendo defendidas duas teses divergentes:

([404]) O artigo 661.º do C.C. consagra, ainda, duas outras modalidades: por um lado, aquela em que os bens consignados continuam em poder do concedente; por outro lado, a consignação por via da qual os bens transitam para o poder de terceiro, a título de locação ou por qualquer outro título.

Refira-se que, no direito italiano, a anticrese implica a *traditio* da coisa para o credor consignatário (art. 1960 e ss. do C.C.I.).

Sobre a anticrese no direito italiano, *vide* V. TEDESCHI, *L'anticresi*, p. 18 e ss. Entre nós, consultar JOSÉ ANDRADE MESQUITA, *Direitos pessoais de gozo*, p. 60 e ss.

([405]) Isto quer dizer que o credor passou a poder fruir, de forma directa, a coisa consignada ou, inclusivamente, a ceder o gozo a outrem através de um contrato de locação (arts. 661.º, al. b), e 663.º, n.º 1, do C.C.).

1.ª — Tese da *insubsistência* da consignação, por efeito da venda executiva;

2.ª — Tese da *subsistência* da consignação, após a venda executiva.

Esta segunda tese comporta, ainda, duas variantes:

a) Para certos autores, a consignação transfere-se, por força do artigo 824.º, n.º 3, do C.C., para o produto da venda;
b) Para outros, a coisa é vendida com o ónus da anticrese [406].

A primeira tese é defendida, entre outros, por VAZ SERRA. Para este Autor, a consignação extingue-se com a venda judicial da coisa, devendo o credor consignatário ser pago através do produto obtido, com preferência sobre os credores comuns e os hipotecários com registo posterior.

Segundo VAZ SERRA, "não parece (...) haver motivo para tratar [o consignatário] de maneira diferente por que o são os demais credores com garantia real" [407].

A segunda tese — primeira variante — é sufragada, entre nós, por PIRES DE LIMA e ANTUNES VARELA.

Defendem estes Autores que, "tratando-se de execução de terceiro, o regime da consignação só é afectado na medida em que os bens são substituídos por outros (cfr. art. 824.º), ao qual se adaptou a nova redacção do artigo 907.º do Código de Processo Civil." E logo acrescentam: "Não se põe, portanto, um problema de preferência. Ela resulta da eficácia em relação a terceiros da própria consignação" [408].

"Se os bens cujos rendimentos se encontram consignados forem vendidos em execução — explica ANTUNES VARELA —, a consignação não se extingue. Mas transfere-se, por força do disposto

---

[406] Designação usada no direito anterior ao Código Civil de 1867. Cfr. ANTUNES VARELA, ob. cit., p. 517 e ALMEIDA COSTA, *Direito das obrigações*, p. 840 (nota 2).

[407] *Consignação de rendimentos*, p. 23.

[408] *Código Civil anotado*, vol. I, p. 675.

no artigo 824.º, n.ᵒˢ 2 e 3, para o produto da venda desses bens" (⁴⁰⁹).

Sinteticamente, esta posição resume-se nisto: o produto da venda da coisa — a quantia obtida — fica onerado pela consignação, até ao dia em que, através dos seus rendimentos, for integralmente paga a dívida do terceiro.

Ocupemo-nos, por último, da segunda variante da segunda tese atrás apresentada.

De acordo com ela, a coisa é vendida — no processo executivo — onerada com a anticrese.

"O direito anticrético, — escreve, por exemplo, na doutrina italiana, TEDESCHI (⁴¹⁰) —, tendo sido registado, vale também em relação ao adquirente na venda judicial. De facto, a anticrese não constitui, como o penhor ou a hipoteca, uma garantia destinada a realizar-se e a extinguir-se no âmbito da execução, com a venda do imóvel, (...), mas, contrariamente, destina-se à satisfação do crédito mediante o gozo continuado da coisa; e tal garantia dura, segundo a lei, *finchè il creditore non sia stato interamente soddisfatto del suo credito* (art. 1962 do C.C.I.)."

Com este percurso pretende-se, afinal, tentar obter uma resposta para uma questão muito concreta: poderá o terceiro consignatário defender a sua detenção — contra o acto da penhora — através de embargos de terceiro preventivos ou repressivos (⁴¹¹)?

Qual das teses acima descritas deve ser adoptada?

A primeira tese apoia-se em fortes argumentos.

Desde logo, o disposto no artigo 824.º, n.º 2, do C.C. O preceito, já o sabemos, diz, de forma inequívoca, que "os bens [penhorados] são transmitidos livres dos direitos de garantia que os onerarem (...)."

(⁴⁰⁹) Ob. cit., p. 524, nota 1.
(⁴¹⁰) *L'anticresi*, p. 93.
(⁴¹¹) O problema só se coloca nos casos em que, antes do registo da consignação, não existe, em benefício alheio, qualquer outra garantia (*v.g.*, uma hipoteca, uma penhora ou um direito de retenção).

Para além disto, estabelece o artigo 888.º que "após o pagamento do preço e do imposto devido pela transmissão, são oficiosamente mandados cancelar os registos dos direitos reais que caducam, nos termos do n.º 2 do artigo 824.º do Código Civil, entregando-se ao adquirente certidão do respectivo despacho."

E faz-se ainda apelo à regra do n.º 3 do artigo 824.º do C.C., onde se estatui, recordemos, que "os direitos de terceiro que caducarem (...) transferem-se para o produto da venda dos respectivos bens."

Mas como se opera, concretamente, esta transferência no caso da consignação?

VAZ SERRA, como dissemos, entende, genericamente, que o credor consignatário deve ser pago através do produto obtido com a venda.

CASTRO MENDES, também defensor da tese em análise [412], recorre, para a fundamentar, ao artigo 881.º, n.º 3.

Este artigo refere-se à *consignação judicial de rendimentos* que, a par da entrega de dinheiro, da adjudicação dos bens penhorados e da entrega do produto da venda, constitui um dos modos de pagamento previstos nos artigos 872.º e ss.

Uma vez feita a penhora, e enquanto não se proceder à venda ou à adjudicação da coisa penhorada, pode o exequente requerer que lhe seja feita a consignação dos respectivos rendimentos (art. 879.º) [413]. Pretende-se, por este modo, o pagamento do crédito que deu origem ao processo executivo.

Acrescente-se que ao executado deve ser dada a possibilidade de se pronunciar sobre o pedido formulado pelo exequente (art. 879.º, n.º 2).

Ora, que acontece a esta consignação judicial no caso de a coisa, sobre que incide, vir a ser penhorada no âmbito de outro processo executivo?

---

[412] Embora a não tenha por indiscutível. Cfr. *Direito processual civil*, vol. III, p. 441, nota 414.

[413] Terá de tratar-se de um imóvel ou de um móvel sujeito a registo.

A esta questão responde o n.º 3 do artigo 881.º: "Se os bens vierem a ser vendidos ou adjudicados, livres do ónus da consignação, o consignatário será pago do saldo do seu crédito pelo produto da venda ou adjudicação, com a prioridade da penhora a cujo registo a consignação foi averbada."

Parece ser, portanto, também este, o regime aplicável às hipóteses em que, sobre a coisa penhorada, exista uma *consignação voluntária* de rendimentos em benefício de um terceiro que nunca obteve qualquer penhora sobre a coisa.

Concluindo, o consignatário (na consignação voluntária), vendo extinta a sua garantia, por efeito de uma execução alheia, poderá pagar-se da quantia que, feitas as contas, esteja ainda em dívida, precisamente à custa do produto obtido com a venda do bem.

A argumentação favorável à primeira tese pode, por fim, quando confrontada com a segunda variante da segunda tese, situar-se no plano dos interesses. A subsistência da consignação — no caso da venda executiva — faz diminuir o valor da coisa, afasta eventuais adquirentes e prejudica, desta forma, os restantes credores [414].

Perante este conjunto de argumentos, qual o espaço deixado à tese da subsistência?

Será defensável alguma das variantes que a integram?

A tese sustentada por Vaz Serra e por Castro Mendes não pode, apesar da força da sua argumentação, considerar-se inteiramente pacífica e isenta de dificuldades.

Aliás, não raro é depararmos — nas exposições levadas a cabo por estes Autores — com afirmações que deixam transparecer certo estado de dúvida.

Mas como pode haver dúvidas em face, desde logo, do teor do artigo 824.º, n.º 2, do C.C.?

As dúvidas têm razão de ser, na medida em que a anticrese é uma garantia muito especial: ela atribui ao credor, não o direito de se pagar através da venda judicial da coisa (não atribui nenhum

---

[414] Cfr. Vaz Serra, *Consignação de rendimentos,* p. 22.

droit de faire vendre) (415), mas, antes, o direito de se pagar através dos respectivos rendimentos (416). A quantia em dívida é, deste modo, gradualmente satisfeita, devendo os frutos da coisa ser imputados no capital e nos juros a que o credor tenha direito.

Ora, como é evidente, a *tese da insubsistência* — não restringindo o alcance do artigo 824.º, n.º 2, do C.C. — conduz ao seguinte efeito: o direito de garantia do credor, enquanto direito anticrético, extingue-se.

Esta extinção é, no entanto, acompanhada pela imediata alteração do direito do consignatário, na medida em que este deverá ser pago pelo produto da venda, com preferência a quaisquer credores comuns e aos credores com garantia cujo registo seja posterior ao da consignação (417). Quer dizer, por via de tal alteração, o credor passa a ser titular de um direito que nunca tivera: o direito de ser pago à custa da coisa.

Poderá considerar-se prejudicial para o credor esta transmutação?

VAZ SERRA não deixa de reconhecer que a consignação, enquanto garantia especial, é afectada pela venda que a faça caducar. Para o Autor isso "altera, porventura fortemente, o direito do credor, forçado a obter, desde logo, o pagamento" (418).

---

(415) A consignação — explicam PIRES DE LIMA/ANTUNES VARELA, *Código Civil anotado*, vol. I, p. 675 — "não vem acompanhada, como noutras garantias reais, da afirmação da *preferência* conferida aos respectivos credores (...)." Logo adiante escrevem: "Não tendo o credor a possibilidade de executar os bens ou os rendimentos, *com base na garantia*, não pode haver concurso de credores. A execução dos bens só poderá ser requerida pelo credor como credor comum e, de resto, somente quando se entenda que, pela própria constituição da garantia, não quiseram as partes subtrair os bens à execução, nos termos do artigo 602.º."

(416) Há, por isso, quem defenda que a anticrese é uma espécie de *datio pro solvendo* (ou dação em função do cumprimento). Cfr. JOSÉ ANDRADE MESQUITA, "Consignação de rendimentos ou anticrese: alguns aspectos do seu regime e natureza jurídica", in *Boletim do Conselho Nacional do Plano*, n.º 21, p. 152 e s.

(417) Cfr. VAZ SERRA, est. cit., p. 23.
(418) Est. cit., p. 23.

Pensemos nos casos em que — tal como na hipótese já apresentada — se opera a entrega da coisa, objecto do pacto anticrético, ao credor, nos termos do artigo 661.º, n.º 1, al. b), do C.C.

Para além do direito de garantia especial, o consignatário passa — por via de tal entrega — a ser titular de um *direito pessoal de gozo* oponível *erga omnes*. O credor tem, refira-se, o direito e o dever de administrar a coisa como um proprietário diligente (art. 663.º, n.º 1, do C.C.), sendo, *ex lege*, equiparado ao locatário.

Ora, não pode negar-se que o interesse do credor, concretizado nesta detenção exercida sobre a coisa, fica irremediavelmente afectado pela modificação defendida pela primeira tese analisada.

Que dizer, por outro lado, do argumento extraído do artigo 881.º, n.º 3?

"A venda forçada (...) — escreve CASTRO MENDES — sujeita a consignação de rendimentos ao regime geral do artigo 824.º, n.º 2 do Código Civil, como o mostra o artigo 881.º, n.º 3."

Note-se, contudo, que o artigo 881.º, n.º 3, trata do caso em que o exequente — após a penhora de determinada coisa — requer que o pagamento lhe seja feito com os rendimentos do objecto penhorado. Com a necessária anuência do executado evita-se, assim, a venda judicial da coisa.

Mas a penhora mantém-se, não se cancelando o seu registo enquanto o direito do credor não for integralmente satisfeito.

Se, porventura, em execução instaurada por um terceiro, a coisa — objecto da consignação judicial de rendimentos — vier a ser penhorada, ao ex-exequente e consignatário é assegurado, precisamente com fundamento no n.º 3 do artigo 881.º, o direito de obter o pagamento do saldo da dívida, à custa do produto resultante da venda da coisa.

Sempre se pode dizer, portanto, que, nesta hipótese — diversamente do que sucede na hipótese da consignação voluntária —, o terceiro consignatário faz valer a garantia que ficara latente desde a execução que promovera em primeiro lugar ([419]). Que garantia?

([419]) A propósito da consignação judicial de rendimentos, escreve LOPES CARDOSO, *Manual da acção executiva,* p. 518: "A penhora sobre os bens cujo

A que resulta da penhora. O facto de o exequente ter requerido a consignação judicial dos rendimentos da coisa penhorada não lhe retira — até ao dia em que for inteiramente reembolsado do seu crédito — o direito que nasce com a penhora: o direito de se pagar à custa da coisa.

É um direito que, como vemos, pode ser feito valer numa execução alheia.

Concluindo, o argumento baseado no artigo 881.º, n.º 3, não parece decisivo para a resolução do problema, uma vez que, na consignação judicial, o credor jamais perde o direito de se pagar à custa da coisa, direito que não existe para o consignatário no âmbito de uma consignação voluntária.

Que dizer, finalmente, do último argumento aduzido pelos defensores da tese da insubsistência?

Não há dúvida de que os restantes credores do executado podem sair prejudicados pela manutenção da anticrese, uma vez que, como é normal, a coisa onerada vai ser dificilmente vendida ou vendida por um preço mais baixo.

No entanto, esta diminuição ocorre em múltiplas hipóteses (*v.g.*, naquelas em que exista um *arrendamento vinculístico* e a renda seja inferior à que o imóvel poderia proporcionar), não devendo deixar, por isso, de ser respeitados os direitos oponíveis de terceiros sobre a coisa penhorada.

Não deve também dizer-se que a manutenção da garantia sobre a coisa penhorada e, posteriormente, vendida, é totalmente estranha ao nosso sistema. Nos termos do artigo 842.º, n.º 1, "a penhora abrange o prédio com todas as suas partes integrantes e os seus frutos, naturais ou civis, desde que não sejam expressamente excluídos e nenhum privilégio exista sobre eles" ([420]).

---

rendimentos tenham sido adjudicados é que não é levantada, nem é cancelado o respectivo registo, enquanto o adjudicatário não estiver inteiramente reembolsado do seu crédito."

([420]) Baseado nesta disposição, CASTRO MENDES, *Direito processual civil*, vol. III, p. 441, nota 414, acaba por afirmar que não tem a tese da insubsistência como indiscutível. E escreve: "Bem se poderá entender que o artigo 842.º,

Exemplo: *A* é titular de um privilégio mobiliário especial (art. 739.º do C.C.) sobre a cortiça de um sobreiral pertencente a *B*. Suponhamos que, antes de a cortiça poder ser extraída das árvores, o prédio rústico é vendido no âmbito de uma execução proposta por *C*, credor de *B*. *A* não perde, por efeito da venda judicial, o privilégio de que é titular sobre os frutos do prédio rústico em questão.

Há, assim, fortes razões para aceitar a subsistência da anticrese após a efectivação da venda executiva e, portanto, para fazer uma interpretação que restrinja o âmbito de aplicação do artigo 824.º, n.º 2, do C.C. Este preceito faz caducar os *direitos reais de garantia*, mas, bem vistas as coisas, o consignatário é também titular de um *direito de gozo* — *rectius*, de um direito de fruição — que não deve ser afectado pela venda executiva.

Entendemos, por outro lado, que o direito do consignatário não se transfere, nos termos do n.º 3 deste preceito, para o produto da venda, pois a consignação só pode incidir sobre imóveis ou móveis registáveis.

Consequentemente, o direito anticrético — desde que, claro está, preencha os requisitos da oponibilidade — acompanha a coisa quando seja vendida judicialmente a terceiro. E, acrescente-se, deve manter-se enquanto não findar o prazo estipulado ou enquanto não ocorrer o integral pagamento da dívida e dos respectivos juros.

Em nosso entender, por fim, o consignatário, tendo havido tradição da coisa, pode, contra o acto judicial da apreensão, recorrer a embargos de terceiro.

---

n.º 1, prevalece e impede a penhora e subsequente venda do direito à fruição, na medida que é limitado pela consignação de rendimentos. Nessa altura, a consignação de rendimentos sobreviveria à venda forçada, como direito real a haver durante certo tempo ou até à extinção de certa dívida o rendimento de um prédio ou móvel sujeito a registo ou título nominativo.

Então, não haveria necessidade de citar o credor consignatário." Mas conclui: "Não nos parece esta, porém, a solução mais curial."

g) O cônjuge detentor

Se for requerida uma execução contra uma pessoa casada, poderá o *cônjuge não executado*, arrogando-se a qualidade de *detentor*, opor-se à penhora que incida sobre bens pertencentes ao cônjuge executado?

Ocupemo-nos de um caso concreto, apreciado e julgado pelo Ac. da Relação de Coimbra de 6 de Out. de 1993 ([421]).

Instaurada, por *A*, execução para pagamento de quantia certa contra *B*, casado com *C* em regime de comunhão de adquiridos, a penhora veio a recair sobre determinada fracção autónoma de um prédio urbano constituído em propriedade horizontal.

Esta fracção era um bem próprio do cônjuge executado e constituía a casa de morada da família.

Fundamentando-se, precisamente, neste último facto, *C*, mulher do executado, invocando os artigos 1673.°, 1682.°-A e 1682.°-B do C.C., deduziu, contra a penhora de tal fracção, *embargos de terceiro*.

A Relação entendeu que a embargante, não sendo proprietária do imóvel penhorado, não era possuidora, estando-lhe, por isso, vedado o recurso aos embargos. De acordo com o artigo 352.°, correspondente ao revogado artigo 1038.° n.° 1, "o cônjuge que tenha a posição de terceiro pode, sem autorização do outro, defender por meio de embargos os direitos relativamente aos bens próprios e aos bens comuns (...)" ([422]).

([421]) C.J., 1993, t. IV, p. 52 e ss.

([422]) Nos embargos deduzidos pelos cônjuges, a posse (ou o direito) que se defende é relativa aos bens próprios ou comuns.

O cônjuge embargante, para além de alegar a posse, tem de provar, ainda, que o bem penhorado é próprio ou comum.

O fundamento dos embargos deduzidos pelos cônjuges não pode ser estritamente possessório, pois o embargante tem de alegar e provar também a titularidade de um direito sobre a coisa penhorada.

Para ANSELMO DE CASTRO, *A acção executiva singular, comum e especial*, p. 353, o fundamento dos embargos do cônjuge relaciona-se, unicamente, com a natureza dos bens.

Sobre este ponto, *vide* LEBRE DE FREITAS, *A acção executiva*, p. 247 e s.

A posse defensável por embargos é, tão-só, a que diga respeito aos bens próprios ou comuns do cônjuge não executado.

Ora, no caso, tratava-se de um imóvel que era bem próprio do cônjuge executado. Assim sendo, a embargante, relativamente à fracção penhorada, não passava de mera detentora ou possuidora precária.

A questão que se suscitou foi a de saber se, nesta qualidade, ela podia recorrer aos embargos de terceiro.

Decidiu-se que não. E decidiu-se bem.

Mesmo que se entenda que os poderes exercidos pelo cônjuge não proprietário sobre a casa de morada de família configuram um direito pessoal de gozo, não deve tutelar-se esta sua posição. Porquê? Porque o cônjuge não proprietário não pode opor o seu direito de gozo aos credores do cônjuge executado. Estes têm o direito de fazer penhorar — nos termos do artigo 1696.º do C.C. — os bens próprios do cônjuge devedor. Como acertadamente se escreve no citado Ac. da Relação de Coimbra, a protecção da casa de morada da família "não pode servir para furtar o cônjuge devedor remisso às suas responsabilidades para com terceiros."

h) O adquirente de coisa vendida com reserva de propriedade

Outra hipótese problemática é a da *venda com reserva de propriedade*, nos termos do artigo 409.º do C. C.

Poderá o comprador, no âmbito de uma acção executiva proposta contra o vendedor, opor-se à penhora da coisa?

A esta interrogação deve, quanto a nós, responder-se negativamente [423].

Solução injusta, dir-se-á, uma vez que o comprador, principalmente quando haja efectuado já o pagamento de parte do

---

[423] Em sentido contrário, TEIXEIRA DE SOUSA, *Acção executiva singular*, p. 309. Para o Autor, "se, numa execução instaurada contra o alienante, for penhorado o bem vendido com reserva de propriedade (...), o adquirente pode embargar de terceiro com base na sua expectativa jurídica."

preço, tem uma legítima expectativa: a de vir a tornar-se, mais cedo ou mais tarde, proprietário da coisa.

No entanto, não lhe assiste o direito de, à luz do artigo 351.º, se opor a uma penhora. Além de não ser *possuidor* da coisa, pois sabe, em face do título aquisitivo, que esta continua a pertencer ao vendedor e, por conseguinte, não pode actuar sobre ela com o *animus* de proprietário, o comprador não é titular de qualquer direito definitivo oponível ao exequente e ao executado (vendedor da coisa com reserva de propriedade).

O *pactum reservati dominii* visa proteger, não o comprador, mas apenas o vendedor. Colocando-se este numa situação que o impossibilite de cumprir o contrato, a única protecção para o comprador consistirá na proposição, contra o vendedor, de uma acção declaratória na qual peça a indemnização a que tiver direito.

Quem poderá, seguramente, recorrer aos embargos de terceiro, quer com fundamento na *posse*, quer com fundamento no seu *direito de propriedade*, é o vendedor, se a coisa for penhorada numa execução requerida contra o comprador. Mas este ponto há-de ser, mais à frente, desenvolvido.

24. A coisa, objecto da penhora, pertence a um terceiro não titular da responsabilidade executiva

Suponhamos que determinada penhora — no âmbito de uma acção executiva para pagamento de quantia certa — recai, diferentemente do que sucede nas hipóteses que temos vindo a analisar, sobre uma coisa cuja propriedade não pertence ao executado, mas a um *terceiro não responsável e não demandado na acção*.

Trata-se de uma penhora *ilegítima*, podendo o lesado reagir contra ela.

O nosso sistema consagra determinadas formas de controlo que visam evitar a ocorrência de penhoras deste tipo.

a) **Controlo oficioso da titularidade do direito**

Analisemos, para já, o controlo relativo à penhora de imóveis ou de móveis sujeitos a registo.

Foi dito, na parte do trabalho dedicada ao tema, que a penhora se realiza através de um termo (imóveis) ou de um auto (móveis) e que, no primeiro caso, o acto não é acompanhado por uma simultânea apreensão efectiva da coisa, contrariamente àquilo que ocorre na penhora de móveis.

Disse-se também, e esta é a nota que interessa neste momento pôr em evidência, que, nos termos da al. *n*) do artigo 2.° do C.R.P., está sujeita a registo a penhora que incida sobre imóveis ou sobre determinados móveis.

O registo, constituindo um ónus do exequente, é, desde logo, condição da eficácia do acto perante terceiros (art. 838.°, n.° 4) e, além disso, condição necessária para que o processo executivo possa prosseguir.

Ora, o registo — embora não esteja pensado como um mecanismo de prevenção do esbulho judicial, pois não tem de anteceder a entrega efectiva da coisa — permite evitar a efectivação da penhora sobre coisas que pertençam a terceiros proprietários não responsáveis. Vejamos como.

Dispõe o artigo 92.°, n.° 2, al. *a*), do C.R.P. que o registo da penhora se faz provisoriamente "se existir sobre os bens registo de aquisição ou reconhecimento do direito de propriedade ou de mera posse a favor de pessoa diversa do executado ou requerido."

Além disto, prescreve o artigo 119.°, n.° 1, do mesmo Código que, uma vez efectuado este registo provisório, "o juiz deve ordenar a citação do titular inscrito para declarar, no prazo de dez dias, se o prédio ou o direito lhe pertence."

Este regime tutela os terceiros, uma vez que, sem a conversão do registo provisório em definitivo, não pode proceder-se à venda ou à adjudicação da coisa penhorada. Ora, tal conversão só ocorrerá se o terceiro não prestar, dentro do prazo de dez dias, qualquer esclarecimento ou se declarar que não é titular de nenhum direito de propriedade sobre a coisa em questão.

Em qualquer destas duas situações, deverá, nos termos do artigo 119.º, n.º 3, do C.R.P., ser "expedida certidão do facto à conservatória para conversão oficiosa do registo."

Se, ao invés, o terceiro declarar que a coisa lhe pertence, o juiz "remeterá os interessados para os meios processuais comuns"(art. 119.º, n.º 4, do C.R.P.) ([424]), caducando o registo se, dentro de trinta dias, não for registada e instaurada a acção declarativa própria (art. 92.º, n.º 4, do C.R.P.).

Se resultar desta acção (*v.g.*, de uma acção de simulação proposta pelo exequente) que a coisa penhorada pertence ao executado, o registo provisório converter-se-á em definitivo, desde que o interessado requeira a conversão no prazo de oito dias a contar do trânsito em julgado da sentença (art. 119.º, n.º 6, do C.R.P.).

Para além deste controlo da titularidade da coisa penhorada, baseado no registo (controlo que surge após a realização da penhora e perante o registo do bem em nome de terceiro) ([425]), o sistema

---

([424]) Era diferente a redacção do artigo 221.º, n.º 4, do C.R.P. aprovado pelo D.L. n.º 47.611, de 28 de Mar. de 1967: "a declaração, feita pelo citado, de que os bens lhe pertencem não impede o exequente ou arrestante de impugná-la pelos meios processuais comuns, a fim de, por sentença, se decidir a questão da propriedade."

E logo no número seguinte se estabelecia que "a proposição da acção declarativa, se for registada dentro de dois meses, a contar da sua data, e averbada no lugar próprio, interrompe o prazo de caducidade do registo provisório da penhora ou arresto."

Embora o actual C.R.P. remeta as partes, e não expressamente o exequente, para os meios processuais comuns, é evidente que, na prática, o ónus de propor a acção destinada a permitir a penhora e a venda do bem registado em nome do terceiro recai sobre o exequente. O terceiro, como é bom de ver, não tem interesse em dar o primeiro passo, instaurando a acção de domínio, pois esta sua iniciativa impediria a caducidade do registo provisório de uma penhora que lhe é desfavorável.

([425]) *Vide*, quanto à aplicação prática deste regime, o Ac. da Relação de Lisboa de 6 de Mar. de 1997, C.J. 1997, t. II, p. 79 e ss.

Este Ac. distingue, com grande clareza, os momentos em que podem surgir dúvidas sobre a propriedade dos bens penhorados.

processual português consagra outro meio que visa afastar a penhora de bens de terceiros: o *protesto* regulado no artigo 832.º (trata-se de um controlo previsto para o momento da efectivação da penhora).

Pretende-se, com este meio de defesa, evitar a penhora de coisas que, não pertencendo ao executado, se encontram em seu poder.

Sabemos já que, perante o protesto, o funcionário pode deixar de efectuar a penhora. Basta, para isso, que se convença de que o executado não é o efectivo proprietário da coisa.

A penhora será, pelo contrário, efectuada se o funcionário se convencer de que a titularidade do bem pertence ao executado.

Por fim, em caso de dúvida, nos termos do actual n.º 2 do artigo 832.º, "o funcionário efectuará a penhora, cabendo ao tribunal resolver se deve ser mantida, ouvidos o exequente e o executado e obtidas as informações necessárias."

b) **Embargos de terceiro**

O que acaba de dizer-se não torna os *embargos de terceiro* um meio de somenos importância na tutela do terceiro proprietário e possuidor que, injustamente, vê uma coisa do seu património afectada numa execução alheia. Apontemos as razões.

Em primeiro lugar, o controlo oficioso da titularidade, baseado no registo, pode não evitar a ocorrência de uma efectiva apreensão judicial da coisa e, portanto, de uma ofensa da posse do terceiro. Tal ofensa ilícita fundamenta a dedução de embargos de tipo repressivo.

Em segundo lugar, e uma vez proferido o despacho que ordene a penhora, o proprietário possuidor pode, desde logo, deduzir embargos preventivos.

Por último, não surtindo efeito o protesto do executado, nos termos do artigo 832.º, os embargos de terceiro de tipo repressivo aparecem como o meio próprio para reagir contra a diligência ofensiva da posse.

O terceiro proprietário pode, nos embargos, alegar factos demonstrativos da sua posse, gozando, nos termos do artigo 1268.º, n.º 1, do C.C., "da presunção da titularidade do direito." Outra possibilidade traduz-se, hoje, na alegação e na prova do direito de propriedade.

Esta hipótese, na qual é penhorada coisa pertencente a terceiro não responsável e não demandado para a acção, está longe de ser uma hipótese teórica, impossível de ocorrer na prática.

Atentemos no caso, quase Kafkiano, descrito no Ac. da Relação de Lisboa de 5 de Mar. de 1996 [426]: determinado Banco nomeou à penhora um imóvel pertencente a um terceiro (não responsável e estranho à execução movida pelo Banco), pelo simples facto de este ter nome (e apelido) igual ao do verdadeiro executado. E, por muito estranho que possa parecer, o imóvel (onde o terceiro tinha a sua residência), acabou mesmo por ser penhorado, mantendo-se a penhora durante cerca de dois anos!

Ora, a reacção contra esta penhora ilegítima processou-se, precisamente, através de embargos de terceiro, acabando o Banco exequente por desistir da penhora.

Em acção indemnizatória, a Relação de Lisboa condenou, com todo o acerto, o exequente a pagar uma indemnização, por danos não patrimoniais, à "vítima" inocente da penhora.

c) Revogação, pela Reforma de 1995-96, do regime constante do artigo 1041.º, n.º 1, 2.ª parte

Para além da genérica possibilidade do indeferimento liminar dos embargos de terceiro, que a Reforma de 1995-96 manteve no artigo 354.º, o Código de Processo Civil regulava, na 2.ª parte do revogado artigo 1041.º, n.º 1, um caso especialíssimo de indeferimento liminar. Tratava-se do caso em que, de acordo com a petição inicial dos embargos, a posse do embargante se fundava em transmissão feita por aquele contra quem tinha sido promovida a diligência judicial executiva. Para que o tribunal, com base nisto, pudesse indeferir os embargos, tinha de ser manifesto, pela data em que o acto foi praticado ou por quaisquer outras circuns-

---

[426] C.J. 1996, t. II, p. 71 e ss.

tâncias, que a transmissão havia sido feita com o objectivo de o transmitente se subtrair à sua responsabilidade.

Este regime especial, revogado pela Reforma de 1995-96, permitia que o juiz fizesse — sempre, embora, com a devida prudência — aquilo que, em princípio, não poderia fazer. Em regra, se o devedor transmitiu bens do seu património a terceiros com o intuito de prejudicar os credores, estes apenas podem fazer incidir a execução nesses bens se, previamente, tiverem impugnado, com êxito, tais actos praticados pelo devedor ([427]). É o que expressamente resulta da segunda parte do artigo 818.º do C.C.

O regime dos embargos previsto no Código revisto autorizava o juiz a rejeitar *ex officio* a oposição sempre que tivesse indícios seguros de que houvera uma transmissão "apressada" ao embargante, com o único objectivo de se reduzir a garantia patrimonial do devedor (executado) ([428]).

O fim do regime previsto na segunda parte do artigo 1041.º, n.º 1, assentou na ideia, expressa no preâmbulo do Dec.-Lei. n.º 329-A/95, de 12 de Dez., de que "a definição dos casos em que os embargos devem ou não ser rejeitados é matéria estritamente de direito civil, não competindo (...) à lei de processo enunciar regras sobre os critérios substanciais de decisão do pleito."

Não sendo hoje possível o indeferimento com base no motivo em análise, o património alheio, para além dos casos em que está onerado em benefício do credor, só pode ser atingido se este recorrer triunfantemente à impugnação pauliana ou à acção de simulação (arts. 610.º, 240.º e 605.º do C.C.).

Segundo LEBRE DE FREITAS ([429]), "só na fase contraditória dos embargos e com sujeição aos requisitos gerais da impugnação

---

([427]) *Vide*, sobre este ponto, V. ROMAGNOLI, *Considerazioni sulla sucessione a titolo particolare nel processo esecutivo*, R.T.D.P.C., 1961, p. 334 e s.

([428]) A rejeição dos embargos não tinha uma eficácia definitiva, uma vez que o embargante podia, após o indeferimento, instaurar acção contra o exequente para o convencer da inexistência de fundamento para impugnar a transmissão. Cfr. R.L.J., ano 92.º, p. 88. No mesmo sentido já se pronunciara ALBERTO DOS REIS, R.L.J., ano 87.º, p. 196.

([429]) *A acção executiva*, p. 250.

pauliana é que o exequente embargado poderá pôr em causa a alienação que o executado tenha feito, tal como, aliás, poderá fazer com qualquer outro fundamento de impugnação do acto ou causa da sua nulidade."

Mas o credor pode deduzir uma oposição autónoma.

Vejamos o caso descrito no Ac. do S.T.J. de 18 de Jun. de 1996 ([430]).

Numa execução para pagamento instaurada por determinado Banco, um terceiro reagiu através de embargos, alegando a propriedade da coisa penhorada.

O Banco, embargado, alegou, perante o tribunal, ter instaurado acção de impugnação pauliana contra a venda do prédio objecto da penhora e requereu a suspensão da instância relativa aos embargos, até que fosse proferida decisão final na acção de impugnação.

O tribunal, onde corria o processo dos embargos, decidiu suspender a instância, até que fosse definitivamente julgada a acção de impugnação pauliana.

Tanto a Relação como o S.T.J. confirmaram a decisão que mandou suspender, ao abrigo do regime estabelecido no artigo 279.º, n.º 1, o processo dos embargos. É indiscutível que a suspensão foi bem decretada, pois a decisão a proferir nos embargos estava dependente do julgamento da acção pauliana instaurada pelo embargado.

d) Embargos deduzidos pelo proprietário não inscrito no registo

Não sendo liminarmente indeferidos, os embargos deduzidos pelo possuidor podem vir a ser julgados procedentes não só na hipótese anormal em que falte a contestação, como no caso em que o embargado, contestando, não consiga fazer prova de que a propriedade da coisa penhorada pertence ao executado.

([430]) C.J. (Acs. do S.T.J.) 1996, t. II, p. 149 e ss.

Tem-se levantado um difícil problema sempre que, na acção desencadeada pelos embargos, são postos em confronto dois direitos: por um lado, o direito do terceiro embargante que, sendo embora proprietário de um imóvel ou de um móvel sujeito a registo, não procedeu ao registo da sua aquisição; por outro lado, o direito de garantia adquirido pelo exequente, por via da penhora, sobre coisa que figura no registo em nome do executado [431] [432].

O problema crucial está em saber se o direito de propriedade (não registado) do embargante prevalece sobre o direito de garantia do exequente.

O Ac. da Relação de Lisboa de 14 de Jan. de 1993 [433] apresenta-nos um bom exemplo deste conflito, que ocorre, aliás, com bastante frequência. O Banco Nacional Ultramarino promoveu execução contra uma sociedade de construções e nomeou à penhora determinada fracção autónoma de um prédio urbano. A executada constava, no registo predial, como titular do direito de propriedade da fracção.

A penhora não só foi efectuada (11-Fev.-91), como, posteriormente, inscrita definitivamente no registo predial em benefício do exequente (5-Abr.-91).

Contra tal penhora veio um terceiro deduzir embargos, alegando que havia adquirido, por compra (escritura de 3-Jan.-85), à executada, a referida fracção "e que, embora tal aquisição não tenha sido registada pelo embargante, a posse pertencia a este desde a data do pagamento da sisa."

A Relação de Lisboa formulou a questão essencial: "A penhora definitivamente registada prevalece, ou não, sobre o direito de propriedade que, embora não registado, é anterior ao auto da penhora?"

---

[431] O problema é análogo ao de saber se, constituída uma hipoteca judicial, esta prevalece sobre uma transmissão anterior não registada.

[432] Vide LEBRE DE FREITAS, *A penhora de bens na posse de terceiros*, R.O.A., 1992, p. 321, nota 20.

[433] C.J., 1993, t. I, p. 105 e s.

E decidiu no sentido da *procedência* dos embargos de terceiro, afirmando que "a transmissão do direito de propriedade sobre a fracção (...), com data anterior ao registo da penhora, que veio a recair sobre ela, prevalece sobre esta ainda que tal transmissão não seja registada."

Neste sentido — importa dizê-lo — se tem pronunciado, entre nós, um largo sector da jurisprudência.

Vejamos com que argumentos.

Em primeiro lugar, e trata-se de um dos pontos nucleares do problema, entende-se que o exequente e o embargante não podem considerar-se *terceiros para efeitos de registo predial*, ou seja, pessoas que do mesmo autor ou transmitente adquiriram direitos incompatíveis (total ou parcialmente) sobre o mesmo objecto ([434]).

Se fossem terceiros, prevaleceria o direito daquele que primeiramente tivesse efectuado o registo e, portanto, no caso descrito, o direito de garantia do exequente.

Mas, para a posição agora em análise, o exequente e o terceiro proprietário não adquiriram direitos do mesmo transmitente ou causante e não podem, por consequência, considerar-se terceiros para efeitos de registo. Enquanto o direito do terceiro proprietário lhe foi transmitido pelo executado, o direito de garantia do exequente — nascido com a penhora — não foi constituído pelo executado, mas pelo tribunal.

Este argumento foi decisivo no julgamento que a Relação de Lisboa proferiu no Ac. já citado. Entendeu-se, precisamente, que a executada não tinha transmitido ao exequente qualquer direito sobre a fracção que pudesse estar em conflito com o direito do embargante. E concluiu-se, deste modo, que o embar-

---

([434]) Cfr. Manuel de Andrade, *Teoria geral da relação jurídica,* vol. II, p. 19.

Sobre esta noção *vide*, ainda, Ferreira de Almeida, *Publicidade e teoria dos registos,* p. 268; Mota Pinto, *Teoria geral do direito civil,* p. 367; Heinrich Hörster, *A parte geral do Código Civil português,* p. 503 e ss., e, mais recentemente, Antunes Varela//Henrique Mesquita, R.L.J., ano 126.º, p. 384, e ano 127.º, p. 19 e ss.

gado (exequente) não era terceiro relativamente ao comprador da fracção penhorada após a escritura de compra e venda ([435]).

O segundo argumento invocado pelos defensores da corrente interpretativa agora em análise pode sintetizar-se do seguinte modo: com excepção dos casos em que um terceiro (não responsável) constitui, sobre bens do seu património, uma garantia em benefício alheio, a penhora somente pode incidir sobre bens do devedor executado (art. 817.º do C.C.).

Último argumento: a presunção segundo a qual o direito pertence ao titular inscrito no registo (art. 7.º do C.R.P.) é uma presunção *iuris tantum*, ilidível por prova em contrário ([436]). Se é certo que, no momento da penhora, se presume que a coisa pertence ao executado (devedor), também não é menos verdade que a presunção é ilidida pelo embargante (terceiro proprietário) no preciso momento em que demonstra ter adquirido validamente do executado.

À posição jurisprudencial a que acabamos de fazer referência opõe-se outra orientação.

([435]) "Quando no acto ou facto — escreve-se no Ac. do S.T.J. de 7 de Jun. de 1983, B.M.J., n.º 328, p. 504 — não intervém directamente o autor comum, mas apenas a lei e a vontade e acção unilateral do credor, sem cuidar de averiguar, junto do devedor ou executado, qual o seu real e actual património, então já não merece a protecção desse artigo 7.º, n.º 1, pois não foi convencido ou induzido em erro pelo autor comum da existência desse direito ou coisa na esfera jurídica do seu património, agindo o credor à sua revelia e por sua inteira responsabilidade."

Argumentando no sentido de que o exequente e o proprietário *não podem considerar-se terceiros para efeitos de registo,* vejam-se ainda, entre outras, as seguintes decisões: Ac. do S.T.J. de 27 de Maio de 1980, B.M.J., n.º 297, p. 270 e ss; Ac. do S.T.J. de 7 de Jun. de 1983, B.M.J., n.º 328, p. 504 e ss; Ac. do S.T.J. de 6 de Jan. de 1988, B.M.J., n.º 373, p. 468 e ss; Ac. do S.T.J. de 8 de Dez. de 1988 (com um voto de vencido), B.M.J., n.º 382, p. 463; Ac. da Relação de Lisboa de 14 de Jan. de 1993, C.J. 1993, t. I, p. 105 e s; Ac. do S.T.J. de 29 de Set. de 1993, C.J. (Acs. do S.T.J.), 1993, t. III, p. 29 e ss; e Ac. da Relação de Coimbra de 27 de Abr. de 1994, C.J. 1994, t. II, p. 20 e s.

([436]) *Vide*, a respeito deste ponto, J. A. MOUTEIRA GUERREIRO, *Noções fundamentais de direito registral (predial e comercial),* p. 70 e s.

Um largo sector da doutrina e uma minoritária corrente de jurisprudência ([437]) sustentam, vigorosamente, contra tal posição, que o exequente, na hipótese em análise, através da penhora, adquire um direito de garantia oponível ao terceiro proprietário que não tenha o direito de propriedade registado a seu favor.

Esta concepção veio a ser, em 1997, consagrada pelo S.T.J. num Ac. uniformizador de jurisprudência ([438]).

Nos termos deste aresto — por nós aplaudido — "terceiros, para efeitos de registo predial, são todos os que, tendo obtido registo de um direito sobre determinado prédio, veriam esse direito arredado por facto jurídico anterior não registado ou registado posteriormente."

O penhorante e o titular do direito de propriedade não podem, à luz desta concepção, deixar de considerar-se terceiros para efeitos de registo. Consequentemente, os embargos de terceiro deduzidos pelo proprietário, que não procedeu ao registo da sua aquisição antes do registo da penhora, só podem ter um destino: o da improcedência.

Esta visão das coisas adequa-se ao fim que o registo desempenha no nosso sistema.

Sabemos, por um lado, que "os factos sujeitos a registo só produzem efeitos contra terceiros depois da data do respectivo

---

([437]) *Vide* o Ac. da Relação de Lisboa de 13 de Dez. de 1988, C.J. 1988, t. V, p. 121 e s.

Sobre o problema, análogo, de saber se uma hipoteca judicial prevalece sobre uma transmissão anterior não registada, *vide* os Acs. da Relação de Lisboa de 11 de Maio de 1977, C.J. 1977, t. III, p. 596 e s., e da Relação do Porto de 11 de Abr. de 1994, C.J. 1994, t. II, p. 207 e ss.

Para um caso em que um arrestante pretendeu fazer valer o seu direito contra um terceiro que adquiriu anteriormente a coisa arrestada, mas não promoveu o respectivo registo, *vide*, ainda, o Ac. da Relação de Lisboa de 26 de Set. de 1989, sumariado no B.M.J., n.º 389, p. 640.

([438]) Ac. n.º 15/97, de 20 de Maio de 1997, *Diário da República*, I Série--A, de 4 de Jul. de 1997.

Sobre o actual julgamento ampliado da revista (ou recurso para as secções cíveis reunidas, regulado no art. 732.º-A), *vide* C. LOPES DO REGO, *A uniformização da jurisprudência no novo direito processual civil*, p. 10 e ss.

registo" (art. 5.º, n.º 1, do C.R.P.) e, por outro lado, que "o direito inscrito em primeiro lugar prevalece sobre os que se lhe seguirem relativamente aos mesmos bens, por ordem da data dos registos e, dentro da mesma data, pelo número de ordem das apresentações correspondentes" (art. 6.º, n.º 1, do C.R.P.) ([439]).

O direito de propriedade não registado não pode, deste modo, ser oposto ao penhorante que obteve a penhora da coisa de forma válida e eficaz.

Objecta-se: o proprietário e o penhorante não são terceiros para efeitos de registo, uma vez que não adquiriram do mesmo transmitente. Enquanto o exequente adquiriu por via judicial, o proprietário adquiriu directamente do executado. Ora, a tutela proveniente do registo, argumenta-se, relaciona-se com os casos em que um autor comum, com a sua actuação, cria no transmissário a ideia de que o direito lhe pertence e, portanto, o pode legitimamente transmitir ([440]).

A objecção afigura-se-nos demasiado formal.

Há que distinguir dois casos:

1.º — A coisa é nomeada à penhora pelo executado;

2.º — A coisa é nomeada à penhora pelo próprio exequente.

No primeiro caso, o indivíduo que aliena a coisa a um terceiro que não inscreve o seu direito no registo vem, mais tarde, ao tornar-se executado, nomear à penhora essa coisa anteriormente alienada.

Nesta hipótese parece ter de considerar-se decisiva a interferência ou a cooperação do executado na constituição do direito

---

([439]) Sobre o princípio da prioridade, *vide* J. A. MOUTEIRA GUERREIRO, ob. cit., p. 67 e ss.

([440]) Contra o entendimento segundo o qual na penhora ainda há a intervenção daquele que, previamente, alienou a coisa a um terceiro, escreveu-se no já citado Ac. do S.T.J. de 7 de Jun. de 1983, B.M.J., n.º 328, p. 504: "O réu ou o executado não tem qualquer interferência, directa ou indirecta, nesses actos ou factos jurídicos, ignorando-os por completo, até ser notificado, não actuando, por isso, de modo a criar a convicção de que esse direito ou coisa existem no seu património."

de garantia nascido com a penhora em benefício do exequente. Pode dizer-se, assim, que a mesma pessoa (o executado) está na origem da constituição dos dois direitos conflituantes: o direito de propriedade (não registado) e o direito de garantia ([441]).

No segundo caso ([442]), o direito de nomear bens à penhora é, nos termos do artigo 836.º, devolvido ao exequente. Ao proceder à nomeação, este age legitimamente em vez do devedor executado, sub-rogando-se ou substituindo-se a ele ([443]). O mesmo fenómeno acontece na efectivação da penhora pelo tribunal: este órgão sub-roga-se ao executado ou age no lugar deste.

([441]) O julgamento dos embargos de terceiro implica o confronto entre o direito de propriedade do embargante e o direito de garantia do exequente.

Repare-se, no entanto, que o executado, tornando-se embargado, não tem, ele próprio, nenhum direito oponível ao proprietário embargante. Na verdade, o direito de propriedade foi transmitido ao embargante pelo executado antes da constituição da penhora em benefício do exequente. No processo de embargos contrapõem-se, portanto, dois sujeitos que não são terceiros para efeitos de registo. O direito do terceiro proprietário (embargante), mesmo não registado, é oponível ao alienante (executado).

Pergunta-se: pode o embargado (executado) invocar, na contestação dos embargos, o direito de garantia do exequente, como direito oponível ao terceiro proprietário não inscrito no registo?

Pensamos que sim. E pode fazê-lo, independentemente da reacção do exequente, como *substituto processual* deste.

Uma vez que a lei autoriza — no n.º 2 do artigo 357.º — que o embargado exequente alegue, em substituição do executado, que o direito de propriedade pertence "à pessoa contra quem a diligência foi promovida", deve permitir-se também que o embargado, sendo executado, possa alegar a existência de um direito de garantia do exequente oponível ao terceiro embargante.

([442]) Recordemos que, "recebidos os embargos, são notificadas para contestar as partes primitivas (...)" (art. 357.º, n.º 1). Na qualidade de embargado, o exequente tem legitimidade para, na contestação, se arrogar titular de um direito de garantia oponível ao embargante.

([443]) Para TAVEIRA DA FONSECA, Boletim do Conselho Distrital do Porto da Ordem dos Advogados, n.º 2 (1992), p. 7, o direito do credor exequente "não é constituído (transmitido) directamente pelo titular do imóvel, o mesmo é consequência directa de um seu comportamento: sem a conduta do devedor (incumprimento da obrigação) o direito a executar não existe para o credor."

Quer explicar-se, com este argumento, que na origem da constituição do direito de garantia (penhora) está, ainda, o executado (devedor).

Ora, ao abster-se de nomear bens à penhora, o executado legitima o exequente para agir em sua substituição. E seria incompreensível que o exequente não pudesse confiar nos elementos que constam do registo.

Tanto para o exequente, como para o tribunal — que acaba por efectivar a penhora —, o executado continua a ser o legítimo proprietário da coisa que, constando do registo em nome deste último, foi alienada a um terceiro. Esta alienação é, perante o exequente, ineficaz, tudo devendo passar-se como se não existisse [444] [445]. O executado continua a ser, para o exequente, o proprietário da coisa, podendo a penhora, licitamente, incidir sobre ela.

Não se diga, portanto, que a penhora é nula porque incide numa coisa que não pertence ao executado (devedor).

E não se afirme, também, que o embargante (proprietário sem registo) ilide, através dos embargos, a presunção segundo a qual o direito existe e pertence ao titular inscrito (art. 7.º do C.R.P.).

Argumentar deste modo é esquecer que o exequente tem sobre a coisa um direito oponível ao terceiro, baseando-se essa oponibilidade no registo prévio do direito de garantia [446].

---

[444] Cfr. ANTUNES VARELA/HENRIQUE MESQUITA, R.L.J., ano 126.º, p. 384.

[445] Sobre a hipótese análoga em que o credor, com base numa sentença de condenação, faz registar hipoteca judicial sobre uma coisa que o devedor alienou, anteriormente, a um terceiro que não procedeu ao registo, escreve VAZ SERRA, R.L.J., ano 109.º, p. 21: "Se o imóvel sobre o qual a hipoteca é registada figurar no registo como pertencente àquele devedor, embora na data do registo já tenha sido alienado a terceiro, a hipoteca é registada sobre um imóvel do devedor, e não de terceiro, pois o acto de aquisição do prédio está sujeito a registo e não produz, por isso, efeito em relação a terceiros enquanto não for registado."

No mesmo sentido, ANSELMO DE CASTRO, *A acção executiva singular, comum e especial*, p. 107 (nota 1) e p. 161.

[446] Deve, contudo, entender-se que o terceiro proprietário tem o direito de pedir ao devedor executado, desde que faça prova dos pressupostos da responsabilidade civil, uma indemnização pelos danos causados. *Vide*, sobre este ponto, VAZ SERRA, R.L.J. cit., p. 24, nota 1.

Concluindo, a penhora, devidamente constituída e inscrita no registo, prevalece sobre uma transmissão anterior não registada, devendo considerar-se terceiros para efeitos de registo o penhorante e o proprietário não devedor ([447]).

É uma solução que se adequa inteiramente ao nosso sistema de registo ([448]) e que obteve acolhimento no já citado Ac. n.º 15/97 do S.T.J.

Como explica VAZ SERRA, "aquele que faz uma aquisição sujeita a publicidade deve tornar o acto público, se quer evitar a surpresa de surgir um titular de direito incompatível com o seu, que tenha registado primeiro" ([449]).

Surpreendentemente, num autêntico "golpe de teatro", o S.T.J. decidiu rever o Ac. n.º 15/97, de 20 de Maio, proferindo um segundo Ac. uniformizador sobre o conceito de terceiros para efeitos de registo: o Ac. n.º 3/99, de 18 de Maio ([450]).

É o seguinte o teor deste Ac.: "*Terceiros, para efeitos do disposto no artigo 5.º do Código do Registo Predial, são os adquirentes de boa fé de um mesmo transmitente comum, de direitos incompatíveis sobre a mesma coisa.*"

E, logo a seguir, veio o legislador, num diploma ([451]) que introduziu um conjunto de alterações ao Código do Registo Predial, tomar posição em tão complexa matéria, estabelecendo, no n.º 4 do artigo 5.º daquele Código, que "terceiros, para efeitos de registo, são aqueles que tenham adquirido de um autor comum direitos incompatíveis entre si."

([447]) *Vide* VAZ SERRA, R.L.J., ano 103.º, p. 165; ANTUNES VARELA/ /HENRIQUE MESQUITA, R.L.J., ano 127.º, p. 19, e ISABEL P. MENDES, *Código do Registo Predial anotado,* p. 84.

([448]) A solução encontra-se expressamente consagrada no C.C.I., em cujo artigo 2914 se dispõe: "Não têm efeito em prejuízo do credor penhorante e dos credores que intervêm na execução, ainda que anteriores à penhora: 1) as alienações de bens imóveis ou de bens móveis inscritos em registos públicos, que tenham sido registadas depois da penhora."

([449]) *Realização coactiva da prestação,* p. 149.
([450]) *Diário da República,* I Série-A, de 10 de Jul de 1999.
([451]) Dec.-Lei n.º 533/99, de 11 de Dezembro.

Afirmando, no preâmbulo do diploma, que a noção, agora consagrada na lei, visa "pôr cobro a divergências jurisprudenciais geradoras de insegurança sobre a titularidade dos bens", o legislador terá porventura receado que o S.T.J. voltasse, num futuro não muito longínquo, a mudar, outra vez, de posição. Arrumou-se, portanto, o problema, invocando vagamente, no referido preâmbulo, a doutrina autorizada do Professor MANUEL DE ANDRADE.

O Ac. uniformizador nº 3/99, que seguramente influenciou o legislador na consagração de um conceito de terceiros que retira importância e credibilidade ao registo, não pode deixar de merecer um breve comentário.

Admitamos que, ao permitir o julgamento alargado quando se verifique "a possibilidade de vencimento de solução jurídica que esteja em oposição com jurisprudência anteriormente firmada", o artigo 732.º-A, n.º 2, do Código de Processo Civil quer referir-se à revisibilidade não apenas dos antigos assentos, mas também dos actuais acórdãos uniformizadores de jurisprudência.

No entanto, se o objectivo do legislador foi o de atribuir a estes acórdãos o valor de precedentes judiciais de natureza meramente persuasória, parece evidente que o grau de persuasão se relaciona directamente com a estabilidade dos próprios acórdãos e que, consequentemente, o S.T.J. não conseguirá alcançar o referido objectivo se, em períodos relativamente curtos, alterar a própria jurisprudência uniformizada.

Quanto à essência do Ac. n.º 3/99, importa lembrar o caso que esteve na sua origem. Tratava-se de um caso análogo à hipótese que já analisámos anteriormente: *A* vendera a *B* e este não procedera ao registo da aquisição. Posteriormente, em acção executiva proposta por *C* contra *A*, veio a ser efectuada e registada, em benefício do exequente *C*, uma penhora sobre a coisa antes alienada.

Tendo *B* deduzido oposição através de embargos de terceiro, perguntou-se se o direito deste seria oponível ao penhorante *C*, apesar de o registo da penhora ser anterior ao registo do direito de propriedade.

O Ac. uniformizador, contra o decidido pelo tribunal de primeira instância, ordenou o levantamento da penhora, dando, portanto, razão ao embargante.

Em termos gerais, escreve-se na fundamentação do Ac., "se alguém vende, sucessivamente, a duas pessoas diferentes a mesma coisa, e é o segundo adquirente quem, desconhecendo a primeira alienação, procede ao registo respectivo, prevalece esta segunda aquisição, por ser esse o efeito essencial do registo (...)."

Nesta hipótese, "a negligência, ignorância ou ingenuidade do primeiro deve soçobrar perante a agilidade do segundo, cônscio não só dos seus direitos como dos ónus inerentes."

A mesma solução é defendida "quer a alienação seja *voluntária*, isto é, livremente negociada, quer *coerciva*, ou seja, obtida por via executiva." Afirma-se: "Efectuada a compra, por via de arrematação em hasta pública, ou por qualquer outro modo de venda judicial, este modo de alienação, na perspectiva em causa, tem, pelo menos, a mesma eficácia daqueloutra. Também aqui a prioridade do registo ultrapassa a incompatibilidade."

Quer dizer, sub-rogando-se o Estado ao executado, na venda judicial, o transmitente é ainda comum.

No entanto, e nisto o Ac. enferma de alguma incongruência, não se admite que a penhora devidamente registada possa prevalecer sobre o direito de propriedade anteriormente transmitido, mas não registado. E isto mesmo se o exequente e beneficiário da penhora estiver de boa fé, ou seja, "ignorante de que o bem já tinha saído da esfera jurídica do devedor."

Mas como pode aceitar-se, em tese geral, a venda coerciva e rejeitar a penhora que, necessariamente, a antecede?

Para o S.T.J. a penhora tem de ser afastada, pois aceitar o contrário seria "colocar o Estado (...) a, *deliberadamente*, ratificar algo que vai necessariamente desembocar numa situação intrinsecamente ilícita, que se aproxima da subsunção criminal, *ao menos se for o próprio executado a indicar os bens à penhora*" [452].

---

[452] Este último itálico é nosso

Colocando em confronto duas situações, facilmente se percebe a fragilidade argumentativa do Ac..

Primeira situação: *A* vende a *B* e este não regista; *A* vende, de seguida, a *C* e este regista a aquisição;

Segunda situação: *A* vende a *B* e este não regista; *A*, numa execução que lhe é movida por *C*, nomeia à penhora a coisa anteriormente alienada e a penhora é registada.

Quanto ao grau de censurabilidade dos comportamentos, nenhuma razão se divisa para considerar mais grave o comportamento do sujeito *A* no segundo caso.

E também não pode aceitar-se que aquele que vende e, depois, nomeia à penhora a coisa alienada, criando em benefício do exequente um direito real de garantia, não deva considerar-se, ainda, um autor comum de direitos incompatíveis sobre a mesma coisa [453].

e) **Embargos deduzidos pelo proprietário reservatário**

Tem-se colocado o problema de saber se pode embargar de terceiro o proprietário de coisa alienada com reserva de propriedade.

Nos termos do artigo 409.º, n.º 1, do C.C., "nos contratos de alienação é lícito ao alienante reservar para si a propriedade da coisa até ao cumprimento total ou parcial das obrigações da outra parte ou até à verificação de qualquer outro evento".

Estamos no domínio da *alienação com reserva de propriedade*.

Ora, no âmbito do presente trabalho, importa saber se, na eventualidade de a coisa, objecto da alienação, vir a ser penhorada num processo executivo instaurado contra o comprador, pode o vendedor reagir contra tal acto, através de embargos de terceiro.

---

[453] Para uma análise crítica do Ac. uniformizador n.º 3/99, de 18 de Maio, *vide* TEIXEIRA DE SOUSA, *Sobre o conceito de terceiros para efeitos de registo*, R.O.A., 1999, p. 29 e ss., REMÉDIO MARQUES, *Curso de processo executivo comum à face do Código revisto*, p. 289 e ss., e ISABEL PEREIRA MENDES, *Estudos sobre registo predial,* p. 166 e ss.

Ocorrendo uma venda com reserva de propriedade, o negócio, como explicam PIRES DE LIMA e ANTUNES VARELA, "é realizado sob condição suspensiva, quanto à transferência da propriedade" ([454]).

Quer isto dizer que, enquanto não ocorrer o preenchimento de tal condição — em regra, o pagamento integral do preço —, a coisa, objecto do contrato, continua a ser propriedade do vendedor.

Sendo a coisa penhorada como se pertencesse ao executado (comprador), o proprietário poderá recorrer aos embargos de terceiro ([455]) ([456]) ([457]).

([454]) *Código Civil anotado,* vol. I, p. 376. Veja-se, igualmente, ANTUNES VARELA, *Das obrigações em geral,* vol. I, p. 305.

([455]) Em sentido oposto, LEBRE DE FREITAS, *A acção executiva,* p. 241, nota 24-A.

([456]) Relativamente a embargos de terceiro deduzidos por uma sociedade que vendera ao executado, no regime de venda a prestações com cláusula de reserva de propriedade, certos veículos, entendeu o S.T.J., em Ac. de 24 de Jun. de 1982, B.M.J., n.º 318, p. 394 e ss., que "a propriedade dos automóveis em causa (com a posse em nome próprio que lhe é inerente) se manteve na titularidade da vendedora (...), sendo a executada mera detentora em nome alheio."

"Consequentemente — escreveu-se, ainda, no Ac. —, porque a penhora (com apreensão) dos mencionados veículos ofende a posse da referida vendedora e ora embargante, bem se decidiu ao julgar os embargos procedentes."

([457]) Também na Alemanha a doutrina tem admitido que quando uma coisa, sujeita ao regime da reserva de propriedade (*Vorbehaltseigentum*), é penhorada — antes do total pagamento do preço pelo comprador (executado) — tem o vendedor, que continua a ser o proprietário, o direito de se opor com base no § 771 da ZPO.

Cfr. P. ARENS/W. LÜKE, *Zivilprozeßrecht,* p. 397, e G. LÜKE, *Zwangsvollstreckungsrecht,* p. 134.

Sendo penhorada a propriedade de um vendedor reservatário (*Vorbehaltsverkäufer*), defende K. SCHMIDT, *Münchener Kommentar zur Zivilprozeßordnung,* vol. 2, p. 1949, que se trata de uma agressão (ofensa) do direito de propriedade do vendedor — "ein Eingriff in das Dritteigentum des Vorbehaltsverkäufers."

Igualmente pode recorrer a embargos o locador que, no âmbito de um contrato de *leasing,* vê a coisa indevidamente penhorada numa execução instaurada por terceiro contra o locatário.

No sentido de que o locador pode mover oposição contra a penhora, vide K. SCHMIDT, ob. cit., p. 1953, O. TEMPEL, *Materielles Recht im Zivilprozeß,* p. 161, e H. BROX/W. WALKER, *Zwangsvollstreckungsrecht* p. 692.

Há, ainda, que precisar o seguinte: no caso de a compra e venda ter por objecto uma coisa imóvel ou móvel sujeita a registo, a reserva, sob pena de não produzir efeitos em relação a terceiros, tem de ser devidamente registada (art. 409.°, n.° 2, do C.C.). Nas hipóteses em que não tenha sido feito este registo, o vendedor, como terceiro embargante, nada pode fazer contra uma penhora devidamente realizada e registada ([458]), no âmbito de uma execução instaurada contra o comprador.

f) Embargos deduzidos pelo terceiro detentor ou possuidor em nome de terceiro proprietário

Analisámos já as hipóteses em que a coisa penhorada, pertencendo ao *executado*, se encontra na detenção de um terceiro, e averiguámos, tendo em conta um determinado conjunto de situações, se este último pode recorrer aos embargos regulados nos artigos 351.° e ss.

Ocupar-nos-emos, agora, da situação, porventura mais complexa, em que a coisa — objecto da penhora — é detida por um terceiro, não em nome do executado, mas de um outro terceiro não responsável e estranho ao processo.

Pergunta-se: recaindo a penhora, indevidamente, sobre determinada coisa detida, por terceiro, em nome de um estranho à execução em curso, quem poderá instaurar o processo de embargos?

Admitindo a dedução de embargos de terceiro por uma sociedade de locação financeira mobiliária, *vide* o interessante Ac. da Relação de Coimbra de 15 de Out. de 1996, C.J. 1996, t. IV, p. 39 e s.

([458]) A este respeito, escreve C. PUNZI, *La tutela del terzo nel processo esecutivo*, p. 203, que, contra a penhora de uma coisa que "constitui objecto de um pacto de reserva de domínio", pode opor-se o vendedor, "contanto que subsistam as condições prescritas para a oponibilidade do contrato aos credores."

Quanto às condições de oponibilidade, *vide* o artigo 1524 do C.C.I.

Sobre a venda com reserva de propriedade no direito italiano, pode ver--se A. TRABUCCHI, *Istituzioni di diritto civile*, p. 752 e s.

Poderá fazê-lo o possuidor em nome alheio ou deverá, antes, a oposição ser promovida pelo possuidor em nome próprio? E será admissível uma oposição deduzida, simultaneamente, pelos dois?

Suponhamos, para simplificar, a seguinte hipótese: *A* instaura contra *B* uma acção executiva para pagamento de quantia certa e é nomeada à penhora determinada coisa móvel.

Poderá *C*, a quem essa coisa foi emprestada por *D*, reagir, através de embargos preventivos, contra o despacho ordenatório da penhora?

Entendemos que sim e vamos expor, de seguida, os fundamentos gerais da solução que se nos afigura correcta.

Na eventualidade de certa coisa, detida por alguém em nome de um terceiro não executado, se tornar objecto de uma penhora, o possuidor precário, tendo conhecimento do despacho ordenatório ou da efectivação da penhora, deve informar o possuidor em nome próprio. Este dever resulta expressamente dos artigos 1038.º, al. *h*); 1135.º, al. *g*); 1187.º, al. *b*) e 1188.º, n.º 1, do C.C.

Razão assiste, pois, a Castro Mendes, quando escreve que o sistema legal "impõe ao possuidor em nome alheio o dever de avisar de qualquer perturbação da posse, o possuidor em nome próprio naturalmente para ser este a decidir da defesa dos seus interesses (...)" [459].

Sendo a penhora susceptível de perturbar a posição do possuidor precário, ela acaba, naturalmente, por ter reflexos na posição jurídica do possuidor em nome próprio [460].

Uma vez avisado, o possuidor em nome próprio pode decidir-se pela dedução de embargos de terceiro. E estes podem fundamentar-se na posse ou, pura e simplesmente, no direito incompatível com o acto praticado na execução [461].

---

[459] *Direito processual civil*, vol. III, p. 404.
[460] *Vide*, a propósito da locação, Pires de Lima/Antunes Varela, *Código Civil anotado*, vol. II, p. 368.
[461] Como escreve Castro Mendes, ob. cit., p. 403 (nota 381), "a posse em nome alheio não exclui a posse em nome próprio no titular do direito

Como é evidente, da procedência do pedido de tutela possessória (ou de tutela do direito propriamente dito) resultará um benefício para o detentor ou possuidor precário. O êxito dos embargos repressivos, por exemplo, acaba, na prática, por traduzir-se na devolução da coisa a este último ([462]).

Mas o detentor e o terceiro possuidor poderão também acordar no sentido de, conjuntamente, apresentarem embargos de terceiro (preventivos ou repressivos) contra a penhora. A sua iniciativa processual assentará em diferentes causas de pedir.

Enquanto o possuidor em nome próprio, reagindo contra a ofensa da sua posse ou do seu direito, tem de basear o pedido numa concreta causa de aquisição da posse ou do direito, o detentor, querendo ver assegurada a sua detenção, tem de alegar a titularidade de determinada relação creditória ([463]).

A apresentação conjunta da petição de embargos configura, nestes casos, em nosso entender, uma hipótese de coligação voluntária activa (art. 30.º). Ambos os pedidos — o pedido formulado pelo possuidor precário (manutenção ou restituição da posse precária) e o pedido deduzido pelo possuidor em nome próprio (reconhecimento da posse ou do direito e impedimento da sua ofensa) — procedem, bem vistas as coisas, de relações materiais diversas e não de uma única relação.

E poderá ainda acontecer, por último, que a dedução dos embargos venha a ser feita singular e unicamente pelo mero detentor ([464]): pensemos nas hipóteses em que o possuidor em nome próprio, uma vez avisado da penhora ilícita, se mostra desinteressado numa imediata reacção ou, inclusivamente, nas

---

de fundo. Se *A* entrega *x* a *B* em comodato ou em depósito — continua o Autor — *B* tem posse em nome alheio (em nome de *A*), e *A* propriedade e posse (causal) em nome próprio."

([462]) Cfr. M. Wolff, *Derecho de cosas,* vol. I, p. 102 e s.

([463]) Assim, na hipótese figurada, o detentor tem de invocar o contrato de comodato.

([464]) Neste sentido pode ver-se, na doutrina italiana, G. Deiana, *Detenzione ed azione di spoglio*, F.I., 1947, vol. LXX, p. 888.

hipóteses em que ocorre uma omissão do cumprimento do dever de aviso, por parte do detentor.

Os possuidores em nome alheio vão actuar na defesa de um *interesse próprio* que se concretiza numa certa detenção exercida sobre a coisa indevidamente penhorada ([465]). Ao pedirem a tutela da sua posse precária, devem não só indicar a causa legítima do poder de facto (*v.g.*, um contrato de comodato), como alegar que detêm em nome de uma pessoa estranha à execução em curso. Fica, deste modo, demonstrado o seu interesse na oposição deduzida.

Os embargos não devem deixar de ser recebidos, e para eles devem ser citados os embargados ([466]).

Na contestação pode ser arguida a denominada *exceptio dominii*. Mas têm-se levantado, a este respeito, muitas dúvidas ([467]).

Carecerá o embargante — possuidor precário —, perante a dedução desta *exceptio,* de legitimidade para, por si só, estar em juízo em defesa de um direito alheio?

([465]) Dando a devida acentuação a este interesse, *vide* Maria Palma Ramalho, *Sobre o fundamento possessório dos embargos de terceiro deduzidos pelo locatário, parceiro pensador, comodatário e depositário,* R.O.A., 1991, p. 686 e ss.

Para a Autora, o interesse dos possuidores precários reporta-se "à possibilidade de uso e fruição do bem, objecto do contrato. É pois um interesse que tem subjacente a existência de uma relação própria e individualizada do seu titular com a coisa, um poder directo e imediato sobre ela, dentro dos limites do próprio contrato-fonte e dos direitos que dele emanam." Para a análise dos requisitos deste interesse, est. cit., p. 687.

([466]) Castro Mendes, *Direito processual civil*, vol. III, p. 406 e s., entende, pelo contrário, que o juiz deve rejeitar oficiosamente os embargos deduzidos pelo possuidor em nome alheio. Escreve o Autor: "Não vemos que [a posse em nome alheio] possa ser *ofendida*, no sentido do art. 1037.º ou do art. 1285.º do Código Civil. Além disso, há a contar também com o art. 831.º"

([467]) Fazendo referência às normas do C.C. que vieram estender aos possuidores em nome alheio o uso das acções possessórias, escreve Anselmo de Castro, *A acção executiva singular, comum e especial*, p. 349 e s.:

"Poderá assim o terceiro com posse provisória ou precária que a penhora ou outro acto judicial ofendam — se efectuados sem manutenção dela —, recorrer para sua defesa a embargos de terceiro."

E logo acrescenta: " Duvidoso é apenas se a acção lhes é admitida só para defesa da sua própria posse ou detenção, ou também da posse da pessoa em nome de quem possuem."

Ou, pelo contrário, ao detentor embargante deve reconhecer-se a titularidade de uma *legitimidade extraordinária* para a defesa de um direito alheio — o direito do possuidor em nome próprio? ([468]).

Em nosso entender, o detentor pode, singularmente, lançar mão dos embargos com o intuito de defender a sua posição jurídica ([469]). Mas, sendo invocada a *exceptio dominii*, o embargante não vai poder agir também em defesa do direito daquele em nome de quem possui ou, por outras palavras, em defesa da posição substancial do possuidor em nome próprio ([470]).

([468]) Como defende LEBRE DE FREITAS, *A acção executiva*, p. 240.

([469]) Neste sentido, em termos muito explícitos, escreve MARIA PALMA RAMALHO, *Fundamento possessório dos embargos de terceiro deduzidos pelo locatário, parceiro pensador, comodatário e depositário*, R.O.A., p. 685: "(...) a petição inicial de embargos deverá suscitar um despacho de recebimento, nos termos do art. 1041.º do C.P.C., mesmo que o juiz verifique, na sua apreciação inicial da prova informatória fornecida pelo embargante (...), que a posse deste é formal e em nome alheio. Qualquer outra solução afigura-se-nos (...) injusta: a alegação pelo embargado do direito de propriedade é um ónus que lhe assiste; se o não utilizar, perde a vantagem dele decorrente em favor do possuidor formal."

([470]) O possuidor em nome alheio não pode — segundo CASTRO MENDES, ob. cit., p. 403 e s. — defender a posse em nome próprio daquele em cujo nome possui. Falta-lhe legitimidade para defender interesses alheios.

Em sentido contrário pronuncia-se LEBRE DE FREITAS, *A penhora de bens na posse de terceiros*, R.O.A. 1992, p. 327, e *A acção executiva*, p. 230. Para este Autor, da sintonia entre o interesse do possuidor em nome próprio e o interesse do possuidor em nome alheio "resulta a *legitimação extraordinária* deste último para embargar, em *substituição processual* daquele."

Toda a dificuldade está em saber se existirá fundamento legal para poder entender que o embargante (detentor) pode agir nos embargos como substituto processual da pessoa em nome de quem possui.

Segundo E. FAZZALARI, *Istituzioni di diritto processuale*, p. 317, "em casos limitados, e expressamente previstos na lei, em lugar daquele que vai ser atingido pelos efeitos da providência, age no processo outro sujeito (...)."

Ainda segundo o mesmo Autor, na p. 293 e s., a *legitimação extraordinária*, em que se traduz a substituição processual, "constitui uma excepção disposta *ex lege*: e isso precisamente para evitar que a providência judicial venha a atingir sujeitos estranhos ao processo ou que nele não quiseram intervir voluntariamente." E numa outra passagem da mesma obra — p. 318, nota 75 — reafirma a impossibilidade de estender esta forma de legitimidade extraordinária para além dos casos previstos na lei.

Dir-se-á: sendo assim, e não se reconhecendo uma legitimidade extraordinária ao embargante, os embargos acabam, necessariamente, por improceder.

Não nos parece forçosa esta conclusão.

O simples facto de o terceiro possuidor em nome próprio não ter embargado não o transforma, irremediavelmente, num estranho em relação ao processo de embargos.

Senão vejamos.

Deduzida a oposição unicamente pelo possuidor em nome alheio, os embargados têm, na hipótese em análise, a faculdade de invocar o direito de propriedade sobre a coisa penhorada e pedir o *reconhecimento deste direito*.

Se assim acontecer, enxerta-se na acção possessória, conforme já referimos, a questão do domínio ou da propriedade da coisa penhorada, devendo configurar-se o pedido em causa como um pedido reconvencional [471].

Ora, este pedido autónomo (reconvencional) tem de ser deduzido contra aquele terceiro em nome de quem o embargante se afirma possuidor ou detentor, devendo ser requerida a sua inter-

---

No mesmo sentido, A. LUGO, *Manuale di diritto processuale civile*, p. 80 e s.

Sobre a noção de substituição processual, *vide* MANUEL DE ANDRADE, *Lições de processo civil* (texto elaborado por T. MORENO/S. SECO/P. JUNQUEIRO, p. 440, nota 1, e TEIXEIRA DE SOUSA, *Legitimidade singular em processo declarativo*, no B.M.J., n.º 292, pp. 79-82; 110-113.

Segundo a noção apresentada por este último Autor (p. 79), a substituição processual configura-se "como a permuta de uma pessoa (o substituído) por outra (o substituto) que age judicialmente no próprio nome por meio de um direito do primeiro."

No concernente à substituição processual voluntária, TEIXEIRA DE SOUSA est. cit., p. 112, afasta a sua admissibilidade, fundamentando-se no artigo 2.º.

O mesmo Autor, em estudo mais recente, faz notar que o caso julgado formado sobre a decisão proferida na acção em que intervém a parte substituta se estende ao substituído e acentua a ideia da inviabilidade da substituição processual voluntária (cfr. *Observações críticas sobre algumas alterações ao Código de Processo Civil*, B.M.J., n.º 328, p. 82 e s.).

[471] Cfr. ALBERTO DOS REIS, *Processos especiais*, vol. I, pp. 391 e 395, e TEIXEIRA DE SOUSA, *Estudos sobre o novo processo civil*, p. 192.

venção principal provocada, nos termos do artigo 326.º ([472]). Na verdade, a pessoa em melhores condições para contradizer a pretensão do autor (reconvinte) é o possuidor em nome próprio (estranho ao processo executivo) e não o possuidor em nome alheio ([473]).

Sendo a reconvenção deduzida *unicamente* contra o possuidor em nome alheio (embargante), o juiz — perante a existência de uma ilegitimidade passiva — não deve pronunciar-se sobre o mérito do pedido formulado pelo embargado.

Se, pelo contrário, a reconvenção (acção de propriedade) for deduzida contra o terceiro possuidor em nome próprio, este, uma vez requerida a sua intervenção principal, pode vir ao processo defender o seu direito. Neste caso, "a sentença apreciará o seu direito e constituirá caso julgado em relação a ele" (art. 328.º, n.º 1).

Perguntar-se-á: como tratar os casos em que a *exceptio dominii* não se traduz num pedido reconvencional, mas numa pura excepção? ([474])

Fazendo o embargado, com êxito, a prova da *exceptio*, os embargos deduzidos pelo possuidor precário só podem ter um desfecho: o da improcedência.

Acrescente-se que, nestes casos, o possuidor em nome próprio pode intervir espontaneamente (art. 320.º) ou de forma provocada (art. 325.º) no processo. Nesta segunda hipótese não é o possuidor em nome próprio quem provoca a intervenção, antes ela é promovida ou pelo embargante, ou pelo embargado. Conforme dispõe o artigo 325.º, n.º 1, qualquer das partes pode "chamar a juízo o interessado com direito a intervir na causa, seja como seu associado, seja como associado da parte contrária" ([475]).

([472]) *Vide* o disposto no n.º 4 do artigo 274.º.

([473]) Cfr., a propósito da acção de reivindicação, ALBERTO DOS REIS, *Código de Processo Civil anotado*, vol. I, p. 82.

([474]) O embargado pode limitar-se a invocar a existência do seu direito de propriedade, não formulando o pedido de reconhecimento desse direito. Neste caso alega um facto impeditivo e deduz, portanto, uma excepção peremptória. Cfr. LEBRE DE FREITAS, *Acção executiva e caso julgado*, R.O.A., 1993, p. 239.

([475]) Como explica LEBRE DE FREITAS, est. cit., p. 238, o caso julgado apenas se forma "entre quem tiver sido parte nos embargos de terceiro."

g) Embargos deduzidos pelo proprietário de uma coisa incorpórea

Vimos até aqui os casos em que a penhora atinge *bens materiais* e analisámos as situações em que eles se encontram na posse ou na detenção de terceiros estranhos ao processo executivo. A penhora não se limita, nestas hipóteses, a afectar o direito do executado sobre a coisa (direito de propriedade plena ou direito real menor), mas acaba por atingir a própria coisa (através da nomeação de um depositário e da subsequente apreensão efectiva da coisa).

A penhora pode também incidir sobre *bens imateriais* ou *incorpóreos* (um crédito do devedor ou uma patente de invenção, por exemplo) [476]. Ora, neste estrito domínio, a penhora atinge somente o direito do executado, uma vez que não é materialmente possível atingir bens que, por natureza, são incorpóreos.

É este o ponto que vamos analisar de seguida.

Houve já oportunidade de relembrar a noção de posse (cap. II — parte I). Esta traduz-se, como foi dito, no exercício de poderes de facto com a intenção ou vontade de se exercer o direito real correspondente àquele exercício. Mas os poderes de facto recaem, afinal, sobre que tipo de coisas?

Sendo a posse, antes de tudo, um poder factual, parece evidente que apenas pode incidir sobre coisas *quae tangi possunt*, isto é, sobre coisas corpóreas. Ao falar em "poder de facto" ou em "prática reiterada de actos materiais" (arts. 1252.º, n.º 1 e 1263.º,

---

Na verdade, só se o terceiro, como titular de uma posse própria incompatível com o direito do executado, intervier no processo, a decisão final dos embargos constitui, relativamente a ele, caso julgado (art. 328.º, n.º 1). Não intervindo no processo, e correndo este unicamente entre o detentor e o embargado, nos termos do n.º 2 do artigo 328.º não pode a decisão dos embargos atingir, uma vez transitada em julgado, o pretenso possuidor em nome próprio. Isto porque, recordemos, a intervenção conjunta do possuidor em nome próprio e do detentor se traduz num caso de coligação e não de litisconsórcio.

[476] *Vide*, sobre este assunto, no direito alemão, H. BROX/W. WALKER, *Zwangsvollstreckungsrecht*, p. 425 e ss.

al. *a*), do C.C.), o legislador teve inquestionavelmente em vista as coisas desta natureza.

É claro que o *corpus* da posse não implica que o possuidor tenha permanentemente de exercer poderes de facto sobre a coisa.

Por outro lado, como tivemos possibilidade de explicar, a lei, por vezes, permite ficcionar a existência deste elemento possessório.

Mas não deverá entender-se, para além disto, que a posse também pode ter por objecto bens imateriais ou incorpóreos?

Será admissível neste estrito domínio, e para efeitos de tutela, a invocação de uma relação possessória?

Figuremos as duas hipóteses seguintes:

1.º — Após patentear determinado invento, *A* transmite, a título oneroso, a patente a *B* (art. 24.º do C.P.I), tendo a transmissão sido expressamente autorizada pelo Instituto Nacional da Propriedade Industrial (art. 25.º do C.P.I.).
Suponhamos que *C*, credor de *A*, instaura posteriormente execução contra este, vindo a ser penhorada a referida patente de invenção (art. 26.º, 1.ª parte, do C.P.I.). Poderá *B* opor-se, com êxito, a esta penhora?

2.º — Efectuada determinada penhora, numa execução movida contra uma sociedade por quotas, outra sociedade deduziu embargos de terceiro, alegando o facto de ter sido penhorada uma quota que lhe fora cedida anteriormente pela própria sociedade executada ([477]).

Ninguém duvidará de que, em ambos os casos, a penhora incidiu sobre coisas. Coisa, nos termos do artigo 202.º, n.º 1, do C.C., é "tudo aquilo que pode ser objecto de relações jurídicas." Neste conceito englobam-se todos os objectos com aptidão para satisfazer necessidades humanas, podendo, por conseguinte, dizer--se que as coisas se configuram, juridicamente, como bens.

([477]) Um caso com esta configuração foi objecto do Ac. da Relação do Porto de 19 de Fev. de 1987, C.J. 1987, t. I, p. 239 e ss.

Bens que podem ser corpóreos ou incorpóreos. É comum dizer-se que os primeiros ocupam determinado espaço físico, tendo uma existência palpável ou perceptível através dos sentidos.

Os segundos, dotados de uma estrutura imaterial, são considerados, ao invés, imperceptíveis pelos sentidos.

O bem incorpóreo puro é uma entidade intelectual (uma ideação) tutelada pelo Direito, uma entidade que transcende a matéria em que venha a reproduzir-se [478]. Vive, dito em poucas palavras, para além desta [479].

É o caso da invenção do motor X, que existe e é objecto de tutela independentemente da existência material ou da corporização do invento [480].

A quota, na segunda hipótese atrás apresentada, existe, apesar de não haver qualquer título representativo [481].

---

[478] A nota da trascendência (*trascendenza*) é acentuada por MARIO ARE, "Beni immateriali", in *E.D.*, vol V, p. 252. Entre nós, *vide* O. ASCENSÃO, *Direito Civil-Teoria Geral*, vol. I, p. 324.

[479] Referindo-se à natureza do objecto protegido nas obras de engenho e nas invenções industriais, escreve ORLANDO DE CARVALHO, *Direito das coisas*, p. 191, nota 2, *in fine*: trata-se de "ideações que, uma vez saídas da mente e, por conseguinte, discerníveis, ganham autonomia em face dos meios que as sensibilizam ou exteriorizam e em face da própria personalidade criadora, justificando uma tutela independente da tutela da personalidade como da tutela dos meios ou objectos corpóreos que são o suporte sensível dessas mesmas ideações."

[480] No domínio da ideia artística ou inventiva, segundo ORLANDO DE CARVALHO, a tutela "abstrai da correspondente encarnação" (Cfr. ob. cit., p. 203, nota).

[481] No domínio das sociedades por quotas, a quota, parte ou fracção do capital social pertencente ao sócio é, nos termos do artigo 239.º do C.S.C., susceptível de penhora. Estabelece, aliás, o n.º 2 deste preceito que "a transmissão de quotas em processo executivo não pode ser proibida ou limitada pelo contrato de sociedade nem está dependente do consentimento desta (...)." Igualmente as acções das sociedades anónimas podem ser penhoradas, apenas sendo impenhoráveis as partes ou quotas dos sócios das sociedades em nome colectivo (art. 183.º do C.S.C.).

Diversamente, porém, do que sucede com as acções das sociedades anónimas, as quotas ou partes sociais não podem ser representadas por títulos. Proíbe-o expressamente o artigo 176.º, n.º 2, do C.S.C. ("não podem ser emitidos títulos representativos de partes sociais" e também o art. 219.º, n.º 7, do mesmo diploma ("não podem ser emitidos títulos representativos de quotas").

Quer isto dizer que, nas duas hipóteses, a penhora atingiu bens imateriais.

Neste ponto levanta-se a questão que já enunciámos: poderá o terceiro, afectado pela penhora, limitar-se a invocar uma *posse* sobre tal tipo de bens, ou terá de alegar e provar a titularidade do *direito incompatível* com a execução?

Estarão abertas as duas vias ou a oposição terá de fundamentar-se, necessariamente, no direito sobre o bem incorpóreo?

Na doutrina portuguesa, ORLANDO DE CARVALHO entende que são susceptíveis de posse "todos os bens passíveis de domínio" e que o poder empírico, que caracteriza a posse, não pode confundir-se com poder físico. Pronunciando-se directamente sobre os bens incorpóreos puros (caso, por exemplo, das obras de engenho e dos sinais distintivos do comércio), o Autor entende que são tão capazes de posse como de domínio. E isto porque, sendo susceptíveis de uma fruição económica, podem ser objecto de um poder exclusivo, de um *jus excludendi omnes alios* ([482]). O *dominus* ficará, por via da tutela possessória, dispensado de provar o direito.

Sem dúvida que a propriedade dos bens imateriais puros há-de traduzir-se num uso e gozo exclusivo no campo patrimonial, mas daqui não deve deduzir-se, em nossa opinião, que possa haver posse.

O bem imaterial, como se disse, transcende a coisa ou coisas através das quais se exterioriza ou corporiza. Ora, somente sobre estas últimas pode haver posse ([483]).

O inventor, no primeiro exemplo que apresentámos, não tem a posse da invenção. Terá sim a sua titularidade ou propriedade (*vide* o art. 1303.º, n.º 2, do C.C.). A posse limitar-se-á à coisa através da qual a invenção se exterioriza ou materializa, não se alargando à criação intelectual que se tornou objecto de protecção jurídica.

([482]) Cfr. *Introdução à posse*, R.L.J., ano 122.º, p. 107 e s.
([483]) Como explica MENEZES CORDEIRO, *A posse: perspectivas dogmáticas actuais*, p. 81, "a posse, enquanto controlo material, só surge no domínio das coisas corpóreas."

Irrefutável é também o argumento clássico segundo o qual *duorum in solidum dominium vel possessio esse non potest* (não pode haver dois domínios plenos ou duas posses plenas sobre o mesmo bem).

Sendo o bem imaterial susceptível de ser reproduzido, isso significa que um número indeterminado de pessoas pode gozar esse mesmo bem. Consequentemente, este jamais poderá ser possuído de forma exclusiva pelo titular. Ora, a impossibilidade de uma posse exclusiva afasta a admissibilidade da tutela possessória [484].

Por tudo isto, estava, quanto a nós, afastada, ao abrigo do revogado artigo 1037.º, a possibilidade de serem deduzidos, contra a apreensão judicial de um bem incorpóreo, embargos de terceiro [485].

O alargamento do fundamento da oposição — ocorrido na Reforma de 1995-96 — a "qualquer direito incompatível" com a diligência executiva ordenada ou praticada vem permitir, nos casos em análise, a dedução destes embargos [486].

E como se hão-de passar as coisas num caso em que a penhora venha a incidir, ilegitimamente, sobre um *estabelecimento comercial* pertencente a terceiro estranho ao processo executivo? [487].

---

[484] Este argumento é, entre nós, usado por PIRES DE LIMA/ANTUNES VARELA, *Código Civil anotado*, vol III, p. 2 e s. Na doutrina italiana, e no mesmo sentido, *vide* R. SACCO, *Il possesso*, p. 22, e MARIO ARE, "Beni immateriali", in *E.D.*, vol. V, p. 261.

[485] No sentido de que as quotas sociais são susceptíveis de posse e de tutela através de embargos de terceiro (enquanto meio de tutela estritamente possessório), *vide* PALMA CARLOS, parecer na C.J. 83, t. I, p. 7 e ss.
Em defesa da mesma tese, *vide* o Ac. do S.T.J. de 6 de Maio de 1998, C.J. (Acs do S.T.J.) 1998, t. II, p. 71 e s.

[486] Sobre a relação existente entre a "oposição do terceiro", regulada no artigo 619 do C.P.C.I., e a tutela de direitos sobre bens imateriais, *vide* C. PUNZI, *La tutela del terzo nel processo esecutivo*, p. 219 e ss. Em especial na p. 228, o Autor analisa o caso em que o terceiro (estranho ao processo executivo) reage contra a penhora de uma patente de invenção. Enquanto cessionário da patente, poderá opor-se alegando a anterioridade do registo do acto de cessão, relativamente ao registo da penhora.

[487] Que um estabelecimento comercial pode ser penhorado, é ponto que não oferece dúvidas. Mais problemática, no direito anterior à Reforma de 1995-96, era a forma através da qual se devia processar a penhora. Perguntava-se: deve a penhora incidir sobre o estabelecimento visto como um

O problema tem-se posto com alguma frequência.

Atentemos no seguinte caso: penhorado, no âmbito de determinada execução, um estabelecimento comercial, veio um terceiro — fundamentando-se na posse do mesmo — deduzir embargos. Estes foram rejeitados pelo tribunal de primeira instância, precisamente com base no facto de o estabelecimento ser insusceptível de posse.

A Relação do Porto, chamada a pronunciar-se sobre o caso, acabou por ordenar o recebimento e a consequente marcha dos embargos [488].

O problema é hoje, afinal, o de saber se pode a oposição assentar somente na posse ou se, ao contrário, a única via possível consiste na alegação e na prova do direito de propriedade sobre o estabelecimento comercial.

Esta questão está intimamente ligada ao complexo tema da natureza jurídica do estabelecimento comercial [489].

---

todo ou, ao invés, deve proceder-se no auto da penhora a uma descrição pormenorizada dos bens pertencentes ao estabelecimento?

ANTUNES VARELA (*Anotação ao Ac. do S.T.J. de 3 de Fev. de 1981*, R.L.J., ano 115.º, p. 252 e ss.) teve oportunidade de responder a esta questão. Segundo o Autor, a concreta forma de levar a cabo a penhora dependia da vontade do exequente. Em regra, a penhora — visando o posterior trespasse do estabelecimento comercial — incidia sobre este como um todo. No entanto, poderia sempre requerer-se a descrição, no auto da penhora, dos imóveis e dos móveis que o integrassem. Com que objectivo?

Não é difícil compreender o interesse do exequente em dificultar a subtracção, a alienação ou a oneração fraudulenta de tais bens.

O procedimento a seguir na penhora de um estabelecimento comercial veio a ser fixado, pela Reforma de 1995-96, no artigo 862.º-A.

A penhora do estabelecimento comercial é a penhora do direito ao estabelecimento comercial. A penhora há-de incidir sobre o todo, mas, a requerimento do exequente, pode proceder-se à relacionação dos bens existentes no estabelecimento (art. 862.º-A, n.º 1).

Ver, sobre esta matéria, REMÉDIO MARQUES, *A penhora e a reforma do processo civil*, p. 95 e ss.

[488] *Vide* o Ac. da Relação do Porto de 28 de Abr. de 1987, C.J. 1987, t. II, p. 236 e ss.

[489] Acompanharemos, de muito perto, FERRER CORREIA, *Lições de direito comercial*, vol. I (com a colaboração de Henrique Mesquita e António Caeiro), p. 210 e ss.

Será este um bem incorpóreo puro?

Se se entender que é esta a sua exacta qualificação ou natureza jurídica, o terceiro não poderá, quanto a nós, invocar a posse.

O estabelecimento comercial, enquanto conjunto de elementos com uma "função e uma destinação económica específica" ([490]), tem sido enquadrado no conceito de *universalidade*.

Tal conjunto pode conceber-se de forma *atomística* ou de forma *unitária*. Na concepção atomística, entende-se que as relações não recaem sobre a universalidade globalmente considerada, antes têm por objecto as coisas singulares pertencentes ao agregado.

A visão unitária permite, ao invés, afirmar a existência de um direito autónomo sobre o estabelecimento, sendo este entendido como uma unidade jurídica (um conjunto de coisas tomado unitariamente) ([491]).

Há ainda quem veja nesta coisa unitária uma *res incorporalis*. O núcleo do estabelecimento não consistirá no conjunto de bens afectados à exploração, mas antes numa certa "situação de facto apta a proporcionar lucros, uma certa *organização*" ([492]).

O estabelecimento será — entendido desta forma — uma "entidade *a se*, independente dos elementos incluídos na exploração e com um valor autónomo" ([493]). É precisamente neste sentido que pode dizer-se que o estabelecimento se traduz numa coisa incorpórea, uma coisa cuja existência transcende os concretos elementos corpóreos que fazem parte do conjunto ([494]).

([490]) FERRER CORREIA, ob. cit., p. 221.

([491]) Certas soluções consagradas na lei reflectem, precisamente, esta concepção do estabelecimento comercial como unidade jurídica. *Vide*, sobre este ponto, cujo desenvolvimento não se justifica no âmbito do presente trabalho, FERRER CORREIA, ob cit., p. 232 e ss., *Reivindicação do estabelecimento comercial como unidade jurídica*, p. 12 e ss., VASCO LOBO XAVIER, "Estabelecimento Comercial", in *E.P.*, vol 2, p. 1124 e s., e COUTINHO DE ABREU, *Curso de direito comercial*, vol. I, p. 215 e ss.

([492]) FERRER CORREIA, ob. cit., p. 227.

([493]) FERRER CORREIA, ob. cit., p. 228.

([494]) Tem-se entendido, porém, que o estabelecimento comercial não pode ser visto como um bem imaterial puro, uma vez que não se esgota numa simples ideia organizatória (só em casos anormais isso acontecerá). O esta-

Tanto esta última teoria, como a segunda vertente da primeira possibilitam a reivindicação do estabelecimento como um todo [495]. Em vez de se pedir a entrega dos diversos elementos que o integram, o autor pode pedir não apenas o reconhecimento do seu direito sobre o todo, mas também a condenação do réu a entregar a unidade, o conjunto unitário de elementos que compõem o estabelecimento comercial [496].

Da mesma forma, sendo ilegitimamente penhorado um estabelecimento comercial, o proprietário poderá alegar e provar a titularidade do direito sobre a universalidade (direito incompatível com a execução em curso) e pedir que seja desafectada do respectivo processo executivo.

Problema diverso é o de saber se pode o terceiro alegar, em vez do domínio, a *posse* sobre o estabelecimento. Poderão, na hipótese em análise, os embargos de terceiro fundamentar-se na posse?

Sobre este ponto, há que dizer o seguinte: o estabelecimento comercial só em casos raros poderá ser visto como uma mera ideia organizatória, pois no comum das situações o estabelecimento aparece-nos como um "bem imaterial *encarnado, radicado* num lastro material ou corpóreo que o concretiza (...)" [497].

Neste sentido, deve entender-se que o estabelecimento é susceptível de posse e que esta pode ser defendida através de

---

belecimento é um bem imaterial, mas "encarnado" num lastro material ou corpóreo (teoria do bem imaterial *sui generis*). Cfr. ORLANDO DE CARVALHO, *Direito das coisas*, p. 196, nota, e *Critério e estrutura do estabelecimento comercial*, vol. I, p. 296, nota 115. *Vide*, ainda, sobre este ponto, FERRER CORREIA, *Temas de direito comercial e direito internacional privado*, p. 47 e s.

[495] As duas concepções permitem ver o estabelecimento no seu conjunto como algo distinto da mera pluralidade das partes componentes. Cfr. FERRER CORREIA, *Lições de direito comercial*, vol. I (com a colaboração de Henrique Mesquita e António Caeiro), pág. 230.

[496] Certos bens que integram a organização podem nem sequer pertencer ao comerciante. Pense-se nas coisas arrendadas, alugadas ou, até, emprestadas.

[497] Cfr. ORLANDO DE CARVALHO, *Direito das coisas*, p. 196, nota.

embargos, cabendo ao embargante alegar, na petição, actos reveladores do exercício da posse sobre o todo ([498]).

Não pode exigir-se que o comerciante alegue e prove uma posse sobre cada uma das coisas que integram o estabelecimento. Na verdade, também aquele que queira reagir, valendo-se da tutela possessória, contra o esbulho de um imóvel (um apartamento, por exemplo), não tem de alegar actos reveladores de uma posse sobre toda e qualquer coisa que se encontre no interior do imóvel.

Para além disto, o facto de o estabelecimento ser constituído por bens incorpóreos não pode obstar à invocação da posse. É que, no fundo, a posse acaba por incidir sobre o estabelecimento como unidade, diluindo-se os bens imateriais no conjunto unitário ([499]) ([500]).

Em conclusão, diremos que, à luz do artigo 351.º, o terceiro, vendo o estabelecimento ilegitimamente penhorado, tanto pode invocar a posse, como o próprio direito de fundo incompatível com a execução.

([498]) Escreve ORLANDO DE CARVALHO, *Introdução à posse*, R.L.J., ano 122.º, p. 107: "(...) O estabelecimento, constituindo um bem incorpóreo, é um bem que assenta num lastro, maior ou menor, de valores ostensivos, ou seja, com relevo jurídico económico fora do próprio estabelecimento, valores que quase sempre incluem valores materiais, o que torna ainda menos inverosímil o exercício de poderes empíricos sobre o complexo."

([499]) Neste sentido, *vide* os Acs. da Relação do Porto de 1 de Fev. de 1990, C.J. 1990, t. I, p. 238 e ss., e da Relação de Lisboa de 9 de Jun. de 1994, C.J. 1994, t. III, p. 115 e ss. De referir, ainda, os Acs. da Relação de Lisboa de 3 de Out. de 1996, C.J. 1996, t. IV, p. 122 e ss., e da Relação de Évora de 12 de Jun. de 1997, C.J. 1997, t. III, p. 272 e ss.

([500]) Em sentido contrário, *vide* o Ac. do S.T.J. de 15 de Fev. de 1977, B.M.J. n.º 264, p. 194 e ss.

Entendeu-se neste Ac. que "as coisas imateriais não podem ser objecto de posse" e que o estabelecimento comercial, enquanto unidade jurídica, "não é objecto de posse, por não ser possível dissociar do todo os elementos que o integram, os mais heterogéneos, desde as mercadorias ao aviamento, e só as coisas corpóreas são, à face do Código Civil, objecto de posse."

Neste sentido *vide*, ainda, o Ac. do S.T.J. de 25 de Jun. de 1985, B.M.J. n.º 348, p. 384 e ss.

Ocorre frequentemente nomear-se à penhora o *direito ao trespasse e o direito ao arrendamento do local onde está instalado o estabelecimento comercial*.

E, além disso, ocorre também com frequência que, na efectivação da penhora, o tribunal, baseando-se no regime legal sobre a penhora de direitos (art. 856.º), manda notificar ao senhorio o requerimento apresentado pelo exequente.

Mas o que, em bom rigor, está em causa, como afirma ANTUNES VARELA ([501]), é a penhora do próprio estabelecimento comercial ou, se se quiser, a penhora do direito do executado sobre o estabelecimento ([502]).

Não é, portanto, juridicamente correcto pedir-se a penhora do *direito de trespasse*. Isto porque, nas palavras do mesmo Autor, "o poder de *trespassar* o estabelecimento comercial não existe (...) no património do respectivo titular como um *direito subjectivo* (autónomo), susceptível de ser penhorado pelos credores exequentes."

E logo acrescenta: "o *poder de trespassar* o estabelecimento está para o *direito ao estabelecimento* (ou *sobre o estabelecimento*) como o *poder de dispor* está para o direito de propriedade sobre a coisa (...)" ([503]).

A penhora também não pode, nestas hipóteses, incidir, *isoladamente*, sobre o direito de arrendamento pertencente ao comerciante executado, por se tratar de um direito inalienável e, portanto, impenhorável (art. 822.º, al. *a*)). O direito de dispor do arrendamento não é um direito que exista, por si só, no património do inquilino comerciante. É um direito que o arrendatário só

([501]) Cfr. Anotação ao Ac. do S.T.J. de 3 de Fev. de 1981, R.L.J., ano 115.º, p. 253.

([502]) Quando se nomeia à penhora o direito ao arrendamento e trespasse de um estabelecimento, o que se pretende penhorar é o próprio estabelecimento como unidade jurídica. Cfr. Parecer da Procuradoria-Geral da República (Parecer n.º 110/84) de 25 de Jul. de 1985, B.M.J. n.º 352, p. 95.

([503]) Anotação cit., p. 253.

pode transmitir, sem necessidade do consentimento do senhorio, nos casos em que o estabelecimento seja objecto de trespasse (art. 115.º, n.º 1, do R.A.U.) ([504]).

A penhora recai, sim, sobre o próprio estabelecimento comercial entendido como unidade ou, se se quiser, sobre o direito ao estabelecimento.

É claro que neste conjunto unitário, e na hipótese de o estabelecimento comercial ter a sede em prédio arrendado, há-de necessariamente aparecer o direito de arrendamento. Pode, então, afirmar-se que a penhora se alarga a este direito e que é acertada a prática judicial de mandar citar, por aplicação do artigo 856.º, o senhorio. O alargamento da penhora a este direito impede o executado (inquilino) de, por exemplo, revogar eficazmente o contrato de arrendamento. Tal revogação será ineficaz perante o exequente, conforme resulta do artigo 820.º do C.C. (a hipótese raramente ocorrerá na prática ([505]), uma vez que o próprio executado tem interesse em que o contrato de arrendamento não termine).

Problema complexo é o de saber como deve resolver-se o conflito existente entre a *penhora do direito de arrendamento* e o *direito de resolução do mesmo arrendamento por parte do senhorio*.

O facto de se penhorar um estabelecimento comercial que funcione em prédio arrendado impedirá o senhorio de obter o despejo com base, por exemplo, na falta de pagamento das rendas?

([504]) Cfr. Parecer cit., p. 96.

([505]) Refira-se o Ac. da Relação de Lisboa de 1 de Out. de 1991, C.J. 1991, t. IV, p. 181 e ss., que incidiu precisamente sobre um caso em que, após a penhora do "direito ao trespasse e arrendamento" de um estabelecimento comercial, o arrendatário, mediante acordo válido celebrado com o senhorio, revogou o contrato de arrendamento.

A Relação de Lisboa considerou este acordo ineficaz em relação ao exequente. É o entendimento juridicamente correcto (*vide* os arts. 819.º e 820.º do C.C.). Não só são ineficazes, em relação ao exequente, os actos de disposição e oneração de bens materiais penhorados, como também o são os actos de disposição e oneração de direitos que tenham sido objecto de uma penhora. Cfr. Vaz Serra, R.L.J., ano 109.º, p. 176.

A questão tem-se levantado com bastante frequência e necessita de ser analisada.

Se o senhorio obtém a resolução do contrato de arrendamento antes de ocorrer a penhora do estabelecimento comercial, é evidente que a penhora não pode legitimamente abranger o direito de arrendamento, uma vez que já não pertence ao executado e não é um bem que integre o estabelecimento comercial.

O senhorio poderá, se necessário for, opor-se à penhora através de embargos de terceiro. O seu direito de propriedade encontra-se desonerado do direito pessoal de gozo que decorria do arrendamento extinto.

E como tratar os casos em que a acção de resolução se encontra já pendente à data da penhora?

Parece evidente que a penhora não pode afectar o direito do senhorio, tornando ineficaz a sentença que, porventura, venha a decretar o despejo ([506]). E deve entender-se, por outro lado, que a sentença também é oponível ao terceiro que adquira, na execução, o estabelecimento comercial. Porquê?

Porque o arrematante adquire, em bom rigor, quanto a nós, um direito litigioso: o direito ao arrendamento do estabelecimento comercial ([507]). Ora, nos termos do artigo 271.º, n.º 3, a sentença

---

([506]) No Ac. da Relação de Lisboa de 6 de Jul. de 1989, C.J. 1989, t. IV, p. 120, escreve-se que "os efeitos materiais da penhora não invadem a esfera jurídica do senhorio, que, por isso, permanece incólume. A penhora não interfere nos *direitos do senhorio* procedentes da relação locatícia." E entende-se ainda no mesmo Ac. que a arrematação do "direito ao trespasse e arrendamento" (em bom rigor, a arrematação do estabelecimento com sede em prédio arrendado) nunca poderá "conduzir à destruição dos efeitos do despejo decretado na acção anteriormente instaurada, sob pena de grave injustiça para o senhorio."

([507]) Pode acontecer, numa hipótese menos frequente, que à transferência da titularidade do estabelecimento não corresponda a transmissão do gozo do prédio. Pode, na verdade, suceder que o arrematante não esteja interessado na transmissão contratual da posição de arrendatário, porque pretende instalar o estabelecimento noutro local.

Sobre este ponto *vide* ANTUNES VARELA, *Anotação ao Ac. do S.T.J. de 1 de Mar. de 1968*, R.L.J., ano 102.º, p. 77 e ss.

estenderá a sua força de caso julgado ao adquirente (nesta hipótese, o arrematante). Assim sendo, este último terá de respeitar a sentença e abrir mão do local onde funciona o estabelecimento (mas não perderá, obviamente, a titularidade do estabelecimento) ([508]) ([509]).

Que acontecerá, por último, nas hipóteses em que a acção de despejo é instaurada após a data da penhora?

A penhora não obsta a que seja instaurada uma acção de despejo ([510]), podendo esta acção fundamentar-se numa causa ocorrida após a penhora ou num motivo anterior.

Pensemos, por exemplo, na falta de pagamento das rendas.

([508]) "Ordenado o despejo, o que está em causa é o local onde se situa o estabelecimento e não o estabelecimento propriamente dito."

Por força do despejo, o arrematante vê o estabelecimento que lhe foi adjudicado despojado de um dos elementos que o integram — o direito ao arrendamento. Cfr. Ac. da Relação de Lisboa de 6 de Jul. de 1989, C.J. 1989, t. IV, p. 121.

([509]) No sentido de que a sentença de despejo proferida após a arrematação é totalmente ineficaz em relação ao arrematante, vide o Ac. da Relação do Porto de 1 de Fev. de 1990, C.J. 1990, t. I, p. 238 (o Ac. contém, no entanto, um voto de vencido).

Apesar de a acção de despejo ter sido instaurada bastante tempo antes da arrematação (ocorrida numa execução instaurada contra um inquilino comerciante), a Relação do Porto entendeu, quanto a nós erroneamente, que o direito (de arrendamento) foi arrematado "sem qualquer veste de litigiosidade." E isto porque, ainda segundo o Ac., o arrematante não teve "conhecimento da existência de quaisquer rendas em dívida ou da acção de despejo."

O desconhecimento dos factos apontados é irrelevante para o caso. A pendência da acção de despejo permite caracterizar o direito de arrendamento como um direito litigioso, e o senhorio, uma vez decretado o despejo, tem uma sentença oponível ao arrematante do estabelecimento comercial que funcionava em prédio arrendado.

([510]) No sentido de que o direito à resolução do contrato de arrendamento não fica paralisado pela penhora do estabelecimento comercial, vide o Acs. da Relação de Coimbra de 9 de Jun. de 1992, C.J. 1992, t. III, p. 121, da Relação de Lisboa de 18 de Fev. de 1993, C.J. 1993, t. I, p. 148, da Relação de Lisboa de 30 de Maio de 1996, C.J. 1996, t. III, p. 105, e da Relação de Lisboa de 3 de Jul. de 1997, C.J. 1997, t. IV, p. 84.

Veja-se, ainda, na doutrina, PIRES DE LIMA/ANTUNES VARELA, *Código Civil anotado*, vol. II, p. 93.

Este facto, sendo posterior à penhora, deve ser imputado ao depositário e não pode impedir que o senhorio venha a obter a resolução do contrato ([511]).

Se esta falta de pagamento for anterior ao acto da penhora, o senhorio não está impossibilitado de pedir judicialmente a resolução do arrendamento e de vir a obter sentença oponível a qualquer terceiro arrematante.

25. A coisa, objecto da penhora, pertence a um terceiro, titular efectivo da responsabilidade executiva

Por vezes, como já tivemos ocasião de assinalar, a penhora atinge pessoas que, sendo embora titulares da responsabilidade executiva, não foram expressamente demandadas no requerimento inicial da execução.

Esta responsabilidade pode fundar-se no próprio título executivo ([512]) ou decorrer de outro acto validamente celebrado — *v.g.*, de escritura de hipoteca constituída em benefício do credor.

([511]) "Penhorado o direito ao trespasse de um estabelecimento e entregue o mesmo a fiel depositário — escreve-se no Ac. do S.T.J. de 24 de Nov. de 1987, B.M.J. n.º 371, p. 434 —, o giro desse estabelecimento incumbe ao depositário que, como tal, tem por obrigação pagar as rendas do prédio onde funcione, por tudo isso resultar do artigo 843.º do Código de Processo Civil." E acrescenta-se: "o pagamento das rendas, que (...) é obrigação do depositário, pode, porém, ser feito pelo arrendatário ou pelo credor exequente. Pelo arrendatário porque (...) continua a ser sujeito da relação locativa e terá interesse em que ela não finde. Pelo credor exequente por ter interesse na manutenção do respectivo arrendamento — artigo 767.º, n.º 1, do Código Civil."

([512]) Refira-se o exemplo apresentado por CASTRO MENDES, *Direito processual civil,* vol. III, p. 395 e s.: "*A* empresta por escritura pública a *B* e *C* 400 contos, ficando *B* e *C* como devedores conjuntos. Suponhamos que em seguida *A* move acção executiva com base na escritura pública contra *B*, pedindo a citação deste para pagar 200 contos ou nomear bens à penhora; e que posteriormente, nesta execução, nomeia à penhora bens de *C* (...)."

C, acrescentamos nós, é terceiro e titular da responsabilidade executiva. A sua responsabilidade, como devedor (conjunto), radica no título executivo.

A análise cuidada do problema obriga a distinguir duas hipóteses:

1.ª — O acto executivo atinge o património do terceiro (estranho ao processo executivo) com a intenção manifesta de incidir sobre o património da pessoa efectivamente demandada para a execução;
2.ª — O acto executivo atinge o património do terceiro com a intenção expressa de incidir sobre o seu património.

Como explica ANSELMO DE CASTRO, na primeira hipótese o terceiro pode recorrer aos embargos dos artigos 351.º e ss ([513]).

E poderá também o terceiro, na segunda hipótese, recorrer a estes embargos?

Com o fim de melhor esclarecer o nosso entendimento sobre o problema, consideremos o caso que foi objecto do Ac. do S.T.J. de 27 de Maio de 1984 ([514]):

A constituiu, em benefício de *B*, uma hipoteca. Por escritura posterior, o mesmo *A* vendeu o prédio hipotecado a *C* e *D* (casados em regime de comunhão de adquiridos), os quais, de imediato, registaram a aquisição e entraram na posse do imóvel.

Instaurada, mais tarde, execução hipotecária contra os sucessores de *A*, a penhora veio a incidir, precisamente, sobre o prédio hipotecado.

Efectuado o registo da penhora, apenas *C* foi citado, nos termos do artigo 119.º, n.º 1, do C.R.P., para que dissesse se o prédio lhe pertencia.

O citado veio declarar, efectivamente, que o imóvel lhe pertencia, o que não evitou, no entanto, a venda em hasta pública.

Porque não foi demandada, nem interveio na execução, *D*, mulher de *C*, veio, com base no artigo 921.º, requerer a anulação do processo a partir da petição inicial.

Fundamento: a execução não tinha seguido, como exige o regime constante do artigo 56.º, n.º 2, contra os proprietários inscritos, isto é, contra ela e contra o marido.

([513]) *A acção executiva singular, comum e especial*, p. 357, nota 1.
([514]) B.M.J., n.º 335, p. 259 e ss.

O requerimento apresentado foi indeferido e nenhum êxito teve o posterior recurso de agravo interposto, pela requerente, para a Relação do Porto.

As duas instâncias insistiram num ponto: a execução não tinha, necessariamente, de ser instaurada contra os proprietários inscritos.

Interposto novo agravo, desta feita para o S.T.J., veio este tribunal negar, igualmente, provimento ao recurso.

No entanto, num ponto fundamental o tribunal de revista discordou, aliás com total acerto, das duas instâncias: o S.T.J., dando a interpretação devida ao artigo 56.º, n.º 2 (anterior redacção), entendeu que, no caso, a execução provida de garantia real implicava a demanda dos donos e possuidores do imóvel onerado. Neste sentido, escreveu-se:

"No caso de se pretender fazer valer essa garantia (...), em contrário do decidido, a execução tem de correr sempre contra o possuidor da coisa onerada, podendo, até, correr apenas contra ele, se o exequente não quiser ou não precisar de executar também o devedor para satisfação do seu crédito."

Para o S.T.J., no entanto — e por isso o recurso não obteve provimento —, o meio usado por *D* (requerimento arguindo a nulidade por falta de citação) não era o meio apropriado para arguir a violação do regime resultante da correcta interpretação do artigo 56.º, n.º 2.

Apropriados, segundo o Supremo, seriam, no caso, os *embargos de terceiro*.

Para excluir a possibilidade de recorrer ao meio previsto no artigo 921.º, escreveu-se no texto do Ac.: "A recorrente não é executada e, por isso, não tinha que ser citada. E, mais do que isso, não sendo ela parte no processo, está-lhe vedado requerer seja o que for e, designadamente, arguir nulidades, para que só as partes têm legitimidade" ([515]).

Que dizer do entendimento sufragado pelo S.T.J.?

([515]) B.M.J. cit., p. 262 e s.

A análise crítica do Ac. implica, em nosso entender, a referência a dois pontos:

1.º — Função dos embargos de terceiro;
2.º — Conceito de executado.

Quanto ao primeiro aspecto, os embargos afiguram-se-nos — seguimos Anselmo de Castro — "inapropriados" ([516]).

Estes embargos têm de fundar-se em razões substantivas que tornem a posição do terceiro oponível ao exequente e insusceptível de ser afectada pela execução. Por outras palavras, reage-se, com base neles, contra um acto judicial que toma determinado objecto como livre de qualquer direito alheio e como se pertencesse exclusivamente ao executado.

O que aconteceu no caso em análise foi o seguinte: o terceiro reagiu contra o processo executivo porque não foi demandado para ele. Reagiu porque, noutros termos, foi violada a regra processual que lhe atribuía legitimidade passiva para a acção.

Num processo declarativo, sabemos que a violação desta regra tem a seguinte consequência: o terceiro não fica vinculado pela decisão transitada em julgado.

Numa execução, ao terceiro deve ser assegurado o direito de reagir contra os actos que tenham sido praticados no âmbito do processo.

Em bom rigor, o terceiro responsável não demandado, mas atingido pelos actos judiciais, fica numa situação idêntica à da pessoa que, tendo sido identificada no requerimento inicial, acaba por não ser citada para o processo.

([516]) Ob. cit., p. 356.
Em sentido contrário, Lebre de Freitas, *A acção executiva*, pp. 107, nota 12, e 286, nota 26. Veja-se, ainda, *A penhora de bens na posse de terceiros*, R.O.A., 1992, p. 338.
O proprietário responsável não demandado pode, segundo o Autor, recorrer aos embargos de terceiro. "A sentença proferida nos embargos — escreve no est. cit., p. 338 — tem como consequência, não só o levantamento da penhora, mas também a extinção da própria execução por absolvição da instância, não se equacionando assim, neste caso, a questão da produção de caso julgado."

Neste último caso, ninguém tem dúvidas em conceder ao executado, não citado, o meio previsto no artigo 921.º — o executado pode requerer, a todo o tempo, no processo de execução, que este seja anulado ([517]). Sendo julgada procedente a reclamação, "anula-se tudo o que no processo se tenha praticado."

Ora, partindo, como nós partimos, do princípio de que a demanda do terceiro *proprietário* — titular da responsabilidade executiva — se torna uma necessidade nos casos em que se pretenda atingir o seu património, como reagir contra a violação deste princípio?

Considerados os embargos um meio impróprio, o problema está todo em saber se, para possibilitar o exercício do direito atribuído no artigo 921.º, não deve dar-se à expressão "executado" um sentido, não estritamente formal, mas material.

Se o fizermos, torna-se possível conferir ao terceiro proprietário — titular da responsabilidade executiva e atingido pelos actos executivos — o meio da reclamação previsto naquele preceito.

Neste preciso ponto afigura-se-nos forçoso o entendimento segundo o qual "executado" é todo o responsável pela dívida exequenda que, independentemente da sua expressa demanda, acaba por ser atingido pelo processo executivo.

A sua posição é, na realidade, idêntica à daquele executado que, tendo sido expressamente demandado no requerimento inicial, acaba por não vir a ser citado para o processo ([518]).

([517]) Refira-se que, ao invés, os embargos de terceiro têm de ser deduzidos nos termos previstos no n.º 2 do artigo 353.º. Estes embargos jamais podem ser deduzidos "depois de os respectivos bens terem sido judicialmente vendidos ou adjudicados."

([518]) Encontramos apoio, na doutrina italiana, para a posição que defendemos.

Como já referimos, os artigos 602 e ss. do C.P.C.I. regulam a *espropriazione contro il terzo proprietario*.

Em certos casos, bens pertencentes a terceiros (não devedores) podem, legitimamente, ser penhorados. Para isso, no entanto, torna-se imprescindível a demanda do terceiro proprietário.

Ora, qual a consequência de uma penhora que tenha sido realizada sobre coisa pertencente a um terceiro (responsável) não demandado para o processo executivo?

O terceiro não pode negar a sua responsabilidade, mas pode reagir contra a inobservância do procedimento prescrito na lei para a penhora de bens pertencentes a terceiros não devedores.

Mas qual o meio que permite reagir contra tal inobservância?

O meio da oposição regulado no artigo 619 e ss. do C.P.C.I.?

Não, responde R. VACCARELLA, *Titolo esecutivo, precetto, opposizioni*, p. 354.

Para este Autor, o único meio apropriado encontra-se nos artigos 617 e ss. do Código citado: oposição aos actos executivos.

E explica porquê:

"(...) O meio mais idóneo é constituído pela oposição aos actos executivos, derivando a ilegitimidade da execução não do seu objecto, mas da modalidade usada para a levar a cabo."

Acrescenta R. VACCARELLA: "É para reclamar (*rivendicare*) a sua qualidade de parte que o terceiro deduz a nulidade da execução."

"O terceiro — afirma ainda — opõe-se do mesmo modo por que se oporia o devedor que visse recair sobre os seus bens — e em virtude de um título executivo realmente existente — uma penhora não precedida pela sua citação (*un pignoramento non preceduto dalla notifica del titolo e del precetto*)."

Anulada a penhora, o credor tem, necessariamente, de "iniciar *ex novo*, em relação ao terceiro, o processo executivo (...)."

Em defesa da nulidade da penhora e da consequente possibilidade de o credor instaurar a posterior acção executiva respeitando o preceituado nos artigos 602 e ss. do C.P.C.I., *vide* também V. ANDRIOLI, *Opposizione del terzo acquirente d'immobile ipotecato all'esecuzione*, R.D.P., 1964, p. 465 e s.

O Supremo Tribunal italiano já defendeu que "com a oposição de terceiro, o opoente não pode invocar os vícios formais do processo executivo" (decisão de 21 de Ago. 1992, F.I., 1993, p. 1937).

CAPÍTULO II

OPOSIÇÃO DE TERCEIRO NO ÂMBITO DA EXECUÇÃO PARA ENTREGA DE COISA CERTA

SUMÁRIO: 26 — Introdução. 27 — A coisa a apreender pertence ao *exequente*, mas sobre ela incide: I) a posse de um terceiro, nos termos de um direito real limitado de gozo; II) a posse de um terceiro, nos termos de um direito real de garantia; III) a mera detenção de um terceiro. 28 — A coisa a apreender pertence ao *executado*, mas sobre ela incide: I) a posse de um terceiro, nos termos de um direito real limitado de gozo; II) a mera detenção de um terceiro. 29 — A coisa a apreender não pertence ao exequente nem ao executado, mas a um *terceiro*: I) terceiro possuidor efectivo; II) detenção exercida por outrem, em nome do terceiro. 30 — Regime da oposição no âmbito da execução do despejo.

26. Introdução

Numa *execução para entrega de coisa* está em causa, como sabemos, o cumprimento coercivo de uma obrigação de prestação de coisa.

Vimos que a efectivação do cumprimento — a que o tribunal procede sub-rogando-se ao devedor ([519]) — implica, necessariamente, a apreensão da coisa objecto da prestação, ocorrendo, deste modo, uma interferência na esfera jurídica do sujeito passivo do processo. Nos termos do n.º 1 do artigo 930.º, são efectuadas "buscas e outras diligências necessárias, se o executado não fizer voluntariamente a entrega."

Ora, sucede que, em muitos casos, a actividade desenvolvida pelo tribunal, com vista à apreensão e à entrega da coisa, traduz-se numa *ofensa ilícita* ou num *esbulho* da posse ou da detenção de um terceiro não previamente demandado para a acção executiva.

Recaindo a acção executiva sobre *coisa móvel*, à apreensão efectiva segue-se a entrega (tradição) do objecto apreendido ao exequente.

Tratando-se da apreensão e da entrega de um *imóvel*, o legislador dispõe — na primeira parte do n.º 3 do artigo 930.º — que "o funcionário investe o exequente na posse, entregando-lhe os documentos e as chaves, se os houver (...)."

Quer dizer, agora não se prevê uma investidura material na posse, mas tão-só uma investidura ou entrega simbólica.

Posto isto, fácil é perceber que a apreensão de um móvel pode causar um efectivo esbulho da posse que terceiros exerçam sobre a coisa.

Mas como entender que esse mesmo esbulho ou ofensa possa ocorrer nos casos em que o objecto da execução seja um *imóvel*?

Poderá a entrega simbólica causar uma ofensa à posse de um terceiro?

A pergunta adquire ainda mais justificação se atentarmos nas palavras finais do artigo 930.º, n.º 3: o funcionário "notifica o executado, os arrendatários e quaisquer detentores para que respeitem e reconheçam o direito do exequente."

([519]) O tribunal exerce uma função substitutiva da prestação do devedor. Sobre este ponto, vide C. MANDRIOLI, *In tema di esecuzione per consegna o rilascio contro il terzo possessore o detentore*, R.D.C., 1985, p. 586.

Na verdade, há que dizer o seguinte: a entrega simbólica da coisa imóvel, à qual se segue a notificação assinalada, pode marcar o fim da acção executiva regulada nos artigos 928.° e ss. Isto acontece nos casos em que o exequente e o tribunal têm conhecimento de que o imóvel se encontra legitimamente ocupado por terceiros ([520]), pelo que não pode conseguir-se — sob pena de se praticar um acto ilícito — o efectivo "despejo."

Não se suscita, assim, qualquer problema de ofensa ou de esbulho de posse alheia, porque o exequente não é investido na posse efectiva da coisa.

A execução gera, nestas hipóteses, um efeito que não podemos deixar de considerar atípico: o detentor efectivo mantém-se no gozo da coisa e apenas é notificado para respeitar a posição do exequente ([521]).

Noutros casos — casos em que se desconheça ou não se reconheça uma legítima ocupação por parte de terceiros — a acção executiva, mesmo tendo por objecto um imóvel, enca-

---

([520]) Como explica LEBRE DE FREITAS, *A acção executiva*, p. 324 "a notificação do possuidor, em nome próprio ou alheio, para que reconheça e respeite o direito do exequente deve ter lugar quando a sua posse tenha procedido do executado (ou do próprio exequente), deva subsistir e seja compatível com o direito do exequente."

Para ANSELMO DE CASTRO, *A acção executiva singular, comum e especial*, p. 367, "o âmbito de aplicação da disposição do artigo 930.°, n.° 3, circunscreve--se (...) ao caso de detentor ou arrendatário, por via do executado, com anterioridade ao direito do exequente.

Estão fora dele — conclui o Autor — todas as demais situações, tanto as provindas *aliunde*, como as provindas do executado, quando posteriores ao direito do exequente."

([521]) O efeito conseguido pela instauração de um processo executivo pode, no caso presente, ser atingido por via de uma acção declarativa ou, até, mais facilmente, por meio de uma notificação judicial avulsa (art. 261.°).

No sentido de que o artigo 808, par. 2.°, do C.P.C.I. (idêntico ao nosso art. 930.°, n.° 3) não traduz, verdadeiramente, um caso de execução forçoa, vide C. MANDRIOLI, *Sull'efficacia del titolo esecutivo di rilascio rispetto ai terzi detentori*, R.D.P., 1951, p. 245, e F. P. LUISO, *L'esecuzione ultra partes*, p. 21 e ss.

minhar-se-á para uma entrega, não meramente simbólica, mas *efectiva*.

Vejamos como.

Normalmente as chaves e os documentos, uma vez encontrados, são entregues — na secretaria do tribunal — ao exequente, para que este possa, de seguida, entrar na posse do imóvel.

Defendemos, quando tratámos da execução para entrega de imóveis, que o funcionário judicial tem a possibilidade, nuns casos, e o dever, noutros, de acompanhar o exequente até ao local onde se encontra a coisa imóvel objecto da acção executiva.

Ora, pode acontecer que, sobre a coisa que se pretende apreender e entregar, de forma efectiva, exista uma posse (ou uma detenção) exercida por terceiro alheio ao processo ([522]). Alheio porque, independentemente de estar ou não sujeito à obrigação de entrega, a acção executiva não foi instaurada contra ele, tendo-se, pelo contrário, seguido o *modus procedendi* que F. P. LUISO designa por "modulo senza contraddittorio" ([523]) ([524]).

Convém, a este respeito, distinguir duas hipóteses:

Primeira: o terceiro que se encontra no gozo material da coisa não levanta qualquer obstáculo à apreensão efectiva do objecto. O abandono voluntário da coisa revela, a maior parte das

---

([522]) Fenómeno que pode ocorrer não só na apreensão de imóveis, como na apreensão de móveis.

([523]) Ob. cit., p. 2.

([524]) Em defesa da tese segundo a qual, na acção para entrega de coisa, o executado é o detentor efectivo da coisa, uma vez que só ele pode restituí-la, satisfazendo a pretensão do exequente, *vide* a decisão da *Corte di Cassazione* de 14 de Dez. de 1985, G.C., 1986, t. I, p. 1033.

O terceiro detentor "é o efectivo executado" e "só formalmente estranho à execução" a partir do momento em que a eficácia do título é feita valer no seu confronto. Cfr. B. SASSANI, Comentário à citada decisão da *Corte di Cassazione,* G.C., 1986, t. I, p. 1035 e ss.

Cite-se também F. P. LUISO, ob. cit., p. 379, onde escreve o seguinte:

"Na execução específica, o efeito típico, se se verificar, ocorre sempre na esfera jurídica de quem exerce o gozo material do bem, mesmo quando formalmente o exequente tenha indicado como devedor executado outro sujeito."

vezes, como explica C. MANDRIOLI, que o "terceiro reconhece não ter qualquer direito à posse e que a sua actuação é de mero facto e sem relevância jurídica (...)" ([525]).

Segunda: o terceiro não abre mão da coisa, considerando-se titular de um direito oponível ao exequente e negando, portanto, o dever de suportar a execução. Esta resistência acaba sempre por ser feita perante o funcionário judicial encarregado da apreensão e da entrega. É que, mesmo nos casos em que o executor não se dirige ao local onde o imóvel a apreender se encontra ([526]), o exequente, vendo o seu direito insatisfeito, tem — nos termos do artigo 840.º, n.º 1 — a possibilidade de requerer que "um funcionário se desloque ao local da situação dos prédios, a fim de lhe fazer a entrega efectiva."

Nesta segunda hipótese surge, portanto, um conflito.

Por um lado, existe o interesse do exequente que, não reconhecendo qualquer posição alheia sobre o imóvel, pretende o efectivo empossamento.

Por outro lado, confrontamo-nos com o interesse do terceiro que se opõe à apreensão efectiva da coisa, alegando que tal procedimento lhe causaria uma ofensa ilícita ([527]). Contrariamente àquilo que ocorre na primeira hipótese analisada, o terceiro não

---

([525]) *In tema di esecuzione per consegna o rilascio contro il terzo possessore o detentore*, R.D.C., 1985, p. 596.

([526]) Casos em que, como vimos, a entrega simbólica é feita à distância.

([527]) ANSELMO DE CASTRO, *A acção executiva singular, comum e especial*, p. 366, dá especial ênfase aos casos em que a posse ou a detenção do terceiro procede *aliunde*, isto é, não foi transmitida a este, nem pelo exequente, nem pelo executado, mas antes por um terceiro. Segundo o Autor, nestas hipóteses "é impossível haver investimento material ou mesmo simplesmente jurídico do exequente na posse, por o impedir o direito conflituante do detentor ou do respectivo possuidor em nome próprio."

Para ANSELMO DE CASTRO, nestes casos, "logo *ex officio* cumprirá ao tribunal negar a efectivação do acto executivo."

Resta saber se a atitude de oposição a que o acto executivo se efective pode ser provocada pelo terceiro, mediante apresentação de um protesto ao funcionário judicial encarregado de tal acto. Trataremos deste ponto em texto.

aceita, portanto, que os poderes exercidos sobre a coisa sejam juridicamente irrelevantes ([528]).

Nestes casos — em que, note-se, o terceiro não deduziu preventivamente embargos ([529]) — surge uma questão importante ([530]): que atitude deve tomar o funcionário encarregado da apreensão perante o protesto do terceiro? Que relevância dar a este protesto verbal ([531])?

([528]) Cfr. C. Mandrioli, est. cit., p. 597.

([529]) Pense-se na hipótese em que o terceiro desconhecia o despacho ordenatório da entrega da coisa.

([530]) A questão é tratada por C. Mandrioli, est. cit., p. 597.
Entre nós, vide Lebre de Freitas, *A acção executiva*, p. 324.

([531]) Ao problema de saber se pode o funcionário levar a cabo a apreensão, apesar da contestação de terceiro, tem um largo sector da doutrina italiana respondido negativamente. Para isso, no entanto, é necessário que o terceiro se apresente, perante o funcionário, como titular de um direito autónomo e oponível ao exequente.

E. Redenti, *Diritto processuale civile*, vol. III, p. 299, coloca o problema do seguinte modo: "O título executivo impõe, suponhamos, a Tizio que proceda à entrega de certa coisa a um adquirente (*avente diritto*). Este último propõe a acção executiva. O funcionário judicial (...) verifica que a coisa não é detida por Tizio, mas por um terceiro. Que pode e deve fazer?"

Não deve actuar; antes deve recorrer ao artigo 610 do C.P.C.I. Segundo esta norma, "se, no decurso do processo, surgirem dificuldades que não admitam dilação, cada uma das partes pode requerer ao juiz as providências imediatas que forem adequadas."

Para E. Redenti, ob. cit., p. 301, podem tais providências ser solicitadas pelo próprio funcionário encarregado da apreensão.

Este entendimento mereceu o expresso acolhimento de V. Denti, *L'esecuzione forzata in forma specifica*, pp. 153 (nota 91) e 184.

Também L. Montesano, *Esecuzione specifica*, E.D., XV, p. 553, afirma que o problema levantado pela resistência do terceiro — nos casos de execução específica — deve ser resolvido com base no artigo 610 do C.P.C.I. Para o Autor, uma defesa que apenas possa ser deduzida após a ocorrência da lesão é desprovida de qualquer *ratio*.

Igualmente C. Mandrioli, est. cit., p. 598, entende que o funcionário "pode e deve esquivar-se à decisão de agir contra o terceiro, reconhecendo na contestação deste uma daquelas dificuldades que não admitem dilação e relativamente à qual o artigo 610 do C.P.C.I. prevê (...) que o funcionário remeta a parte ao juiz."

Como explica Mandrioli, isto permite que o terceiro venha a deduzir

Entendemos que o protesto do terceiro proprietário tem de ser aceite, devendo interpretar-se extensivamente o artigo 832.º, n.º 1.

Resta saber qual o comportamento a adoptar pelo funcionário judicial nos casos em que tenha dúvidas legítimas acerca do protesto apresentado.

Uma vez que não está em causa a realização de uma penhora, mas a afastamento judicial de um terceiro que se considera proprietário de um imóvel, parece-nos que, contra o regime hoje previsto para a penhora no n.º 2 do artigo 832.º, ao tribunal compete, previamente, resolver as dúvidas que lhe forem apresentadas pelo funcionário judicial. Só após a resolução de tais dúvidas deve este actuar. Não pode ser de outro modo.

Já na hipótese em que o terceiro se arrogue titular de outro direito real (possuidor nos termos de outro direito real), não está consagrada a possibilidade de defesa mediante a apresentação de um protesto verbal.

Sabemos, é certo, que no estrito domínio da execução do despejo — execução especial para entrega de coisa imóvel —, permite-se a apresentação, nos termos do artigo 60.º, n.º 2, do R.A.U., de um protesto verbal.

Tratando-se, no entanto, de uma norma respeitante a um regime especial ([532]), não pode alargar-se o seu âmbito de aplicação ao regime comum do processo executivo para entrega de coisa certa ([533]).

---

a conveniente oposição ao pedido do exequente. Trata-se de uma verdadeira *provocatio ad opponendum*.

A inércia do terceiro traduz, segundo o Autor, o reconhecimento de que a execução foi correctamente instaurada, podendo o funcionário, em consequência, actuar, privando-o do gozo da coisa.

([532]) Cfr. ANSELMO DE CASTRO, *A acção executiva singular, comum e especial*, p. 404 e s.

([533]) Seguimos LEBRE DE FREITAS, ob. cit., p. 325, onde se defende que não são "extrapoláveis para outras acções de execução para entrega de coisa certa as soluções específicas consignadas no art. 60 RAU em sede de execução do mandado de despejo (...)."

Pergunta-se: será recomendável, *de jure constituendo*, uma regra análoga para a apreensão de imóveis levada a cabo numa execução comum?

A admissibilidade do protesto, perante o funcionário que prepara o empossamento do exequente, permite sustar um acto susceptível de produzir um autêntico esbulho. Perante a falta deste meio, é evidente que a tutela, em muitos casos, só *a posteriori* pode ser conseguida, o que, necessariamente, nas hipóteses em que o terceiro seja titular de uma situação oponível, acaba por significar que o tribunal agiu em pura perda, praticando uma agressão injusta [534][535]. Ora, é particularmente grave expulsar de um imóvel (designadamente de um imóvel urbano) uma pessoa que tem o direito ao respectivo gozo [536].

Este problema poderá ser resolvido pela consagração futura — para o regime comum da apreensão de imóveis — de um meio análogo ao previsto no artigo 60.º do R.A.U. [537][538].

---

[534] *Vide*, a este respeito, F. P. LUISO, *L'esecuzione ultra partes*, p. 368 e s.

[535] Como explica F. DE MARTINO, *Del possesso*, p. 594, "o acto material do funcionário judicial pode objectivamente constituir violência se esta conduz a um *ingiusto spossessamento* (...)".

[536] E. REDENTI, *Diritto processuale*, vol. III, p. 297, observa que o processo de execução para entrega de imóveis é mais complicado do que a execução para entrega de móveis. Já não se trata de tomar a coisa das mãos de alguém, para a colocar nas mãos de outrem, mas de expulsar (*cacciare*) uma pessoa que se encontra instalada no imóvel, para permitir que nele se instale outra.

[537] Tal como fazia o Anteprojecto do Código de Processo Civil de 1988, no artigo 780.º.

Sobre este ponto, *vide* LEBRE DE FREITAS, *A acção executiva*, p. 325, nota 35, onde se observa que não basta atender ao direito do detentor, sendo necessário ter em conta o tipo de direito que o exequente faz valer na execução.

[538] Uma vez suspensa a apreensão pelo funcionário judicial, o acto careceria da confirmação do juiz, que deveria denegá-la, obviamente, se o terceiro não fosse titular de uma posição oponível ao exequente, podendo recorrer-se, para o efectivo empossamento deste, em caso de necessidade, ao auxílio da força pública (art. 840.º, n.º 2).

Se, contrariamente, a posição do terceiro fosse oponível ao exequente, teria de decidir-se consoante ela devesse considerar-se compatível ou incompatível com o direito deste último.

Na primeira hipótese, a entrega efectiva não poderia ser realizada.

Presentemente a questão pode solucionar-se se, uma vez deduzido o protesto, o funcionário proporcionar ao terceiro o tempo suficiente para deduzir embargos preventivos.

Não podemos, de facto, esquecer os embargos como o meio principal de tutela da posse ou detenção do terceiro alheio ao processo.

Esta oposição pode, como já dissemos, ser oposta em dois distintos momentos: antes de ser realizada a diligência da apreensão efectiva ou após a realização deste acto.

Uma vez proferido, pelo juiz, o despacho ordenatório da entrega da coisa móvel ou da entrega efectiva do imóvel, nos termos do artigo 840.º, o terceiro que entenda ser titular de uma posição oponível pode reagir através de embargos preventivos. Por esta via, tentará evitar a ocorrência do esbulho ou o efectivo empossamento do exequente ([539]).

O terceiro pode embargar preventivamente até ao dia em que for forçado a abandonar a coisa.

Após a realização do acto judicial ofensivo da posse, o terceiro pode sempre reagir através de embargos repressivos.

Claro que estes embargos não evitam, nas hipóteses em que o terceiro seja titular de um direito oponível ao exequente, a ocorrência de um dano imediato causado pela perda temporária do gozo da coisa.

O terceiro teria, quando muito, de ser notificado para reconhecer e respeitar o direito do exequente (art. 930.º, n.º 3).

Na segunda hipótese, a execução também não poderia efectuar-se, tornando-se mesmo impossível tanto o investimento material, como o investimento meramente jurídico.

([539]) Precisamente a propósito da apreensão levada a cabo na acção executiva para entrega de coisa certa, escreve LEBRE DE FREITAS, ob. cit., p. 326: "ordenada a apreensão, o terceiro pode-se-lhe opor através de embargos de terceiro, que normalmente terão função preventiva (...)." E, em nota, acrescenta: "Seguindo-se normalmente a entrega à apreensão, só têm utilidade para a acção executiva os embargos de terceiro deduzidos antes desta."

Ocupar-nos-emos seguidamente de algumas *situações conflituantes* que podem ocorrer — no âmbito da execução para entrega de coisa certa — entre o exequente e o terceiro possuidor ou titular de qualquer direito incompatível com a diligência judicial.

27. A coisa a apreender pertence ao exequente, mas sobre ela incide: I) A posse de um terceiro, nos termos de um direito real limitado de gozo

Suponhamos, num primeiro grupo de hipóteses, que o *exequente* se apresenta como *proprietário* da coisa, pretendendo que esta — através da acção executiva — lhe seja efectivamente entregue, mas que um *terceiro,* que se encontra na disponibilidade material da coisa, alega que o seu direito lhe foi transmitido pelo executado (ex-proprietário) ou que o exercício da detenção foi por este legitimado.

Pode acontecer que, sobre a coisa, o terceiro exerça uma posse fundada num *direito real limitado de gozo* — *v.g.,* um direito de usufruto.

Uma situação deste tipo é susceptível de impedir a realização de um efectivo empossamento.

Deduzidos os embargos de terceiro, o embargante, alegando e caracterizando a sua posse, goza, como é sabido, da presunção de titularidade do direito, nos termos do artigo 1268.º, n.º 1, do C.C.

Mas o embargante pode preferir fazer, desde logo, prova da existência do direito real limitado de gozo na sua esfera jurídica, sem alegar qualquer situação possessória. É uma possibilidade hoje expressamente conferida pelo artigo 351.º, n.º 1.

O exequente pode reagir contra os embargos deduzidos pelo terceiro, e pode fazê-lo alegando e provando que o terceiro não exerce qualquer posse ou não é titular de qualquer direito.

Ao embargante caberá, nestas hipóteses, a prova da posse ou do direito.

Mas o exequente pode alegar que é proprietário pleno e que, portanto, o seu direito é incompatível com aquela posse ou com o direito alegado. Neste caso, o exequente — como embargado — terá o ónus de provar os factos em que assenta a sua defesa.

O êxito desta oposição aos embargos torná-los-á improcedentes e implicará o efectivo empossamento do exequente.

II) **A posse de um terceiro, nos termos de um direito real de garantia**

Defendemos, no capítulo relativo à penhora, que os embargos deduzidos por um terceiro, titular de um *direito real de garantia* (ou de uma posse fundada numa garantia real), não só não podem ser julgados procedentes, como devem ser rejeitados *in limine*. Razão: a penhora não afecta a garantia do terceiro, uma vez que lhe assiste o direito de reclamar o crédito na execução alheia, podendo pagar-se à custa da coisa sobre a qual recai o seu direito de garantia.

Perguntamos, agora, se poderá opor-se por embargos, contra o proprietário que vem requerer a entrega efectiva da coisa, através de uma execução para entrega, o terceiro que alegue a titularidade de um direito real de garantia.

Imaginemos a seguinte hipótese: *A* celebra com *B* um contrato-promessa bilateral de compra e venda de um imóvel. O contrato tem eficácia meramente obrigacional e ocorre a tradição da coisa para o promitente-comprador (*B*).

A vende posteriormente o imóvel a *C*, derivando desta alienação a impossibilidade de cumprimento do contrato-promessa.

C, actual proprietário, munido do indispensável título executivo, instaura execução para entrega contra *A*.

Poderá *B*, promitente-comprador e retentor do imóvel, recusar a entrega com base no direito de retenção atribuído pelo artigo 755.º, n.º 1, al. *f*), do C.C.?

Poderá, mais concretamente, deduzir embargos de terceiro (repressivos ou preventivos)?

Nesta hipótese, ficando o juiz convencido de que o terceiro é possuidor nos termos de um direito de garantia, o exequente não poderá obter o empossamento efectivo e os embargos devem ser julgados procedentes [540][541].

([540]) Admitindo a dedução de embargos, *vide* CALVÃO DA SILVA, *Sinal e contrato-promessa*, p. 163, onde sustenta que "o beneficiário da promessa pode recorrer aos embargos de terceiro, nos termos definidos na lei de processo (...), *em caso de diligência ordenada judicialmente (art. 1285.º) que não acarrete a caducidade do seu direito,* por exemplo na execução para entrega de coisa certa (art. 928.º e segs. do Cód. Proc. Civ.)."

([541]) A Relação do Porto, em Ac. de 9 de Mar. de 1993, C.J. 1993, t. II, p. 187 e ss., entendeu, e bem, que "(...) o direito de retenção conferido ao promitente-comprador pelo art. 442.º, n.º 3, do Cód. Civil, no domínio do Dec.-Lei n.º 236/80 — actualmente art. 755.º, n.º 1, al. *f)* — pelo crédito resultante do não cumprimento imputável à outra parte, é sempre susceptível de tutela pelo recurso às acções possessórias e constitui fundamento para que o retentor possa recusar a entrega da coisa ao seu proprietário."

O caso, simplificado, configurava-se do seguinte modo: *A* celebrou com *B*, em 1982, um contrato-promessa de compra e venda de determinado prédio rústico. Houve *traditio rei* para o promitente-comprador (*B*) e o prédio veio depois a ser ocupado (abusivamente) por um terceiro (*C*).

Instaurada, por *B*, acção de restituição de posse contra *C*, este alegou, na contestação, que não só comprara o referido prédio a *A*, como procedera ao registo da aquisição.

Desta venda resultou a impossibilidade definitiva de cumprimento do contrato-promessa. Ora, o direito de crédito pertencente a *B* — resultante do incumprimento de tal contrato — era assegurado pela atribuição ao credor de um direito de retenção sobre a coisa objecto do contrato prometido.

O mencionado Ac. da Relação do Porto revogou a sentença do tribunal de primeira instância, na parte em que condenara *B* a abster-se de invadir ou ocupar o prédio que, em propriedade, pertencia a *C*.

Assegurou-se, desta forma, o direito de retenção de que *B* era titular.

Sobre esta questão e neste sentido, *vide* ANTUNES VARELA, *Anotação ao Ac. do S.T.J. de 25 de Fev. de 1986*, R.L.J., ano 124.º, p. 352, onde pode ler-se: "No plano do direito constituído, seja qual for a qualificação exacta da situação global em que se encontra constituído o promitente-comprador no exercício do direito de retenção que o artigo 755.º, n.º 1, alínea *f)*, do Código Civil (...) lhe confere, é inquestionável a aplicabilidade da restituição provisória da posse (e das demais acções possessórias) à defesa do *jus retentionis*."

Em defesa desta tese, vide o Ac. do S.T.J. de 11 de Fev. de 1999, C. J. (Acs. do S.T.J.) 1999, t. I., p. 103 e ss.

O terceiro, com efeito, é titular de um crédito resultante do incumprimento do contrato-promessa e a lei atribui-lhe um direito de retenção que, no caso, legitima a recusa da entrega da coisa ([542]).

Ao contrário do que se passa numa execução para pagamento de quantia certa, o titular de uma garantia real não pode obter a satisfação do seu crédito numa execução para entrega da coisa sobre a qual a garantia incide. A razão é simples e óbvia: a coisa não vai ser vendida judicialmente.

O direito de retenção pode, no caso, ser oposto ao terceiro exequente, porque se trata de um direito real eficaz *erga omnes* ([543]).

O credor tem, por um lado, o direito de recusar a entrega da coisa enquanto o crédito não for integralmente satisfeito.

E tem, por outro lado, a faculdade de promover a venda judicial da coisa, objecto do seu direito de garantia.

Se tiver título executivo, pode logo propor uma acção executiva para pagamento de quantia certa (*vide* os arts. 759.º, 817.º e 818.º do C.C.) e a penhora incidirá, de imediato, sobre o imóvel a que se refere a garantia (art. 835.º) ([544]).

III) A mera detenção de um terceiro

Serão analisados, de seguida, alguns casos em que o terceiro — estranho ao processo — reage contra a apreensão efectiva da coisa, alegando a titularidade de uma posse exercida em nome do ex-proprietário e executado (*posse em nome alheio*).

([542]) Sobre este direito de recusar a entrega da coisa, *vide* MANUEL DE ANDRADE, *Teoria geral das obrigações*, p. 325.

([543]) Trata-se, como explica MANUEL DE ANDRADE, ob. cit., p. 328, de um direito absoluto. "O credor pode fazê-lo valer tanto contra o devedor como contra terceiros."

Vide ainda, sobre os efeitos do direito de retenção, VAZ SERRA, *Direito de retenção*, p. 78 e ss.

([544]) Em ambos os casos, o retentor tem o direito de ser pago com preferência relativamente aos demais credores do devedor (arts. 666.º, 758.º e 799.º do C.C.).

Haverá, porventura, situações em que seja possível ao terceiro detentor impedir, fundadamente, a entrega efectiva da coisa ao exequente proprietário?

Vejamos alguns exemplos.

Suponhamos que o terceiro, que se encontra no gozo da coisa, alega a existência, entre ele e o executado, de um contrato-promessa dotado, nos termos do artigo 413.º do C.C., de eficácia real.

O exequente, por seu lado, fundamenta o seu direito à entrega numa venda feita pelo executado (promitente-vendedor), posterior àquele contrato-promessa.

Nesta hipótese, o terceiro tem, em nosso entender, contra a execução em curso, o direito de ver salvaguardada a sua detenção, mediante a dedução de embargos de terceiro.

Para que os embargos possam ser julgados procedentes, o terceiro deve alegar e provar a titularidade do direito à execução específica, direito incompatível com a diligência judicial que se pretende efectivar.

Quando o contrato-promessa não seja dotado de eficácia real, porque as partes nada convencionaram nesse sentido, o promitente-comprador não é titular de qualquer direito oponível ao exequente.

Neste caso, parece-nos que somente é possível reagir se já estiver a correr a acção de execução específica do contrato-promessa. Conforme expusemos noutro lugar deste trabalho, o terceiro tem de alegar e provar que está pendente uma acção de execução específica, devendo o processo relativo aos embargos, após o seu recebimento, ficar suspenso até que seja proferida a sentença naquela acção (art. 279.º, n.º 1).

A procedência da acção de execução específica significa, obviamente, a procedência dos embargos. O exequente não pode obter a entrega da coisa, porque, no momento em que for proferida a sentença que decrete a execução específica, ele deixa de ser proprietário.

E que destino deve ter a execução para entrega, nos casos em que o terceiro detentor fundamente os poderes de facto exercidos sobre a coisa num contrato de *arrendamento* celebrado com o actual executado e ex-proprietário?

Sempre que a relação de arrendamento seja oponível ao exequente, não pode o tribunal realizar a entrega efectiva da coisa.

É que, nos termos do artigo 1057.º do C.C., "o adquirente do direito com base no qual foi celebrado o contrato sucede nos direitos e obrigações do locador, sem prejuízo das regras do registo."

O direito do terceiro é, por conseguinte, compatível com o direito do exequente.

Assentando a detenção do terceiro num contrato de *comodato* celebrado com o ex-proprietário, ao exequente não pode ser negada a entrega efectiva da coisa, e os embargos de terceiro deduzidos pelo detentor têm, necessariamente, de fracassar.

O fundamento material para esta afirmação resulta do artigo 406.º, n.º 2, do C.C., de acordo com o qual, "em relação a terceiros, o contrato só produz efeitos nos casos e termos especialmente previstos na lei."

Situação também enquadrável neste grupo de casos é aquela em que a coisa, objecto do acto executivo de apreensão, se encontra ocupada por alguém que alega a existência sobre ela, em seu benefício, de uma *consignação de rendimentos*.

Em causa está, portanto, a modalidade de anticrese prevista no artigo 661.º, n.º 1, al. *b*), do C.C.

Já dissemos, noutro capítulo, que a consignação de rendimentos é uma garantia especial das obrigações, por via da qual o credor fica com o direito de satisfazer o seu crédito, gradualmente, à custa dos "rendimentos de certos bens imóveis, ou de certos bens móveis sujeitos a registo" (art. 656.º, n.º 1, do C.C.).

Esta característica permite distingui-la das outras garantias existentes no nosso sistema: na anticrese o credor não tem o direito de fazer executar a própria coisa para se pagar à custa do preço da respectiva venda.

Suponha-se, agora, o seguinte exemplo:

A, proprietário do prédio *x*, consignou os rendimentos deste imóvel ao seu credor *B*. O imóvel passou para a disponibilidade material do segundo e procedeu-se ao registo da consignação, nos termos do artigo 660.º do C.C. [545].

A, posteriormente, aliena a coisa a *C*, e este, munido de um título executivo, instaura uma execução para entrega contra o alienante.

Poderá o credor consignatário (detentor) opor-se, por embargos de terceiro, à apreensão judicial da coisa consignada?

Respondemos afirmativamente.

A procedência dos embargos de terceiro depende da efectiva oponibilidade da consignação ao proprietário exequente. Depende, concretamente, do facto de o registo da anticrese preceder o registo do direito de propriedade do adquirente [546].

Se assim for, o proprietário somente poderá conseguir a entrega efectiva da coisa depois de se extinguir a consignação [547].

28. A coisa a apreender pertence ao executado, mas sobre ela incide: I) A posse de um terceiro, nos termos de um direito real limitado de gozo

Vamos tratar, agora, das hipóteses em que o exequente, instaurando execução para entrega contra o proprietário da coisa, se

---

[545] O terceiro fica na detenção da coisa consignada, uma vez que esta lhe foi transmitida pelo devedor (proprietário). De acordo com o artigo 663.º do C.C., o credor deve administrar os bens consignados "como um proprietário diligente e pagar as contribuições e demais encargos das coisas."

Pode dizer-se, ainda, que a *traditio* da coisa para o consignatário faz nascer, na esfera deste, um autêntico direito pessoal de gozo.

[546] Igualmente, no direito italiano, o registo da consignação de rendimentos é decisivo para se aferir a eficácia do direito anticrético (art. 2643, n.º 12, do C.C.I.)

Vide V. TEDESCHI, *L'anticresi*, p. 89 e ss.

[547] A anticrese extingue-se quando a dívida for integralmente paga. Nas hipóteses em que tenha sido estipulado um prazo, "a consignação extingue--se pelo decurso do prazo estipulado (...)" (art. 664.º do C.C.).

apresenta como titular de uma pretensão nascida de um contrato de natureza obrigacional.

Pode ocorrer que a coisa — a apreender de acordo com o título executivo — se encontre na disponibilidade material de um possuidor (ou detentor) estranho ao processo em curso.

Suponhamos que *A*, arrendatário, munido de um título executivo que obriga *B*, senhorio, à entrega do imóvel arrendado, vem pedir, em execução, a entrega efectiva da coisa.

B, porém, na qualidade de proprietário do imóvel, após ter dado a coisa de arrendamento a *A*, constituiu, em benefício de *C*, um direito real limitado de gozo (*v.g.*, um usufruto).

Poderá fazer-se a apreensão efectiva da coisa, contra a posse do usufrutuário?

E poderá este, sentindo-se afectado pelo processo executivo, recorrer, fundadamente, a embargos de terceiro?

Mais uma vez somos obrigados a recorrer ao direito material.

Fizemos já referência à regra constante do artigo 1057.º do C.C., onde se estabelece que, em caso de transmissão da posição jurídica do locador sobre a coisa locada, a relação locativa subsiste, sucedendo o adquirente daquela posição nos direitos e obrigações decorrentes, para o transmitente, do contrato de locação [548].

Ora, no caso em análise, o proprietário-locador constituiu sobre o imóvel, previamente arrendado, um direito de usufruto.

Em termos substantivos, a obrigação de proporcionar ao locatário o gozo da coisa locada passou a pertencer ao usufrutuário. A solução é expressamente defendida, entre nós, por HENRIQUE MESQUITA, ao afirmar que o artigo 1057.º do C.C. "deve aplicar-se também, por analogia, senão mesmo por interpretação extensiva, às hipóteses em que o locador, com base no seu direito sobre a coisa, constitua um direito real de menor âmbito, mas que atribua ao respectivo titular o gozo dela (...)" [549].

---

[548] Cfr. HENRIQUE MESQUITA, *Obrigações reais e ónus reais,* p. 137.
[549] Ob. cit., p. 138, nota 18.

No domínio que nos interessa, isto quer dizer que o arrendatário, na hipótese apresentada, tem o direito de obter a entrega efectiva do imóvel, estando a eventual oposição (fundada na posse ou no direito real limitado de gozo) deduzida pelo terceiro condenada ao insucesso.

II) **A mera detenção de um terceiro**

Suponhamos, agora, que a coisa que *A* tomou de arrendamento a *B* se encontra em poder de um terceiro *comodatário,* que exerce os poderes de facto em nome do executado.

Poderá o comodatário reagir contra a apreensão judicial, através de embargos de terceiro?

A questão da oponibilidade do direito do comodatário — detentor efectivo da coisa dada em arrendamento a outrem — deve ser resolvida à luz do artigo 407.° do C.C. Segundo esta norma, "quando, por contratos sucessivos, se constituírem, a favor de pessoas diferentes, mas sobre a mesma coisa, direitos pessoais de gozo incompatíveis entre si, prevalece o direito mais antigo em data, sem prejuízo das regras próprias do registo" ([550]) ([551]).

Não sendo o direito do comodatário mais antigo em data, relativamente ao direito do arrendatário (exequente), a execução

---

([550]) Como explica Henrique Mesquita, ob. cit., p. 154, nota 50, "o legislador estendeu (...) aos direitos pessoais de gozo a regra da prioridade temporal a que estão subordinados os direitos reais" — solução esta, acrescenta, que não é a mais conveniente, uma vez que "(...) nada justifica que se privilegie um dos credores e se retire ao devedor a liberdade de decidir a qual das obrigações inconciliáveis lhe interessa dar cumprimento."

Segundo o Autor, no entanto, "deve entender-se (...) que a regra do art. 407.° se aplica a todos os conflitos de direitos pessoais de gozo, quer se tenha já verificado ou não a entrega a um dos credores" (p. 156, em nota).

([551]) O C.C.I. (art. 1380), pelo contrário, atribui preferência àquele que primeiramente tiver obtido o gozo da coisa.

Sobre este ponto, *vide* G. Deiana, *Azione di spoglio contro il locatore e rapporti tra lo spogliato ed un secondo locatario,* F.I., 1947, p. 95.

pode legitimamente fazer-se com a efectiva apreensão e entrega da coisa ao segundo ([552]). Os embargos de terceiro deduzidos, no caso, pelo detentor (comodatário) estão condenados ao insucesso.

Mas se, contrariamente, o direito do comodatário for anterior ao do arrendatário (exequente), a apreensão judicial não deve efectuar-se, podendo o detentor (terceiro estranho à execução) defender a sua posição jurídica mediante a dedução de embargos de terceiro.

Numa última hipótese, se a coisa estiver em poder de um terceiro *arrendatário*, a questão da oponibilidade do direito deste detentor deve ser igualmente resolvida com base no artigo 407.º do C.C.

29. A coisa a apreender não pertence ao exequente nem ao executado, mas a um terceiro

Dois pontos comuns caracterizam as hipóteses até aqui analisadas:

1.º — O terceiro (estranho ao processo) não invoca uma posse fundada no direito de propriedade, mas, antes, uma posse exercida nos termos de um direito real limitado ou a titularidade de uma relação jurídica de mera detenção;

2.º — O terceiro faz sempre derivar os seus poderes do executado — detenção ou posse *nomine debitoris*, tentando, por esta via, legitimar a sua disponibilidade material.

([552]) Se o título executivo for oponível ao terceiro, "a execução tem obviamente de fazer-se — explica ANSELMO DE CASTRO, *A acção executiva singular, comum e especial*, p. 367 — com investimento material ou efectivo despejo, e não pela forma de mero investimento jurídico prevista na disposição em causa [o Autor refere-se ao art. 930.º, n.º 3]."

Hipóteses diferentes são aquelas em que o terceiro alega a titularidade de uma posse correspondente ao exercício do direito de propriedade.

E diferentes são também os casos (excepcionais) em que o terceiro — detentor ou possuidor — alega que o direito, legitimador da sua situação, lhe foi transmitido por outro terceiro, igualmente alheio ao processo.

I) **Terceiro possuidor efectivo**

Exemplo relativo ao primeiro grupo de casos: *A* vendeu determinado imóvel a *B*, mas este não registou a aquisição, nem entrou na posse efectiva do prédio.

Algum tempo depois, *A* vendeu o mesmo imóvel a *C*, procedendo este, de imediato, ao registo da compra e entrando, além disso, na posse material da coisa.

Imaginemos, agora, que *B*, munido do indispensável título executivo, instaura acção executiva para entrega de coisa contra o vendedor (*A*).

Neste caso, o acto judicial da apreensão vai, necessariamente, deparar com um obstáculo: a posse de *C*, fundada no direito de propriedade. Pergunta-se: poderá *C*, contra a apreensão judicial (ordenada ou efectivada), recorrer a embargos de terceiro, com o intuito de tutelar a sua posse?

Sendo os embargos efectivamente deduzidos, o embargado — no caso, *B* — tem a possibilidade de alegar a denominada *exceptio dominii*.

Mas esta excepção está irremediavelmente condenada à improcedência.

Contra a posse alegada pelo embargante, *B* teria de alegar a titularidade de um direito de propriedade oponível *erga omnes*. Ora, isso não é, no caso, juridicamente possível, porque *B* e *C* são terceiros para efeitos de registo, em virtude de terem adquirido do mesmo transmitente (*A*) direitos totalmente incompatíveis sobre o mesmo objecto e, segundo o princípio registal da prioridade, consagrado no artigo 6.º do C.R.P., o direito que prevalece é o daquele que primeiramente procedeu ao registo da aquisição.

No exemplo apresentado, portanto, o embargado não pode opor o seu direito ao embargante.

II) Detenção exercida por outrem, em nome do terceiro

Ocupemo-nos agora das hipóteses em que o terceiro fundamenta a detenção, exercida sobre a coisa, numa relação jurídica estabelecida com outro terceiro estranho ao processo.

Partindo do exemplo anterior, suponhamos que o comprador que registou o seu direito (*C*) deu o imóvel de arrendamento a *D*, passando este a deter, na qualidade de arrendatário, o prédio.

Instaurada pelo comprador que não promoveu o registo (*B*) uma execução para entrega de coisa certa contra o vendedor (*A*), surge como obstáculo à apreensão, além do direito de *C*, a detenção material do arrendatário.

Poderá este último opor-se, por si só, à apreensão, através de embargos de terceiro, alegando a existência de um contrato de arrendamento celebrado com um terceiro proprietário estranho ao processo?

O ponto foi já tratado no âmbito deste trabalho. Trata-se, afinal, daquelas hipóteses — segundo a terminologia usada por ANSELMO DE CASTRO — em que a detenção do terceiro procede *aliunde*.

Nestes casos, para este Autor, "é impossível haver investimento material ou simplesmente jurídico do exequente na posse, por o impedir o direito conflituante do detentor ou do respectivo possuidor em nome próprio."

E acrescenta: "Impossível é, *v.g.*, o detentor ser notificado para que respeite e reconheça o direito do exequente, pois outro direito ou posição jurídica lhe não cumpre respeitar senão o do respectivo possuidor em nome próprio."

Nesta hipótese, ainda segundo o mesmo Autor, "logo *ex officio* cumprirá ao tribunal negar a efectivação do acto executivo" ([553]).

Mas este entendimento necessita de ser convenientemente explicitado.

A referida atitude do tribunal — a recusa da prática de um acto que pode vir a traduzir-se num autêntico esbulho — só é concebível se a situação oponível lhe for levada ao conhecimento pelos terceiros que, através da apreensão da coisa, podem vir a ser prejudicados.

Que terceiros, afinal?

O possuidor mediato ou em nome próprio (no caso, o locador) e o detentor (o arrendatário).

Ora, estes, conjunta ou isoladamente, podem reagir, como tivemos já oportunidade de sustentar, através de embargos de terceiro.

Problema complexo coloca-se nas hipóteses em que, sendo os embargos deduzidos, a título singular, pelo detentor ou possuidor *nomine alieno*, o embargado, na contestação, invoca a *exceptio dominii*.

Como já tivemos oportunidade de defender, nos casos em que esta *exceptio* se traduz num *pedido reconvencional*, a respectiva acção de domínio tem de seguir contra o terceiro possuidor mediato, devendo ser requerida a sua intervenção principal.

A falta de intervenção e de contestação, por parte deste, conduzem à improcedência dos embargos de terceiro.

Na eventualidade de a *exceptio* não se traduzir numa reconvenção, mas, antes, numa pura excepção, o embargado tem de provar o direito alegado.

Recordemos que, nesta segunda hipótese, o possuidor em nome próprio pode intervir espontaneamente ou de forma provocada no processo de embargos.

([553]) Ob. cit., p. 366.

30. Regime da oposição no âmbito da execução do despejo

Fizemos referência — no capítulo III (Parte I) do presente trabalho — à execução do despejo como uma execução especial para entrega de coisa.

Interessa, neste momento, analisar, de forma sumária, as situações em que um terceiro, estranho à acção, pode legitimamente opor-se ao acto executivo da apreensão do imóvel.

No artigo 60.º, n.º 1, do R.A.U., o legislador estabelece, com clareza, que "o mandado de despejo é executado seja quem for o detentor do prédio" ([554]).

Logo, contudo, no n.º 2 deste preceito é prevista, como assinalámos, a possibilidade de o executor sobrestar no despejo.

O funcionário judicial poderá tomar tal decisão a pedido de um terceiro, estranho ao processo, que se encontre na disponibilidade material do imóvel.

O terceiro terá — nos termos da lei — de exibir um dos seguintes títulos:

1.º — De arrendamento, emanado do exequente;
2.º — De outro gozo legítimo, emanado do exequente;
3.º — De subarrendamento, emanado do executado;
4.º — De cessão da posição contratual, emanado do executado.

Nas duas últimas hipóteses é ainda necessário juntar "documento comprovativo de haver sido requerida no prazo de 15 dias a respectiva notificação ao senhorio ou de o senhorio ter especialmente autorizado o subarrendamento ou a cessão, ou de o senhorio ter reconhecido o subarrendatário ou cessionário como tal" (art. 60.º, n.º 2, al. b), do R.A.U.).

As especialidades da suspensão, ocorrida com base nestes fundamentos, já foram por nós referidas, pelo que se torna desnecessário expô-las aqui de novo ([555]).

---

[554] Note-se a analogia com a disposição contida no artigo 831.º.
[555] *Vide supra*, p. 127 e ss.

Diga-se, ainda, que contra o despacho judicial ordenatório do despejo podem ser deduzidos embargos de terceiro preventivos, com fundamento no artigo 359.º.

E contra a execução, já consumada, do mandado de despejo pode reagir-se através de embargos repressivos.

Questão controvertida é a de saber se o cônjuge do arrendatário — não demandado na acção de despejo — pode opor-se à respectiva execução através de embargos de terceiro.

Exemplo: *A* intenta contra *B*, seu inquilino, uma acção de despejo, pedindo que o tribunal decrete a resolução do contrato de arrendamento (habitacional) existente entre ambos.

A acção vem a ser julgada procedente, transitando em julgado.

O ex-inquilino (*B*), desrespeitando a ordem do tribunal, recusa-se a entregar o imóvel e *A* requer o efectivo despejo.

Executado o despejo, a mulher de *B,* não demandada na acção, deduz embargos de terceiro repressivos.

Não sendo a embargante contitular do arrendamento, entretanto já extinto judicialmente, poderão os embargos ser julgados procedentes?

O artigo único da Lei n.º 35/81, de 27 de Ago., estabelece (n.º 1) que "(...) devem ser propostas contra o marido e a mulher as acções que possam implicar a perda de direitos que só por ambos ou com o consentimento de ambos possam ser alienados, designadamente as acções que tenham por objecto directa ou indirectamente a casa de morada de família."

Esta norma, ao impor, em certos casos, o litisconsórcio necessário passivo dos cônjuges, contém uma exigência de ordem estritamente processual [556].

É compreensível o regime legal: pretende-se, além do mais, que o cônjuge do arrendatário intervenha no processo, evitando-

---

[556] Não atribui ao cônjuge nenhum direito de natureza substantiva. Cfr. o Ac. do S.T.J. de 28 de Maio de 1986, B.M.J., n.º 357, p. 347.
Vide, também, o Ac. do S.T.J. de 6 de Mar. de 1986, B.M.J., n.º 355, p. 350.

-se, desta forma, o perigo de uma oposição negligente ou de um conluio entre o senhorio e o cônjuge arrendatário.

Mas a verdade é que os embargos de terceiro, tal como estão configurados, não podem considerar-se o meio próprio para reagir contra a violação da regra do litisconsórcio necessário [557].

O êxito dos embargos teria de assentar na alegação, pelo terceiro, de uma detenção fundada num direito oponível ao exequente (senhorio). Ora, no caso presente não existe esse fundamento.

Senão vejamos.

O artigo 83.º do R.A.U. dispõe que "seja qual for o regime matrimonial, a posição do arrendatário não se comunica ao cônjuge (...)" [558].

Locatário é, tão-só, o cônjuge que celebrou o contrato de arrendamento [559].

Qual a posição do cônjuge não arrendatário?

É a de um detentor ou possuidor precário [560].

---

[557] A este respeito, escreve TEIXEIRA DE SOUSA, *A acção de despejo,* p. 82: "Caso tenha havido qualquer conluio entre as partes da acção para prejudicar o cônjuge não interveniente, o tribunal, se se aperceber dessa simulação, deve obstar à continuação da acção e extinguir a instância (art. 665.º CPC) e (...), se isso não suceder, o cônjuge não demandado pode sempre deduzir contra a sentença de despejo o recurso extraordinário de oposição de terceiro (art. 778.º, n.º 1, CPC)."

[558] Esta incomunicabilidade nada tem a ver com a possibilidade de a posição do arrendatário habitacional poder, no caso de divórcio ou de separação de pessoas e bens, vir a ser atribuída ao cônjuge não arrendatário, ou, ainda, com a possibilidade de, por morte do arrendatário, o cônjuge viúvo lhe poder suceder no arrendamento (arts. 84.º e 85.º do R.A.U.). Cfr. o Ac. do S.T.J. de 29 de Jun. de 1989, B.M.J., n.º 388, p. 471.

[559] "(...) A posição de arrendatário é sempre própria do cônjuge arrendatário, mesmo que o regime patrimonial admita uma comunhão de bens": TEIXEIRA DE SOUSA, ob. cit., p. 81.

[560] "O cônjuge do arrendatário — citamos, de novo, TEIXEIRA DE SOUSA, ob. cit., p. 81, analisando o problema sob o ponto de vista estritamente substantivo —, não é titular de qualquer direito que legitime a sua posse e, por isso, é um mero detentor ou possuidor de facto. Por esse motivo, como o cônjuge do arrendatário não tem a posse titulada requerida como fundamento dos embargos de terceiro (...), esse cônjuge não pode embargar de terceiro."

TEIXEIRA DE SOUSA acabava, no entanto, por admitir, na p. 82, a dedução

Poderemos ir um pouco mais longe e considerá-lo titular de um direito pessoal de gozo — do direito de usar e fruir o imóvel, que lhe é assegurado pelo artigo 76.º do R.A.U.

À luz deste entendimento, terá sentido estender-lhe o meio dos embargos de terceiro?

Entendemos que não.

O cônjuge do arrendatário não tem o direito de fazer valer, autonomamente, a sua posição. Trata-se, afinal de contas, de uma *posição subordinada à do cônjuge arrendatário* — o direito de residir no prédio depende da subsistência do contrato de arrendamento [561] [562].

---

de embargos de terceiro pelo cônjuge não demandado para a acção de despejo, uma vez que, para o Autor, em face da anterior redacção dos artigos 351.º, al. *a*), e 356.º, esse cônjuge não podia intervir espontaneamente na acção, nem podia ser chamado para ela pelo cônjuge demandado.

No entanto, com a Reforma de 1995-96 não pode pôr-se em dúvida que o instituto da intervenção (espontânea e provocada) tanto vale os casos de litisconsórcio voluntário, como para os casos de litisconsórcio necessário (como no caso em análise) (*vide* a actual redacção do art. 320.º, al. *a*)).

[561] Trata-se de um contrato com efeitos reflexos sobre terceiros. Cfr. ANTUNES VARELA, *Das obrigações em geral,* vol. I, p. 422 e s.

[562] Referindo-se à posição da doutrina alemã sobre este problema, escreve LEBRE DE FREITAS, *A acção executiva,* p. 325, nota 35: entende-se "dominantemente, em paralelo com o que entre nós está legislado, que o cônjuge do arrendatário, a pessoa que com ele viva maritalmente e outros conviventes com o arrendatário em comunhão de habitação estão sujeitos ao despejo, a menos que tenham também um título de arrendamento (emanado do exequente) ou de subarrendamento (emanado do executado) e o título executivo não os abranja (...)."

Neste sentido, e na jurisprudência alemã, pode ver-se, por exemplo, a decisão do *Landgericht* de Tübingen de 15 de Jul. de 1964, *Juristenzeitung,* 1965, pp. 107 a 108, onde se expõe o entendimento de que a "posse" do cônjuge não contraente (não arrendatário) deriva da posição do cônjuge arrendatário, e se conclui que, uma vez extinto o contrato, a "posse" dependente também se extingue (*der akzessorische Mitbesitz erlischt*) e, portanto, a execução pode seguir legitimamente contra o primeiro.

Para F. BAUR, em anotação à decisão citada (*Juristenzeitung,* 1965, pp. 108 a 109), tudo está em saber se a lei permite que o título executivo, eficaz relativamente ao cônjuge arrendatário, pode alargar a sua eficácia ao outro cônjuge e aos familiares que com ele habitem.

Ora, uma vez extinto este contrato, aqueles que, nos termos do citado artigo 76.º do R.A.U. "podem residir no prédio" deixam de ter qualquer direito.

Em síntese, a sua posição subordinada não pode ser feita valer autonomamente através de embargos. ([563]) ([564]).

O Autor encontra no § 885, par. 2.º, da ZPO um argumento favorável a tal extensão.

Em defesa deste entendimento, veja-se também E. SCHILKEN, *Stellungnahme zu einigen Vorschlägen der Länderarbeitsgruppe zur Überarbeitung des Vollstreckungsrechts*, ZZP, 1992, p. 427 e s., O. JAUERNIG, *Zwangsvollstreckungs-und Insolvenzrecht*, p. 119, e C.G. PAULUS, *Zivilprozeßrecht*, p. 271.

Em artigo sobre o tema, J. BRAUN, *Vollstreckungsakte gegen Drittbetroffene*, AcP, 1996, fasc. 6, p. 586 e s., defende que *apenas* poderá opor--se à execução aquele que tenha, sobre o objecto desta, um direito. Assim, o terceiro titular de uma posição no contrato de arrendamento (cônjuge arrendatário) exerce uma detenção legítima sobre o imóvel e, não existindo título executivo contra ele, tem o direito de defender-se mediante a *Drittwiderspruchsklage*.

Contra esta corrente maioritária, há quem defenda que é necessária a existência de um título executivo de despejo mesmo contra o cônjuge não arrendatário. Neste sentido, H.-M. PAWLOWSKI, *Zur Vollstreckung in Wohngemeinschaften*, N.J.W., 1981, p. 670, R. BRUNS/E. PETERS, *Zwangsvollstreckungsrecht*, p. 286, e G. BRUNN, *Die Zwangsräumung von Wohnraum*, N.J.W., 1988, p. 1362 e ss.

([563]) Veja-se, neste sentido, REMÉDIO MARQUES, *Curso de processo executivo comum à luz do Código revisto,* p. 125 (nota 355) e SALVADOR DA COSTA, *Os incidentes da instância,* pp. 189-192.

([564]) Contra, e em defesa da procedência dos embargos de terceiro deduzidos pelo cônjuge não arrendatário, *vide* os Acs. da Relação de Lisboa de 14 de Jul. de 1987, C.J. 1987, t. IV, p. 134 e s., e da Relação do Porto de 5 de Jul. de 1988, sumariado no B.M.J., n.º 379, p. 643.

E neste sentido pode ver-se também o recente Ac. do S.T.J. de 17 de Jun. de 1997, C.J. (Acs. do S.T.J.) 1997, t II, p. 130 e ss.

O S.T.J. decidiu que a mulher do locatário — não demandada na acção do despejo — pode opor-se posteriormente através de embargos de terceiro.

Se assim não fosse, diz-se, ficaria "sem possibilidade de defender o direito que a dita Lei n.º 35/81 expressamente lhe concedeu ao impor que, em tal caso, fosse demandada para defender o gozo do andar locado ao marido."

Por outro lado, ainda segundo este Ac., "o decidido encontra agora suporte no actual Código de Processo Civil, que permite ao cônjuge que tenha a posição de terceiro, sem autorização do outro, defender por meio de

Diferentes são as hipóteses em que o contrato de arrendamento se comunica ao cônjuge não arrendatário, como sucede no arrendamento rural (565) e no arrendamento comercial (566).

Sempre que deva concluir-se que o direito de arrendamento se insere na esfera dos bens comuns do casal, ao cônjuge não arrendatário — que não tenha intervindo na acção de despejo — deve possibilitar-se a defesa, através de embargos, da sua detenção legítima.

---

embargos direitos relativamente aos bens próprios e aos bens comuns que hajam sido indevidamente atingidos por qualquer acto, judicialmente ordenado, de entrega de bens — arts. 352.º e 351.º, n.º 1 desse Código."

Que dizer dos argumentos do S.T.J.?

Em primeiro lugar, a inadmissibilidade, no caso, dos embargos de terceiro — pelas razões que expusemos — não afasta, em absoluto, a defesa do cônjuge não demandado. Este, na fase declarativa da acção de despejo, tem a possibilidade de intervir espontaneamente no processo ou de ser para ele chamado (*vide* os arts. 320.º, al. *a*) e 325.º).

Há ainda o meio excepcional regulado no artigo 778.º, no caso de "conluio entre as partes da acção para prejudicar o cônjuge não interveniente" (cfr. Teixeira de Sousa, ob cit., p. 82).

Em segundo lugar, entendemos que o artigo 352.º não resolve o problema no sentido da admissibilidade, na hipótese em causa, dos embargos de terceiro. Este preceito vale para as hipóteses em que a coisa, objecto da execução, é um bem próprio ou comum do cônjuge não demandado. Portanto, sobre a coisa há-de incidir um direito material deste cônjuge.

Ora, como vimos, nos termos do artigo 83.º do R.A.U., "seja qual for o regime matrimonial, a posição do arrendatário não se comunica ao cônjuge (...)." Quer dizer, locatário é apenas o cônjuge que, com o senhorio, celebrou o contrato de arrendamento.

(565) *Vide*, a propósito, os Acs. da Relação de Lisboa de 26 de Nov. de 1985, C.J. 1985, t. V, p. 94 e s., e da Relação do Porto de 18 de Jun. de 1998, C.J. 1998, t. III, p. 205 e ss.

(566) "A mulher casada, que não tenha sido demandada na acção de despejo — diz-se no Ac. do S.T.J. de 20 de Out. de 1988, B.M.J., n.º 380, p. 436 — pode na execução do despejo, como contitular do património comum do qual faz parte o direito ao arrendamento [arrendamento comercial], e no caso de ser ofendida a sua posse, deduzir embargos de terceiro nos termos dos artigos 1037.º, n.º 1, e 1038.º, n.º 1, do Código de Processo Civil."

BIBLIOGRAFIA

ABREU, Jorge Manuel Coutinho de
— *Curso de direito comercial.* 2.ª ed., vol. I Coimbra: Livr. Almedina, 2000.

ALARCÃO, Rui de
— *Direito das obrigações* (texto elaborado por J. Sousa Ribeiro; J. Sinde Monteiro; Almeno de Sá e J.C. Proença, com base nas lições do Prof. Doutor Rui de Alarcão ao 3.º ano jurídico). Coimbra, 1983.

ALLORIO, Enrico/COLESANTI, Vittorio
— "Esecuzione forzata" (diritto processuale civile). In *Novissimo Digesto Italiano.* Vol. VI, pp. 725-746.

ALMEIDA, Carlos Ferreira de
— *Publicidade e teoria dos registos.* Coimbra: Livr. Almedina, 1966.

ANDRADE, Manuel A. Domingues de
— *Lições de processo civil* (texto elaborado por T. Moreno; S. Seco e P. A. Junqueiro). Coimbra: Casa do Castelo Ed., 1945.
— *Teoria geral das obrigações* (com a colaboração de Rui de Alarcão). Coimbra: Livr. Almedina, 1958.
— *Teoria geral da relação jurídica.* 3.ª reimp., vols. I e II. Coimbra: Livr. Almedina, 1972.
— *Noções elementares de processo civil.* Coimbra: Coimbra Ed., 1976.

ANDRIOLI, Virgilio
— *Opposizione del terzo acquirente d'immobile ipotecato all'esecuzione.* Rivista di Diritto Processuale. Padova, 1964, vol. XIX, pp. 456-468.

ARE, Mario
— "Beni immateriali". In *Enciclopedia del Diritto.* Milano: Giuffrè. Vol V, pp. 244-270.

ARENS, Peter/LÜKE, Wolfgang
— *Zivilprozeßrecht* (*Erkenntnisverfahren; Zwangsvollstreckung*). 5.ª ed., München: C.H. Beck, 1992.

ASCENSÃO, José de Oliveira
— *Direito civil – reais.* 5.ª ed. Coimbra: Coimbra Ed., 1993.
— *Locação de bens dados em garantia. Natureza jurídica da locação.* Revista da Ordem dos Advogados. Lisboa: Ordem dos Advogados, 1985, pp. 345-390.
— *Direito Civil – Teoria Geral.* Vol. I. Coimbra: Coimbra Ed., 1997.

ASCENSÃO, José de Oliveira/SILVA, Paula Costa e
— *Anotação ao Ac. do S.T.J. de 8 de Maio de 1991*. Revista da Ordem dos Advogados. Lisboa: Ordem dos Advogados, 1992, pp. 193-226.

AUBY, Jean-Bernard
— "L'exécution avec le concours de la puissance publique". In *La réforme des procédures civiles d'exécution*. Paris: Sirey, 1993, pp. 123--134.

BAPTISTA, José João
— *A acção executiva*. 6.ª ed. Lisboa: S.P.B. Ed., 1997.

BARASSI, Lodovico
— *Diritti reali e possesso*. Vol. II. Milano: Giuffrè, 1952.

BAUMBACH, Adolf/LAUTERBACH, Wolfgang/ALBERS, Jan/HARTMANN, Peter
— *Zivilprozeßordnung*. Vol. I. 55.ª ed. München: C.H. Beck, 1997.

BAUR, Fritz
— *Anotação à sentença do Landgericht de Tübingen de 15 de Jul. de 1964*. Juristenzeitung. Tübingen: J.C.B. MOHR, 1965, pp. 108-109.

BEAUCHARD, Jean
— "Le logement et les procédures civiles d'exécution". In *La réforme des procédures civiles d'exécution*. Paris: Sirey, 1993, pp. 109-122.

BLOMEYER, Arwed
— *Zivilprozeßrecht-Vollstreckungsverfahren*. Berlin: Springer, 1975.

BRAUN, Johann
— *Vollstreckungsakte gegen Drittbetroffene*. Archiv für die civilistische Praxis. Tübingen, 1996, pp. 557-592.

BROX, Hans/WALKER, Wolf-D.
— *Zwangsvollstreckungsrecht*. 2.ª ed. Köln: Carl Heymanns, 1990.

BRUNN, Gerhard
— *Die Zwangsräumung von Wohnraum*. Neue Juristische Wochenschrift. München: C.H. Beck, 1988, pp. 1362-1364.

BRUNS, Rudolf/PETERS, Egbert
— *Zwangsvollstreckungsrecht*. 3.ª ed. München: Vahlen, 1987.

CALIENDO, Leopoldo
— *Il terzo possessore e il terzo datore d'ipoteca nel processo esecutivo*. Giurisprudenza Italiana. 1937, vol. LXXXIX, pp. 429-436.

CAPELO, Maria José de Oliveira
— *Breves considerações sobre a legitimidade do terceiro garante e do possuidor de bens onerados pertencentes ao devedor (art. 56.º do CPC)*. Revista Jurídica da Universidade Moderna. Ano I, 1998, pp. 289-303.

CARDOSO, Eurico Lopes
— *Manual da acção executiva*. 3.ª ed., reimp. Coimbra: Livr. Almedina, 1992.

CARLOS, Adelino da Palma
— *Direito processual civil* (acção executiva). Lisboa: Associação Académica da F.D.L., 1970.
— *Embargos de terceiro (posse; quotas sociais)*. Parecer publicado na C. J. 1983, t. I, pp. 7-9.

CARNEIRO, José Gualberto Sá
— *Dos meios possessórios (embargos de terceiro)*. Revista da Ordem dos Advogados. Lisboa: Ordem dos Advogados, 1950, pp. 415-418.

CARNELUTTI, Francesco
— *Lezioni di diritto processuale civile*. Vol. II. Padova: La Litotipo, 1922.
— *Lezioni di diritto processuale civile*. Vol. IV. Padova: La Litotipo, 1925.
— *Lezioni di diritto processuale civile (processo di esecuzione – II)*. Padova: Cedam, 1931.

CARVALHO, Orlando de
— *Critério e estrutura do estabelecimento comercial*. Vol. I. Coimbra: Atlântida Ed., 1967.
— *Direito das coisas*. Coimbra: Centelha, 1977.
— *Introdução à posse*. Revista de Legislação e de Jurisprudência. Coimbra: Coimbra Ed., Ano 122.º, p. 65 e ss.

CASTRO, Artur Anselmo de
— *A acção executiva singular, comum e especial*. 3.ª ed. Coimbra: Coimbra Ed., 1977.
— *Direito processual civil declaratório*. Vol. I. Coimbra: Livr. Almedina, 1981.
— *Direito processual civil declaratório*. Vol. III. Coimbra: Livr. Almedina, 1982.

COELHO, Francisco Manuel Pereira
— *Direito das sucessões*. Coimbra, 1974.
— *Arrendamento* (direito substantivo e processual), lições ao curso do 5.º ano de Ciências-Jurídicas no ano lectivo de 1988-1989. Coimbra, 1988.

COMOGLIO, Luigi Paolo
— *L'individuazione dei beni da pignorare*. Rivista di Diritto Processuale. Milão: Cedam, 1992, pp. 83-134.

CORDEIRO, António Menezes
— *Direitos reais*. Vols. I e II, in Cadernos de Ciência e Técnica Fiscal, n.º 114. Lisboa: Imprensa Nacional – Casa da Moeda, 1979.
— *A posse: perspectivas dogmáticas actuais*. 3.ª ed. Coimbra: Livr. Almedina, 2000

CORREIA, A. Ferrer
— *Lições de direito comercial*, vol. I (lições ao 4.º ano jurídico de 1972-73, com a colaboração de Manuel Henrique Mesquita e António A. Caeiro), Coimbra, 1973.

— *Reivindicação do estabelecimento comercial como unidade jurídica*. Revista de Legislação e de Jurisprudência. Coimbra: Coimbra Ed., Ano 89.°, p. 264 e ss.
— *Temas de direito comercial e direito internacional privado*. Coimbra: Livr. Almedina, 1989.

COSTA, Mário Júlio de Almeida
— *Direito das obrigações*. 8.ª ed. Coimbra: Livr. Almedina, 2000.
— *Contrato-promessa. Uma síntese do regime vigente*. 7.ª ed. Coimbra: Livr. Almedina, 2001.
— *Anotação ao Ac. do S.T.J. de 15 de Março de 1994*. Revista de Legislação e de Jurisprudência. Coimbra: Coimbra Ed., Ano 127.°, pp. 215-217.

COSTA, Salvador da
— *Os incidentes da instância*. 2.ª ed. Coimbra: Livr. Almedina, 1999.

COUCHEZ, Gérard
— *Voies d'exécution*. 4.ª ed. Paris: Dalloz, 1996.

CRUZ, Sebastião Costa
— *Direito romano* (Ius Romanum). 4.ª ed. Coimbra, 1984.

CUNHA, Paulo
— *Sobre a função preventiva dos embargos de terceiro*. Revista de Direito e de Estudos Sociais. Coimbra: Atlântida Ed., 1945/1946, pp. 77-92.

DEIANA, Giommaria
— *Azione di spoglio contro il locatore e rapporti tra lo spogliato ed un secondo locatario*. Il Foro Italiano. Roma, 1947, pp. 94-103.
— *Detenzione ed azione di spoglio*. Il Foro Italiano. Roma, 1947, pp. 884--889.

DENTI, Vittorio
— *L'esecuzione forzata in forma specifica*. Milano: Giuffrè, 1953.

FAZZALARI, Elio
— *Successione nel diritto controverso*. Rivista di Diritto Processuale. Padova: Cedam, 1979, pp. 521-535.
— *Lezioni di diritto processuale civile*. Vol. II. Padova: Cedam, 1986.
— *Istituzioni di diritto processuale*. 5.ª ed. Padova: Cedam, 1989.

FERNANDES, Luís A. Carvalho/LABAREDA, João
— *Código dos Processos Especiais de Recuperação da Empresa e de Falência, anotado*. 3.ª ed. Lisboa: Quid Juris, 1999.

FERREIRA, Fernando Amâncio
— *Curso de processo de execução*. 2.ª ed. Coimbra: Livr. Almedina, 2000.

FIGUEIRA, Eliseu
— *Função inovadora dos embargos de terceiro no Código de Processo Civil revisto*. C. J. (Acs. do S.T.J.) 1997, t. V, pp. 6-10.

FONSECA, Joaquim Taveira da
— *Anotação ao Ac. do S.T.J., de 8 de Dezembro de 1988*. Boletim do Conselho Distrital do Porto da Ordem dos Advogados. Porto: Ordem dos Advogados. 1992, n.º 2, pp. 6-7.

FREITAS, José Lebre de
— *O contrato-promessa e a execução específica (comentário a uma decisão judicial)*. Boletim do Ministério da Justiça, n.º 333, pp. 13-24.
— *A confissão no direito probatório*. Coimbra: Coimbra Ed., 1991.
— *A penhora de bens na posse de terceiros*. Revista da Ordem dos Advogados. Lisboa: Ordem dos Advogados, Abr.-Jun. 1992, pp. 313-339.
— *Acção executiva e caso julgado*. Revista da Ordem dos Advogados. Lisboa: Ordem dos Advogados, 1993, pp. 225-250.
— Revisão do processo civil. Revista da Ordem ds Advogados. Lisboa: Ordem dos Advogados, Jul. 1995, pp. 417-518.
— *A acção executiva*. 3.ª ed. Coimbra: Coimbra Ed., 2001.
— *Código de processo civil anotado* (com J. REDINHA e R. PINTO). vol. 1.º Coimbra: Coimbra ed., 1999.

GARBAGNATI, Edoardo
— *L'esecuzione forzata immobiliare contro il terzo possessore e il suo soggetto passivo*. Rivista di Diritto Processuale Civile. Padova: Cedam, 1936, vol. XIII, pp. 117-132.
— *Azione ed interesse*. JUS (Rivista di Scienze Giuridiche). Milano: U.C.S.C., 1955, pp. 316-349.

GERALDES, António Santos Abrantes
— *Temas da reforma do processo civil*. Vol. II. 3.ª ed. Coimbra: Livr. Almedina, 2000.

GIL, Antonio Hernández
— *La posesión*. Madrid: Civitas, 1980.

GOLDSCHMIDT, James
— *Derecho procesal civil*. Barcelona: Labor, 1936.

GONÇALVES, A. Luís
— *O direito de retenção e a sua aplicação aos contratos de promessa*. Revista de Direito e de Estudos Sociais. Coimbra: Livr. Almedina, Jul./Set. 1988, pp. 273-284.

GRASSO, Eduardo
— *Note per un rinnovato discorso sull'interesse ad agire*. JUS (Rivista di Scienze Giuridiche). Milano: U.C.S.C., 1968, pp. 349-374.

GUALANDI, Angelo
— *Responsabilità per l'espropriazione e per il sequestro dei beni di un terzo*. Rivista Trimestrale di Diritto e Procedura Civile. Milano: Giuffrè, 1960, pp. 1435-1481.

GUERREIRO, José Augusto Mouteira
— *Noções fundamentais de direito registral (predial e comercial)*. 2.ª ed. Coimbra: Coimbra Ed., 1994.

HENCKEL, Wolfram
— *Prozessrecht und materielles Recht*. Göttigen: Otto Schwartz & Co., 1970.

HÖRSTER, Heinrich Ewald
— *A parte geral do Código Civil português*. Coimbra: Livr. Almedina, 1992.

JAUERNIG, Othmar
— *Zivilprozeßrecht*. 23.ª ed. München: C.H. Beck, 1991.
— *Zwangsvollstreckungs-und Insolvenzrecht*. 20.ª ed. München: C.H. Beck, 1996.

JUSTO, António dos Santos
— *Direito Privado Romano – I. Parte Geral (Introdução. Relação jurídica. Defesa dos direitos)*. Coimbra: Coimbra Ed., 2000.

LIEBMAN, Enrico Tullio
— *Il titolo esecutivo riguardo ai terzi*. Rivista di Diritto Processuale civile. Padova: Cedam, 1934, pp. 127-159.
— *Le opposizioni di merito nel processo d'esecuzione*. Roma, 1936.
— *Execução e acção executiva*. Separata da Revista Forense. Rio de Janeiro, 1943.
— *Processo de execução*. São Paulo: Livr. Saraiva, 1946.

LIMA, F. A. Pires de/VARELA, J. de Matos Antunes
— *Código Civil anotado*. 4.ª ed. Vol. I. Coimbra: Coimbra Ed., 1987.
— *Código Civil anotado*. 4.ª ed. Vol. II. Coimbra: Coimbra Ed., 1997.
— *Código Civil anotado*. 2.ª ed. Vol. III. Coimbra: Coimbra Ed., 1984.

LUGO, Andrea
— *Manuale di diritto processuale civile*. 11.ª ed. Milano: Giuffrè, 1995.

LUISO, Francesco Paolo
— *Efficacia "ultra partes" dell'ordine di rilascio e opposizione all'esecuzione*. Giustizia Civile. Milano: Giuffrè, 1981, pp. 413-417.
— *L'esecuzione "ultra partes"*. Milano: Giuffrè, 1984.
— *Novità della S.C. sulla legittimazione del terzo detentore all'opposizione ex art. 615 c.p.c. nell'esecuzione per consegna e rilascio*. Rivista di Diritto Processuale. Padova: Cedam, 1986, vol. XLI, pp. 965-971.

LÜKE, Gerhard
— *Die Übereignung der gepfändeten Sache durch den Gerichtsvollzieher*. Zeitschrift für Zivilprozeß. Köln/Berlin, 1954, pp. 356-371.
— *Zwangsvollstreckungsrecht*. 2.ª ed. München: C.H. Beck, 1993.

MACHADO, João Baptista
— *Introdução ao direito e ao discurso legitimador.* Coimbra: Livr. Almedina, 1983.

MANDRIOLI, Crisanto
— *Sull'efficacia del titolo esecutivo di rilascio rispetto ai terzi detentori.* Rivista di Diritto Processuale. Padova: Cedam, 1951, pp. 229-245.
— *Il terzo nel procedimento esecutivo.* Rivista di Diritto Processuale. Padova: Cedam, 1954, pp. 159-199.
— "Esecuzione per consegna o rilascio". In *Novissimo Digesto Italiano.* 1957, vol. VI, pp. 701-713.
— *Legittimazione ad agire in executivis e successione nel credito.* Rivista Trimestrale di Diritto e Procedura Civile. Milano: Giuffrè, 1957, pp. 1351-1370.
— *In tema di rapporti tra estensione soggettiva del giudicato ed estensione soggettiva del titolo esecutivo.* Rivista di Diritto Processuale. Padova: Cedam, 1985, vol. XL, pp. 448-480.
— *In tema di esecuzione per consegna o rilascio contro il terzo possessore o detentore.* Rivista di Diritto Civile. Padova: Cedam, 1985, pp. 579--600.

MARQUES, João Paulo Remédio
— *Curso de processo executivo comum à face do código revisto.* Coimbra: Livr. Almedina, 2000.
— *A penhora e a reforma do processo civil (em especial a penhora de depósitos bancários e do estabelecimento).* Lisboa: Lex, 2000.

MARQUES, J. Dias
— *Prescrição aquisitiva.* Vol. I. Lisboa, 1960.

MARTINO, Francesco de
— "Del possesso". In *Commentario del codice civile a cura di A. Scialoja e G. Branca.* 2.ª ed., vol. III. Bologna: N.Z., 1955.

MAZZARELLA, Ferdinando
— "Esecuzione forzata" (diritto vigente). In *Enciclopedia del Diritto.* Milano: Giuffrè, vol. XV, pp. 448-474.

MENDES, Armindo Ribeiro/FREITAS, José Lebre de
— *Parecer da Comissão de Legislação da Ordem dos Advogados sobre o anteprojecto do Código de Processo Civil.* Revista da Ordem dos Advogados. Lisboa: Ordem dos Advogados. Set. 1989, pp. 613--666.

MENDES, Isabel Pereira
— *Hipoteca e venda de bens penhorados ou arrestados.* Revista de Notariado, Registo Predial e Crítica Jurídica. Ano 64.º, pp. 24-27.

— *Código do Registo Predial anotado*. 11.ª ed. Coimbra: Livr. Almedina, 2000.
— *Estudos sobre registo predial*. Coimbra: Livr. Almedina, 1999.

MENDES, João de Castro
— *Direito processual civil*. Vol. III. Lisboa: Associação Académica, 1989.

MESQUITA, José de Andrade
— "Consignação de rendimentos ou anticrese: alguns aspectos do seu regime e natureza jurídica". In *Boletim do Conselho Nacional do Plano*. N.º 21, 1990, pp. 143-155.
— *Direitos pessoais de gozo*. Coimbra: Livr. Almedina, 1999.

MESQUITA, Manuel Henrique
— *Direitos reais*. Coimbra: lições polic., 1966/1967.
— *Acção possessória e invocação do direito de propriedade. Servidão constituída por destinação do pai de família*. Revista de Direito e de Estudos Sociais. Coimbra: Atlântida Ed., Abr./Dez.1973, pp. 347-358.
— "A posse". In *Enciclopédia pólis*. Vol. 4, pp. 1427-1434.
— *Obrigações reais e ónus reais*. Coimbra: Livr. Almedina, 1990.
— *Anotação ao Ac. do S.T.J. de 29 de Setembro de 1992*. Revista de Legislação e de Jurisprudência. Coimbra: Coimbra Ed., Ano 125.º, p. 277 e ss.

MESSINEO, Francesco
— *Manuale di diritto civile e commerciale*. 9.ª ed. Milano: Giuffrè, 1965.

MICCOLIS, Giuseppe
— *Sulla legittimazione del terzo acquirente del bene pignorato*. Rivista di Diritto Processuale. Padova: Cedam, 1987, pp. 467-487.

MICHELI, Gian Antonio
— "*Sulla decorrenza degli effetti del pignoramento immobiliare*." In *Scritti giuridici in onore della Cedam*. Padova: Cedam, 1953, vol. I, pp. 461--467.

MONTEL, Alberto
— *Osservazioni sullo spoglio compiuto per mezzo di ufficiale giudiziario*. Il Foro Padano. Milano: Fratelli Bocca, 1951, pp. 463-466.

MONTELEONE, Girolamo
— *Riflessioni sulla tutela esecutiva dei diritti di credito*. Rivista del Diritto Commerciale, 1977, pp. 63-127.

MONTESANO, Luigi
— *Condanna civile e tutela esecutiva*. 2.ª ed. Napoli: E. JOVENE, 1965.
— "Esecuzione specifica". In *Enciclopedia del Diritto*. Milano: Giuffrè, vol. XV, pp. 524-561.

MUSIELAK, Hans-Joachim
— *Grundkurs ZPO*. 2.ª ed. München: C. H. Beck, 1993.

NASI, Antonio
— "Interesse ad agire". In *Enciclopedia del Diritto.* Milano: Giuffrè. Vol. XXII, pp. 28-46.

NETO, Zulmira da Natividade
— "Posse judicial". In *Boletim da Faculdade de Direito de Coimbra (suplemento XVII),* pp. 162-328.

NEVES, António Castanheira
— *Curso de introdução ao estudo do direito – o sentido do direito.* Coimbra.

PAULUS, Christoph G.
— *Zivilprozeßrecht (Erkenntnisverfahren und Zwangsvollstreckung).* Berlin: Springer, 1996.

PAWLOWSKI, Hans-Martin
— *Zur Vollstreckung in Wohngemeinschaften.* Neue Juristische Wochenschrift. München: C.H. Beck, 1981, p. 670.

PINHEIRO, Jorge Duarte
— *Fase introdutória dos embargos de terceiro.* Coimbra: Livr. Almedina, 1992.

PINTO, Carlos Alberto da Mota
— *Direitos reais* (lições coligidas por Álvaro Moreira e Carlos Fraga). Coimbra: Livr. Almedina, 1970/1971.
— *Teoria geral do direito civil.* 3.ª ed. Coimbra: Coimbra Ed., 1985.

PISANI, Andrea Proto
— *La trascrizione delle domande giudiziali.* Napoli: C.E.D.E.J., 1968.
— "Parte" (dir. proc. civ.). In *Enciclopedia del diritto.* Milano: Giuffrè, vol. XXXI, pp. 917-942.

PUNZI, Carmine
— *L'applicabilità dell'opposizione del terzo (ex art. 619 c.p.c.) all'esecuzione in forma specifica.* Rivista Trimestrale di Diritto e Procedura Civile. Milano: Giuffrè, 1960, pp. 958-1016.
— *La tutela del terzo nel processo esecutivo.* Milano: Giuffrè, 1971.

RAMALHO, Maria do Rosário Palma
— *Sobre o fundamento possessório dos embargos de terceiro deduzidos pelo locatário, parceiro pensador, comodatário e depositário.* Revista da Ordem dos Advogados. Lisboa: Ordem dos Advogados. Dez. 1991, pp. 649--695.

REDENTI, Enrico
— *Diritto processuale civile.* 2.ª ed. (reimp.), vol. III. Milano: Giuffrè, 1957.

REGO, Carlos Lopes do
— *A uniformização da jurisprudência no novo direito processual civil.* Lisboa: Lex, 1997.

REIS, José Alberto dos
— *Processo de execução.* 3.ª ed., reimp., vol. I. Coimbra: Coimbra Ed., 1985.
— *Processo de execução.* Vol. II. Coimbra: Coimbra Ed., 1954.
— *Processos especiais.* Reimp., vols. I e II. Coimbra: Coimbra Ed., 1982.
— *Comentário ao Código de Processo Civil.* Vol. III. Coimbra: Coimbra Ed., 1945.
— *Código de Processo Civil anotado.* 3.ª ed., reimp., vol. I. Coimbra: Coimbra Ed., 1982.
— *Código de Processo Civil anotado.* 3.ª ed., reimp., vol. II. Coimbra: Coimbra Ed., 1981.
— *Código de Processo Civil anotado.* 4.ª ed., reimp., vol. III. Coimbra: Coimbra Ed., 1985.
— *Embargos de terceiro (comentário a dois acórdãos).* Revista de Legislação e de Jurisprudência. Ano 87.º, pp. 161-169; 177-182; 193-197.

RODRIGUES, Manuel
— *A posse.* 2.ª ed. Coimbra: Coimbra Ed., 1940.

ROMAGNOLI, Umberto
— *Considerazioni sulla successione a titolo particolare nel processo esecutivo.* Rivista Trimestrale di Diritto e Procedure Civile. Milano: Giuffrè, 1961, pp. 314-339.

ROSADO, João de Barros Couto
— *Embargos de terceiro no Código de Processo Civil.* Lisboa: Livr. Portugália, 1941.

ROSENBERG, Leo
— *Tratado de derecho procesal civil.* Vol. III. Buenos Aires: E.J.E.A., 1955.

ROSENBERG, Leo/SCHWAB, Karl Heing/GOTTWALD, Peter
— *Zivilprozeßrecht.* 15.ª ed. München: C.H. Beck, 1993.

SACCO, Rodolfo
— *Il possesso.* Milano: Vallardi, 1960.

SASSANI, Bruno
— *Terzo esecutato, opposizione all'esecuzione.* Giustizia Civile. Milano: Giuffrè, 1986, pp. 1035-1037.

SATTA, Salvatore
— *Commentario al codice di procedura civile.* Vol. III. Milano: Vallardi, 1965.

SATTA, Salvatore/PUNZI, Carmine
— *Diritto processuale civile.* 11.ª ed., reimp., Padova: Cedam, 1993.

SCHILKEN, Eberhard
— *Münchener Kommentar zur Zivilprozeßordnung.* Vol. 3. München: C. H. Beck, 1992, pp. 57-76; 514-527.

— *Stellungnahme zu einigen Vorschlägen der Länderarbeitsgruppe zur Überarbeitung des Vollstreckungsrechts*. Zeitschrift für Zivilprozeß. Köln/Berlin, 1992, pp. 426-430.

SCHMIDT, Karsten
— *Münchener Kommentar zur Zivilprozeßordnung*. Vol. 2. München: C. H. Beck, 1992, pp. 1871-1895; 1943-1969.

SCHÖNKE, Adolfo
— *Il bisogno di tutela giuridica*. Rivista di Diritto Processuale. Padova: Cedam, 1948, pp. 132-152.

SCHWAB, Karl Heinz/PRÜTTING, Hanns
— *Sachenrecht*. 23.ª ed. München: C.H. Beck, 1991.

SERRA, Adriano Paes da Silva Vaz
— *Direito de retenção*. Separ. do Boletim do Ministério da Justiça n.° 65. Lisboa, 1957.
— *Consignação de rendimentos*. Separ. do Boletim do Ministério da Justiça n.° 65. Lisboa, 1957.
— *Realização coactiva da prestação* (execução — regime civil). Separ. do Boletim do Ministério da Justiça n.° 73. Lisboa, 1958.
— *Efeitos dos contratos (princípios gerais)*. Boletim do Ministério da Justiça n.° 74, p. 333 e ss.
— *Anotação ao Ac. do S.T.J. de 3 de Dez. de 1974*. Revista de Legislação e de Jurisprudência. Coimbra: Coimbra Ed., Ano 109.°, p. 15 e ss.

SILVA, Germano Marques da
— *Curso de processo civil executivo (acção executiva singular, comum e especial)*. Lisboa: Universidade Católica Ed., 1995.

SILVA, João Calvão da
— *Cumprimento e sanção pecuniária compulsória*. Coimbra, 1987.
— *Sinal e contrato-promessa*. 7.ª ed. Coimbra, 1999.

SIMÕES, António Ribeiro
— *O registo da penhora e a actual lei adjectiva*. Scientia Iuridica. Braga: Scientia & Ars, 1962, pp. 544-548.

SOARES, Rogério Ehrhardt
— *Direito administrativo* (lições ao curso complementar de ciências jurídico-políticas). Coimbra, 1978.

SOUSA, Miguel Teixeira de
— *Legitimidade singular no processo declarativo*. Boletim do Ministério da Justiça, n.° 292. Lisboa, 1980, pp. 53-113.
— *Observações críticas sobre algumas alterações ao Código de Processo Civil*. Boletim do Ministério da Justiça, n.° 328. Lisboa, 1983, pp. 71-120.
— *O concurso de títulos de aquisição da prestação*. Coimbra: Livr. Almedina, 1988.

- *O interesse processual na acção declarativa.* Lisboa: Associação Académica da F.D.L., 1989.
- *A penhora de bens na posse de terceiros.* Revista da Ordem dos Advogados. Lisboa: Ordem dos Advogados, 1991, pp. 75-85.
- *A acção de despejo.* Lisboa: Lex, 1991.
- *A exequibilidade da pretensão.* Lisboa: Edições Cosmos, 1991.
- *Sobre a exceptio dominii nas acções possessórias e nos embargos de terceiro.* Revista da Ordem dos Advogados: Ordem dos Advogados, 1991, pp. 641-647.
- *Apreciação de alguns aspectos da "Revisão do Processo Civil – Projecto."* Revista da Ordem dos Advogados. Lisboa: Ordem dos Advogados. Jul. 1995, pp. 353-416.
- *Estudos sobre o novo processo civil.* Lisboa: Lex, 1997.
- *Acção executiva singular.* Lisboa: Lex, 1998.
- *Sobre o conceito de terceiros para efeitos de registo.* Revista da ordem dos Advogados. Lisboa: Ordem dos Advogados. 1999, pp. 29-46.

SOUSA, Rabindranath Capelo de
- *Lições de direito das sucessões.* 3.ª ed., reimp. Vol. I. Coimbra: Coimbra Ed., 1997.

STÜRNER, Rolf
- *Prinzipien der Einzelzwangsvollstreckung.* Zeitschrift für Zivilprozeß. Köln/Berlin, 1986, pp. 291-332.

TARZIA, Giuseppe
- *"Espropriazione contro il terzo proprietario."* In *Novissimo Digesto Italiano.* 1957, vol. VI, pp. 966-973.
- *L'oggetto del processo di espropriazione.* Milano: Giuffrè, 1961.
- *Il contraddittorio nel processo esecutivo.* Rivista di Diritto Processuale. Padova: Cedam, 1978, pp. 193-248.

TEDESCHI, Vittorio
- *L'anticresi. Reimp.* Torino: Unione Tipografico, 1954.

TELLES, Inocêncio Galvão
- *Registo de acção judicial (sua relevância processual e substantiva).* O Direito. 1992 (Jul.-Set.), pp. 495-517.

TEMPEL, Otto
- *Materielles Recht im Zivilprozeß.* 2.ª ed. München: C.H. Beck, 1992.

TRABUCCHI, Alberto
- *Istituzioni di diritto civile.* 28.ª ed. Padova: Cedam, 1986.

VACCARELLA, Romano
- *Titolo esecutivo, precetto, opposizioni.* 2.ª ed. Torino: U.T.E.T., 1994.

VARELA, João de Matos Antunes
— *Das obrigações em geral*. 10.ª ed., vol. I. Coimbra: Livr. Almedina, 2000.
— *Das obrigações em geral*. 7.ª ed., vol. II. Coimbra: Livr. Almedina, 1997.
— *Anotação ao Ac. do S.T.J. de 1 de Mar. de 1968*. Revista de Legislação e de Jurisprudência. Coimbra: Coimbra Ed., Ano 102.º, p. 77 e ss.
— *Anotação ao Ac. do S.T.J. de 3 de Fev. de 1981*. Revista de Legislação e de Jurisprudência. Coimbra: Coimbra Ed., Ano 115.º, p. 252 e ss.
— *Do Anteprojecto ao Projecto do Código de Processo Civil*. Revista de Legislação e de Jurisprudência. Coimbra: Coimbra Ed., Ano 123.º, p. 5 e ss.
— *Anotação ao Ac. do S.T.J. de 25 de Fev. de 1986*. Revista de Legislação e de Jurisprudência. Coimbra: Coimbra Ed., Ano 124.º, pp. 343-352.
— *O direito de acção e a sua natureza jurídica*. Revista de Legislação e de Jurisprudência. Coimbra: Coimbra Ed., Ano 125.º, p. 325 e ss.
— *Anotação ao Ac. do S.T.J. de 3 de Jun. de 1986*. Revista de Legislação e de Jurisprudência. Coimbra: Coimbra Ed., Ano 126.º, p. 19 e ss.
— *Anotação ao Ac. do S.T.J. de 2 de Nov. de 1989*. Revista de Legislação e de Jurisprudência. Coimbra: Coimbra Ed., Ano 128.º, p. 104 e ss.
— *Sobre o contrato-promessa*. Coimbra: Coimbra, Ed., 1988.
— *A reforma do processo civil português – Principais inovações na estrutura do processo declaratório ordinário*. Revista de Legislação e de Jurisprudência. Coimbra: Coimbra Ed., Ano 129.º, p. 258 e ss., e Ano 130.º, p. 5 e ss.
VARELA, João de Matos Antunes/BEZERRA, J. Miguel/NORA, Sampaio e
— *Manual de processo civil*. 2.ª ed. Coimbra: Coimbra Ed., 1985.
VARELA, João de Matos Antunes/MESQUITA, Manuel Henrique
— *Direitos incompatíveis adquiridos do mesmo transmitente e registo apenas da segunda aquisição; invocação, pelo primeiro adquirente, da usucapião fundada na sua posse e na dos antecessores; conceito de terceiros para efeitos de registo*. Revista de Legislação e de Jurisprudência. Coimbra: Coimbra Ed., Ano 126.º, p 380 e ss., e Ano 127.º, pág. 19 e ss.
VERDE, Giovanni
— "Pignoramento". In *Enciclopedia del Diritto*. Milano: Giuffrè, vol. XXXIII, pp. 763-834.
— *Il pignoramento in danno dell'acquirente di cosa pignorata*. Rivista Trimestrale di Diritto e Procedura Civile. Milano: Giuffrè, 1992, pp. 91-106.
VIGOTTI, Roberto
— *Espropriazione immobiliare contro il terzo (futuro) proprietario*. Rivista di Diritto Processuale. Padova: Cedam, 1962, vol. XVII, pp. 83-88.

VINCENT, Jean/PRÉVAULT, Jacques
— *Voies d'exécution et procédures de distribution.* 18.ª ed. Paris: Dalloz, 1995.

WEILL, Alex
— *Droit civil – Les biens.* 10.ª ed. Paris: Dalloz, 1974.

WOLFF, Martin
— "Derecho de cosas". In *Tratado de Derecho Civil de* Enneccerus; Kipp; Wolff. Trad. castelh. da 32.ª ed. alemã, vol. III, 1937.

XAVIER, Vasco da Gama Lobo
— *Contrato-promessa: algumas notas sobre as alterações do Código Civil cons tantes do Dec.-Lei n.º 236/80, de 18 de Julho.* Revista de Direito e de Estudos Sociais, ano XXVII, pp. 21-43.
— "Estabelecimento comercial." In *Enciclopédia pólis.* Vol. 2, pp. 1121--1126.

ZÖLLNER, Wolfgang
— *Materielles Recht und Prozeβrecht. Archiv für die civilistische Praxis.* Tübingen, 1990, pp. 471-495.

ÍNDICE

INTRODUÇÃO

1. Sanção executiva e direito de execução 9
2. Apreensão judicial no âmbito dos processos executivos para pagamento de quantia certa e para entrega de coisa certa 12
3. Delimitação do problema: invasão judicial de uma esfera possessória alheia 13

PARTE I

CAPÍTULO I
TERCEIROS-PARTES NO PROCESSO EXECUTIVO E TERCEIROS ESTRANHOS AO PROCESSO EXECUTIVO

4. Conceito formal de partes no processo executivo 17
5. Critério para a determinação da legitimidade passiva 18
6. Desvios ao critério e execução *ultra titulum* 18
7. Terceiros-partes e terceiros estranhos ao processo executivo 39
8. Conceito material de executado? 40

CAPÍTULO II
OS TERCEIROS POSSUIDORES E OS TERCEIROS DETENTORES
A RELEVÂNCIA JURÍDICO-PROCESSUAL DA POSSE MATERIAL OU DETENÇÃO

9. Conceito e classificações de posse 43

10. Direitos nos termos dos quais se pode possuir 46
11. Mera detenção 49
12. Relevância jurídico-processual da posse material ou detenção... 51

CAPÍTULO III
O ACTO JUDICIAL OFENSIVO DA POSSE OU DA DETENÇÃO

13. Relevância da apreensão 59
14. Apreensão no processo executivo para pagamento de quantia certa (penhora) 60
15. Apreensão no processo executivo para entrega de coisa certa ... 71
16. Apreensão no âmbito da acção de despejo 80
17. Apreensão no processo especial de falência 83
18. Breve referência à extinta acção de posse judicial avulsa 85

CAPÍTULO IV
OS MEIOS DE TUTELA DO TERCEIRO

19. Meios de tutela possessória em geral 91
20. Embargos de terceiro 94
    a) Tipos 99
    b) Causa de pedir 100
    c) Legitimidade activa 104
    d) Legitimidade passiva 109
    e) Posse 109
    f) Viabilidade da pretensão 117
    g) Efeitos do recebimento 124
    h) *Exceptio dominii* 124
    i) Procedência 129
21. Protesto no momento da apreensão 130
    a) Protesto no âmbito da acção de despejo 131
    b) Protesto previsto no artigo 832.º do Código de Processo Civil 133
    c) Âmbito de aplicação de cada protesto 135
22. Meios de oposição previstos no Código dos Processos Especiais de Recuperação da Empresa e de Falência 140

PARTE II

CAPÍTULO I
OPOSIÇÃO DE TERCEIRO NO ÂMBITO DA EXECUÇÃO PARA PAGAMENTO DE QUANTIA CERTA

23. A coisa, objecto da penhora, pertence ao executado, mas sobre ela incide:
    I) A posse de um terceiro, nos termos de um direito real (limitado) de gozo 150
    II) A posse de um terceiro, nos termos de um direito real de garantia:
      a) Inadmissibilidade da defesa através de embargos de terceiro 157
      b) O promitente-comprador titular de um direito de retenção   164
    III) A mera detenção de um terceiro – análise de algumas situações: 177
      a) O promitente-comprador titular de um direito pessoal de gozo e o promitente-comprador titular do direito à execução específica 177
      b) O locatário 188
      c) O comodatário 192
      d) O depositário 196
      e) O parceiro pensador 199
      f) O credor consignatário 201
      g) O cônjuge detentor 211
      h) O adquirente de coisa vendida com reserva de propriedade 212
24. A coisa, objecto da penhora, pertence a um terceiro, não titular da responsabilidade executiva:
    a) Controlo oficioso da titularidade do direito 214
    b) Embargos de terceiro 216
    c) Revogação, pela Reforma de 1995-96, do regime constante do artigo 1041.º, n.º 1, 2.ª parte 217
    d) Embargos deduzidos pelo proprietário não inscrito no registo 219
    e) Embargos deduzidos pelo proprietário reservatário 230
    f) Embargos deduzidos pelo terceiro detentor ou possuidor em nome do terceiro proprietário 232
    g) Embargos deduzidos pelo proprietário de uma coisa incorpórea 239

25. A coisa, objecto da penhora, pertence a um terceiro, titular efectivo da responsabilidade executiva 252

CAPÍTULO II
OPOSIÇÃO DE TERCEIRO NO ÂMBITO DA EXECUÇÃO PARA ENTREGA DE COISA CERTA

26. Introdução 259
27. A coisa a apreender pertence ao exequente, mas sobre ela incide:
    I) A posse de um terceiro, nos termos de um direito real limitado de gozo 268
    II) A posse de um terceiro, nos termos de um direito real de garantia 269
    III) A mera detenção de um terceiro 271
28. A coisa a apreender pertence ao executado, mas sobre ela incide:
    I) A posse de um terceiro, nos termos de um direito real limitado de gozo 274
    II) A mera detenção de um terceiro 276
29. A coisa a apreender não pertence ao exequente nem ao executado, mas a um terceiro:
    I) Terceiro possuidor efectivo 278
    II) Detenção exercida por outrem, em nome do terceiro 279
30. Regime da oposição no âmbito da execução do despejo 281

Bibliografia 287